国家出版基金项目
NATIONAL PUBLICATION FOUNDATION

大数据环境下的信息管理技术与服务创新

数字信息资源长期保存理论与实践研究

Research on the Theory and Practices of Long-term Preservation for Digital Information Resources

主　编　黄如花
副主编　刘　霞　周耀林　吴　钢

WUHAN UNIVERSITY PRESS
武汉大学出版社

图书在版编目(CIP)数据

数字信息资源长期保存理论与实践研究/黄如花主编.—武汉：武汉大学出版社,2023.3
大数据环境下的信息管理技术与服务创新
ISBN 978-7-307-23637-0

Ⅰ.数…　Ⅱ.黄…　Ⅲ.数字信息—信息资源—保护　Ⅳ.G253.6

中国国家版本馆 CIP 数据核字(2023)第 044911 号

责任编辑:詹　蜜　　责任校对:汪欣怡　　版式设计:马　佳

出版发行：武汉大学出版社　(430072　武昌　珞珈山)
(电子邮箱：cbs22@ whu.edu.cn　网址：www.wdp. com.cn)
印刷:武汉市金港彩印有限公司
开本:720×1000　1/16　印张:17.25　字数:246 千字　插页:3
版次:2023 年 3 月第 1 版　2023 年 3 月第 1 次印刷
ISBN 978-7-307-23637-0　定价:68.00 元

作者简介

黄如花

武汉大学二级教授、珞珈特聘教授、博士生导师，国家级全民数字素养与技能培训基地主任、文化和旅游部研究基地首席专家、中国图书馆学会学术研究委员会副主任。主持国家社科基金重大项目2项、教育部重点研究基地重大项目和国家社科重点项目各1项、国家社科基金项目2项。著作入选国家“十三五”重点图书，获国家出版基金资助出版，获教育部人文社科优秀成果奖、宝钢优秀教师、美国华人图书馆员协会专业发展奖等奖励。独著和主编著作10余部，发表论文200篇。主讲的“信息检索”慕课入选国家精品在线开放课程、国家一流课程以及学习强国和国家智慧教育平台首批慕课。

刘　霞

管理学博士，研究馆员，中国索引学会常务理事，中国图书馆学会学术研究委员会图书馆管理专业组副主任。主要研究方向为数字图书馆建设，信息管理与科学评价。

周耀林

武汉大学信息管理学院二级教授、博士生导师。武汉大学政务管理研究中心主任，武汉市档案技术研究会理事长，“全国档案领军人才”“全国档案专家”，教育部高等学校档案学专业教学指导委员会委员，中国档案学会常务理事，中国档案学会档案保护技术委员会副主任，中国感光协会影像保护专业委员会副主任，全国档案工作标准化技术委员会委员，湖北省“七个一百”人才工程入选者，湖北省“档案系统高级专家”。主要研究方向：档案学原理与应用；数字档案与现代技术。主要获奖：教育部高等学校科学研究优秀成果奖、湖北省人民政府发展奖、国家档案局优秀科技成果奖等省部级奖励10余项。

吴　钢

副教授，武汉大学信息管理学院图书馆学系副主任，中国图书馆学会编译出版委员会副主任，主要研究领域为信息政策与法律、信息保存、图书馆信息服务，曾获全国优秀博士学位论文提名奖、中国图书馆学会第四届青年人才奖等奖励。

前　言

随着信息技术的不断发展，数字信息资源井喷式增长。作为信息资源的重要组成部分，数字信息资源不仅成为研究和教育活动的主要信息源，也受到各国政府的广泛重视，被多个国家提升为国家战略资源的高度，甚至被誉为国家的“数字资产”。

根据产生的形态，数字信息资源可以分为数字再造资源和原生数字资源。相较于物理资源而言，数字再造资源更加脆弱，更容易被毁坏或者它们存储的载体很容易被淘汰；而原生数字资源没有其他的存储形式，面临着更大的消失和不可获得的风险。因此，如何保障这些有益于我们的研究和教育活动、丰富我们生活的数字资产的安全，并使之可长期存取，是亟待关注的问题，也是全社会的责任。

本书从理论、技术、政策、实践等角度对数字信息资源长期保存进行了系统、全面的研究，全书共8章。

第1~3章阐述了数字信息资源长期保存与维护的必要性、保存动机、保存特性及保存技术措施等基本理论，利用文献计量学方法从发文年代、核心作者、核心机构、来源出版物、研究主题、高频关键词等角度揭示出国内外数字信息资源长期保存的研究现状，重点阐述了“世界记忆工程”和我国文化记忆项目的实践进展。

第4~6章研究数字信息资源长期保存的元数据规范、相关政策和呈缴制度。具体内容包括保存元数据的标准规范、生成策略和质量评估，开放存取资源长期保存政策和数字保存机构合作政策，以及长期保存活动中数字出版物的法定呈缴制度。

第 7~8 章则研究不同类型数字信息资源的长期保存策略和实践进展，涉及个人数字信息和档案遗产信息的长期保存，并以武汉大学机构知识库为例介绍当前机构仓储类开放获取资源的建设和应用实践。

本书由黄如花负责整体策划、大纲拟定、统稿和审稿工作，刘霞参与大纲修改、统稿和审稿工作。各章节具体撰写者为：第一章、第四章、第五章和第七章的第一节由黄如花编著，第二章和第八章由刘霞编著，第三章和第七章的第二节由周耀林编著，第六章由吴钢编著。郑怡萍为第八章提供了部分资料。

本书得到了国家出版基金资助，也是国家自然科学基金重点国际合作项目“大数据环境下的知识组织与服务创新研究”（项目编号：71420107026）和中国科技信息研究所委托项目“数字信息长期保存的技术研究”的成果。本书责任编辑、武汉大学出版社詹蜜女士提出了许多很好的建议和意见，为本书编辑出版付出了辛勤劳动，在此一并表示感谢。

本书在撰写过程中，参考和引证了许多作者的论著，我们均作了标注，我们向这些学者表示衷心感谢。如果有因疏忽而遗漏的，亦向这些学者表示歉意。

由于编者学识、水平有限，书中疏漏、不妥乃至错误之处在所难免，敬祈专家、学者和读者批评指正！

黄如花

2023 年 1 月 3 日于武昌珞珈山

目 录

1 数字信息资源长期保存的基本理论 …… 1
1.1 数字信息资源长期保存与维护的必要性 …… 2
1.1.1 数字信息资源是重要的数字资产 …… 2
1.1.2 数字信息资源具有脆弱的特性 …… 3
1.1.3 有利于将珍贵的数字信息资源提供使用 …… 6
1.1.4 数字信息保存已引起了国际关注 …… 10
1.2 数字信息资源长期保存动机 …… 14
1.2.1 保存价值与保存成本 …… 14
1.2.2 数字信息保存动机 …… 15
1.3 数字信息资源长期保存与维护的特性 …… 18
1.3.1 数字信息对存储介质的依赖性 …… 18
1.3.2 数字信息的动态性 …… 19
1.3.3 数据的脆弱性 …… 19
1.3.4 数字信息的不安全性 …… 20
1.3.5 数字信息对元数据的依赖性 …… 20
1.3.6 数字信息对标准化的依赖性 …… 21
1.4 数字信息资源长期保存的技术措施 …… 22
1.4.1 数字信息资源长期保存的技术措施 …… 22
1.4.2 在数字信息资源生产过程中注意数据的备份 …… 27
1.4.3 及时进行数字信息的恢复与修复 …… 28

2 数字信息资源长期保存研究进展 …… 30
2.1 国外研究进展 …… 30
2.1.1 发文年代分布 …… 31
2.1.2 核心学者分析 …… 32
2.1.3 机构国别分析 …… 32
2.1.4 核心出版物分析 …… 35
2.1.5 学科主题分析 …… 38
2.1.6 关键词分析 …… 43
2.2 国内研究进展 …… 48
2.2.1 发文年代分布 …… 49
2.2.2 核心学者分析 …… 49
2.2.3 核心机构分析 …… 51
2.2.4 来源期刊分析 …… 52
2.2.5 关键词分析 …… 53
2.2.6 热点文献分析 …… 56

3 数字信息资源长期保存实践进展 …… 63
3.1 “世界记忆工程”的发展现状 …… 63
3.1.1 世界记忆工程机构设置 …… 64
3.1.2 世界记忆名录体系 …… 66
3.1.3 世界记忆工程相关会议 …… 70
3.1.4 世界记忆工程项目 …… 71
3.1.5 世界记忆工程的成绩和不足 …… 73
3.2 中国文化记忆项目实践进展 …… 79
3.2.1 我国文化记忆项目概况 …… 79
3.2.2 我国文化记忆项目的主要特点 …… 87
3.2.3 存在的主要问题 …… 88

3.2.4 关于我国国家层面系统实施文化记忆项目的构想 …………… 89

4 数字信息资源长期保存元数据 …………………………………………… 94
4.1 重视并完善功能需求调查 ………………………………………… 96
4.1.1 调查项目的整体需求 ………………………………………… 96
4.1.2 分析保存系统软件的需求 …………………………………… 97
4.2 选择合适的描述角度和元素 ……………………………………… 98
4.2.1 选择核心描述角度 …………………………………………… 98
4.2.2 选取核心元素 ………………………………………………… 99
4.2.3 根据资源需求选择拓展元素 ………………………………… 100
4.3 确保元数据的系统兼容性和互操作性 …………………………… 100
4.3.1 保证保存元数据与环境和系统兼容 ………………………… 101
4.3.2 保存元数据可互操作性的实现 ……………………………… 102
4.4 丰富保存元数据标准的语义 ……………………………………… 103
4.4.1 保存元数据标准自身的语义化发展 ………………………… 103
4.4.2 保存元数据实施过程中的语义化 …………………………… 103
4.5 保存元数据记录的生成与保存策略 ……………………………… 105
4.5.1 保存元数据生成方式的优先选择 …………………………… 105
4.5.2 元数据记录保存方式的决策 ………………………………… 106
4.6 保存元数据的评估 ………………………………………………… 107
4.6.1 元数据评估指标的参考 ……………………………………… 107
4.6.2 保存元数据评估的角度选择 ………………………………… 108

5 数字信息资源长期保存的政策 …………………………………………… 109
5.1 开放存取资源长期保存政策 ……………………………………… 109
5.1.1 数字保存政策中对 OA 资源长期保存的关注………………… 109
5.1.2 OA 仓储长期保存政策制定现状 ……………………………… 111

5.1.3 OA仓储的具体资源保存政策的对比分析 …… 115
5.1.4 OA资源长期保存政策的发展路向 …… 117
5.2 数字保存机构合作政策 …… 120
5.2.1 公共数字文化资源保存的机构合作模式 …… 122
5.2.2 公共数字文化机构合作下的资源保存模式 …… 128
5.2.3 国外公共数字文化资源合作保存的特点 …… 133
5.3 我国数字信息资源长期保存政策的制定 …… 135
5.3.1 争取政府支持 …… 135
5.3.2 明确数字信息资源保存的相关主体 …… 137
5.3.3 数字信息资源合作保存 …… 143

6 数字信息资源长期保存活动中的呈缴制度 …… 150
6.1 数字出版物法定呈缴国际进展 …… 150
6.1.1 欧洲地区 …… 151
6.1.2 北美地区 …… 161
6.1.3 大洋洲及亚洲地区 …… 164
6.1.4 国际数字出版物法定呈缴制度发展趋势 …… 170
6.2 信息保存权视角的数字出版物法定呈缴制度 …… 171
6.2.1 权利的一般理论 …… 171
6.2.2 信息权利的兴起 …… 172
6.2.3 信息保存权的基本内容 …… 174
6.2.4 信息保存权对数字出版物法定呈缴制度的指导 …… 179
6.3 我国数字出版物法定呈缴制度构建优化对策 …… 183
6.3.1 及时跟进数字出版物法定呈缴立法工作 …… 184
6.3.2 设计合理的数字出版物法定呈缴实施规则 …… 190
6.3.3 开发数字出版物法定呈缴制度的多样功能 …… 192
6.3.4 合作开展数字出版物呈缴与保存活动 …… 194

6.3.5 合理平衡不同信息权利主体的利益关系 …… 196

7 不同类型数字信息资源的长期保存 …… 199

7.1 个人数字信息的长期保存 …… 199

7.1.1 树立公众个人数字信息保存意识 …… 199

7.1.2 提供完善的指导信息 …… 201

7.1.3 提供多种指导途径 …… 205

7.1.4 结语 …… 209

7.2 档案遗产信息保存新发展 …… 209

7.2.1 “中国档案文献遗产工程”的形成与发展 …… 209

7.2.2 中国档案文献遗产名录的分析 …… 211

7.2.3 中国档案文献遗产工程的成绩与不足 …… 219

7.2.4 中国档案文献遗产工程的推进建议 …… 222

8 案例分析——武汉大学机构知识库建设 …… 226

8.1 国内机构知识库建设概况 …… 226

8.1.1 规模与成果类型 …… 228

8.1.2 系统平台及功能 …… 230

8.1.3 政策保障 …… 234

8.2 武汉大学机构知识库建设案例 …… 236

8.2.1 建设背景 …… 236

8.2.2 建设目标与任务 …… 237

8.2.3 建设内容与框架 …… 238

8.2.4 运行与保障机制 …… 259

8.2.5 应用与思考 …… 261

1 数字信息资源长期保存的基本理论

随着互联网技术的不断发展，数字信息资源呈现井喷式增长，然而受到多种复杂因素以及数字信息资源本身脆弱性、载体依赖性以及未来价值不确定性的影响，大量有价值的数字资源正在迅速消失和失去其原有使用价值。《保护数字遗产宪章》① 指出世界上的数字遗产面临着消失和失传的危险，数字遗产具有经济、社会、知识和文化价值，是建设未来的重要元素，但面临着威胁，而且对这种威胁的认识尚不充分。数字资源长期保存的问题越来越受到人们的关注，在国外，数字资源长期保存的理论与实践研究起步较早。早在20世纪90年代初相关研究机构就对数字资源长期存取进行调研分析，数字资源长期保存项目也在发达国家得到开展。我国数字资源长期保存研究始于20世纪90年代末，并迅速成为信息管理与图书情报领域的重要研究内容。梳理数字信息长期保存的发展现状和研究重点，对于推动我国数字信息长期保存理论和实践的研究具有十分重要的意义。

有的学者认为，数字信息长期保存（long-term preservation）的含义主要有几个方面：数字信息的可读性、数字信息的可用性、数字信息的可理解性、数字信息的完整性和数字信息的真实性②。

---

① 周献红．基于案例分析的数字资源保存价值研究［J］．图书馆论坛，2011（3）：81- 83.

② 陈慰湧，秦建伟．数字信息长期保存研究现状分析［J］．浙江档案，2008（1）：43-45.

数字信息资源的长期保存与维护应包括对数字信息资源的安全存储、数字信息资源的元数据管理和永久获取，即包括长期保存和提供检索与利用两大方面，因为保存的目的是提供利用，数字信息资源的价值体现在共享度和重复使用率这两个重要指标上。

1.1 数字信息资源长期保存与维护的必要性

1.1.1 数字信息资源是重要的数字资产

随着计算机技术、通信与网络技术以及多媒体技术、数据库技术的发展，特别是数字技术的不断发展，信息的生产、存储和传递的方式发生了革命性的变化。数字信息资源已经成为研究（特别是科技研究）和教育活动的主要信息源。越来越多的学术交流活动、智力劳动成果以数字化形式或仅以数字化形式展现。

数字信息资源以传统信息资源难以比拟的优势逐渐成为信息资源的主体。数字信息资源作为信息资源的重要组成部分越来越受到各国政府与图书馆界的重视，在有些国家甚至被置于国家战略资源的高度，被誉为国家的"数字资产"（digital assets），是学术研究信息的数字存档，一个国家的科技创新能力以及与此相关的国际竞争力都依赖于其快速、有效地开发与利用数字信息资源的能力。自 20 世纪 90 年代中期以来，欧美发达国家和地区，对数字信息资源的建设和利用给予了高度的重视。美国政府把数字信息资源的生产、传播、获取和利用，作为国家信息化建设的关键和重点。加拿大在 2002 年提出的国家创新体系中，将建立国家数字科技信息网作为其重要组成部分。

随着数字技术和数字出版的发展，越来越多的有价值的信息内容已经而且只能以数字形式来管理、保存、使用，数字资源每年还以 50%~100% 的速度增长。根据加州大学伯克利分校信息管理与系统学院（School of

Information Management and Systems，SIMS）2003 年的统计，若把美国国会图书馆的 1700 万册馆藏全部数字化（digitized with full formatting），将产生 136 TB（1TB = 1024GB，1GB = 1024MB，1MB = 1024KB，1KB = 1024Byte）数据；仅 2002 年产生的纸张、胶片、磁盘和光盘存储的信息大约有 5 艾字节（5 exabytes，5EB），92%的新信息是存储在磁性载体（主要是硬盘）上；5 艾字节相当于 37000 个与国会图书馆拥有相同藏书规模的新图书馆的信息量①。可见数字信息资源的数量很大。

随着信息科技的发展，“数据”在社会经济中的地位也越来越重要。据国家信息中心首席工程师宁家骏先生介绍，世界著名的权威研究机构 West World 公司的报告指出：100 兆（MB）数据的价值超过 100 万美元②。根据统计报告显示，2017 年我国数字经济体量较 2016 年增长 17.24%，为 26.70 万亿元人民币③。数据及其带来的数字经济的重要性不言而喻。

如何保障这些有益于我们的研究和教育活动、丰富我们生活的数字资产的安全，并使之可长期存取，是我们需要关注的问题，也是全社会的责任。数字保存联盟第一年活动的报告就指出，长期保存我们的数字资产是一个渐进的步伐④。

1.1.2 数字信息资源具有脆弱的特性

（1）数字信息资源比物理信息资源更脆弱

美国的“国家数字信息基础设施和保藏计划”（National Digital Information Infrastructure and Preservation Program，NDIIPP）网站明确指出，“在许多情

① UC Berkeley SIMS. How Much Information 2003 [EB/OL]. [2008-01-05]. http://www2.sims.berkeley.edu/research/projects/how-much-info-2003/execsum.htm.

② “拯救灾难 数据无忧”DRS 率先进入高端 [EB/OL]. [2008-01-05]. http://server.zol.com.cn/2004/0422/94877.shtml.

③ 李文瑶. 全国数字经济总量已达 26.7 万亿元 增长速度超 GDP [EB/OL]. [2019-08-10]. http://tech.huanqiu.com/it/2018-04/11836880.html.

④ Digital Preservation Coalition. Long-term preservation of our digital assets is a step closer [EB/OL]. [2019-08-10]. https://www.dpconline.org/news/archived-press-coverage.

况下，数字资源比物理资源更脆弱。这些文档本身更容易被毁坏，或者它们存储的载体很容易被淘汰”。

（2）原生数字信息资源面临着更大的消失和不可获得的风险

根据数字信息资源产生的形态可以分为数字再造资源和原生数字资源。数字再造资源（digital “double” materials）是对以前存在的物件进行数字化再造而形成的“数字拷贝”，不声称与原作一模一样，只是原物的一种表现形式，往往能利用数字化的特长将原物更好展现和利用，如美国国会图书馆的“美国的记忆”，就是对美国历史上重要的文献进行数字化处理。“原生数字资源”（digital born materials）仅仅以数字形式存在的数据，例如：万维网网站、电子出版物、多媒体产品、文化或科技数据库等①。

“原生数字资源”没有其他的存储形式，一旦破坏，就永远丢失。“因为通常没有单独制造出来数字格式资料的模拟（物理）材料版本，这些作为历史资源的所谓‘原生数字资源’既面临着更大的消失和不可获得的风险，或阻止未来研究人员利用它们原始的形式研究它们的风险。数以百万的数字资料，诸如安装在早期互联网上的网站，已经消失了——不全面或不能使用原始的版本。”② 为了保存商业网站产生时期（Birth of the Dot Com Era），尤其是1994—2001年美国商业文化中处于危险的数字资源，在NDIIPP项目中，马里兰大学Robert H. Smith商学院和因特网档案馆等机构通过2个Web商业存档门户——“商业计划档案”③和“商业网站档案”④以及直接与商业网站时代的参与者联系收集有关资源。

2005年7月，在NDIIPP项目两年召开一次的会议上，纽约大学交互

① 曾蕾．数字保存 Digital Preservation— For the Future of the Past［EB/OL］．［2019-08-10］．http：//www.doc88.com/p-31579302671.html.

② Library of Congress Announces Awards of ＄13.9 Million to Begin Building a Network of Partners for Digital Preservation［EB/OL］．［2019-08-10］．https：//www.loc.gov/item/prn-04-171/.

③ Business Plan Archive［EB/OL］．［2008-01-05］．http：//www.businessplanarchive.org.

④ Dot Com Archive［EB/OL］．［2008-01-05］．http：//www.dotcomarchive.org.

式远程通信项目（Interactive Telecommunications Program）的 Clay Shirky 说，“要想使数字信息资源长期保存，必须定期对其进行查看或备份，若只保存数字形态，当然会丢失，而且时间会很短”。对于一些特殊的数字信息资源而言，其长期保存的难度更大。如数字地理空间数据的保存涉及数据转换、文件大小、适当的数据格式、版权以及文档格式的复杂性等。为了保存数字地理空间数据，斯坦福大学等承担了国家地理空间数字档案（National Geospatial Digital Archive，简称 NGDA）的建设任务，并通过亚历山大数字图书馆（Alexandria Digital Library，简称 ADL）软件界面提供联邦检索①。

由于计算机界面的变化，有的数据已无法再读取，如 1960 年美国人口调查统计数据存储在只有用 UNIVAC type Ⅱ-A tape drive 才能读的磁带上，全世界只有两台机器可以读，一台在日本，另一台在 Smithsonian 博物馆②。更为严重的是，有的信息永远无法读取。如早期因特网的很多数字物件已不复存在。从 1995 年到 1999 年在 IEEE Computer 和 Communications of the ACM 上被引用的文献在 2000 年时就有 28% 不再可获得，到 2002 年增加到 41%③。

（3）数字信息资源的长期可获得性面临许多威胁

数字资源长期可获得性的威胁包括技术、法律、金融、组织等因素，数字信息的长期可获得性不仅仅是图书馆的问题、技术问题、经费和某个机构的问题，或者是研究机构、教育机构、文化机构的问题。它是从事知识创造、加工、管理等一个专业化问题，是为了确保我们的信息可以被我们的下

① Julie Sweetkind-Singer, Mary Lynette Larsgaard, Tracey Erwin. Digital Preservation of Geospatial Data［J］. Library Trends, 2006, 55（2）: 304-314.

② Task Force on Archiving of Digital Information, Commission on Preservation and Access, Research Libraries Group［R］. Preserving digital information: Report of the Task Force on Archiving of Digital Information. Washington, D. C.: Commission on Preservation and Access, 1996: 2.

③ 曾蕾. 数字保存 Digital Preservation—For the Future of the Past t［EB/OL］.［2019-08-10］. http://www.doc88.com/p-31579302671.html.

一代获得。它同时是一个发展的问题，可以保障我们创造的知识可以被用来促进发展。它甚至是我们政府的一个政治问题，需要保护我们的知识资产，这些知识资产大部分是由公共资金资助而产生的。数字化信息如此基础、普遍，长期保存的负担已经远远超出单个和某些机构的能力，长期保存数据价值的丧失经常是由于机构的短期目标和市场利益。因此，数字信息的保存十分迫切，很多国家已认识到保存数字信息资源的紧迫性，为此进行了一系列研究和实验。2003 年 8 月，美国国家自然科学基金委（NSF）和美国国会图书馆联合发布了报告《现在是行动起来的时候了：数字存档与长期保存的研究挑战》①。

1.1.3 有利于将珍贵的数字信息资源提供使用

保存的目的是提供使用。国家科技图书文献中心理事长师昌绪院士在 2007 年 10 月 11—12 日召开的“国际数字资源长期保存国际会议”（iPRES）上指出，“长期保存的知识资产可以使得当前受到数字化鸿沟限制的人们可以在将来的某一天使用，使得我们的下一代也可以从中获益。”② 美国研究图书馆组织（RLG）和国家档案与记录管理委员会（National Archives and Records Administration，NARA）合作的“数字仓储认证项目”（Digital Repository Certification）就是为了帮助识别能够进行可靠存储、迁移和对数字收藏提供存取的数字仓储。

国内外已出现多个将珍贵历史、文献等资源数字化并提供使用的项目。最有名的当推美国国会图书馆（LC）于 1990—1995 年实施的试验性计划“美国记忆”（American Memory）项目。该计划的数字馆藏对象主要为美国的历史文献，包括历史照片、手稿、历史档案及其他文献等。LC 作为一个

① It's About Time：Research Challenges in Digital Archiving and Long-term Preservation [EB/OL]. [2019-08-11]. http：//www.digitalpreservation.gov/documents/about_time2003.pdf.

② 数字资源长期保存国际会议在国家科学图书馆举行 [EB/OL]. [2008-02-14]. http：//www.cas.cn/html/Dir/2007/10/16/15/34/10.htm.

收藏宏富的国家图书馆，其数字化的政策和方法突出了保藏和利用这两个要点，该计划的做法也影响了后来许多公共图书馆的数字图书馆计划。由于“美国记忆”计划的成功，后来就演变成为美国国会图书馆牵头、美国许多其他机构参与建设的国家数字图书馆项目（National Digital Library Program，NDLP）。NDLP 可将 950 多万条美国历史文献通过因特网向全球用户提供免费访问，可用的访问网站有“美国记忆”①、“美国的图书馆”② 和“展览”③。除了国家级项目外，美国还有许多地方数字图书馆项目，如美国俄亥俄州历史数字馆藏“俄亥俄记忆：俄亥俄历史缩影”④，美国俄亥俄州沃兴屯市历史数字馆藏（Worthington Memory）⑤，科罗拉多州数字化项目（Colorado Digitization Program，CDP）和加利福尼亚数字图书馆（California Digital Library，CDL）⑥ 等。澳大利亚政府 1995 年拨款 1000 万澳元进行国家图书馆和博物馆的数字化项目⑦，主要是一些古老文献和土著文化遗产的数字化。国家维多利亚图书馆已将数 10 万张各个时期的照片进行了数字化，并在网上建立了图片数字图书馆。法国国家图书馆的 Gallica 项目⑧始于 1997 年，该计划由国家投资，由国家文化部数字化研究所统一组织协调，由国家图书馆主要负责对图书资料的建库工作，在因特网上免费提供 14 世纪各种图书中的 1000 幅彩色插图及其历史线索介绍解说，组成了“查理五世皇帝的时代”（1330—1380 年）可查询的数据集，其中含有 17 类内容，这是法国国家图书馆的第一个数字图书馆。2007 年，日本国立国会图书馆确立优先

---

① American Memory [EB/OL]. [2008-01-08]. http：//memory. loc. gov/ammem/index. html.

② America's Library [EB/OL]. [2008-01-08]. http：//www. americaslibrary. gov.

③ Exhibits [EB/OL]. [2008-01-08]. http：//www. loc. gov/exhibits/.

④ Ohio Memory [EB/OL]. [2008-01-08]. http：//www. ohiomemory. org/.

⑤ Worthington Memory [EB/OL]. [2008-01-08]. http：//www. worthingtonmemory. org/.

⑥ California Digital Library [EB/OL]. [2008-01-08]. http：//www. cdlib. org.

⑦ The Digital Services Project [EB/OL]. [2008-01-08]. http：//www. nla. gov. au/dsp/dspslide. html.

⑧ Gallica [EB/OL]. [2008-01-08]. http：//gallica. bnf. fr.

发展的领域包括4个方面，其中，第二个方面是“创建数字档案”，持续稳定地对国会图书馆馆藏进行数字化，并扩大全文资源在互联网上的获取范围；特别是要确保在2010年以前“明治以来数字图书馆”（Digital Library from the Meiji Era）项目中，基本完成大正时期（1912—1926年）出版的大部分书籍的数字化并提供给公众获取；通过“网页存档计划”（Web Archiving Project，WARP）加强对日本境内发布的互联网档案信息资源的存取，争取在2009年以前建成一个可以满足长期保存需求的数字档案系统①。国外类似的项目还有自动长期存储在国际上主要出版电子期刊的荷兰国家图书馆数字存档系统e-Depot②。中国国家图书馆自2003年开始网络资源长期保存实验项目以来，经过十几年的积累和发展下，目前已经建成的网络专题资源涵盖治国理政、文化与民俗、科学技术、环境保护等14个分类，专题数量超过175个，每个专题汇集约200个从国内各大门户网站精选的优质网络资源。此外，中国国家数字图书馆紧密结合国家重大发展战略，重点建设“一带一路”和“大众创业，万众创新”资源库，通过多种方式和手段对相关领导讲话、政策文件、重要事件、新闻报道、地方践行、背景知识等内容作出集中整合与展示，为公众相关科学研究和信息获取提供支持③。

为了将散落的敦煌文献聚集起来以利于更好地研究，1993年，中国国家图书馆、大英图书馆、新德里国立博物馆、法国国家图书馆、圣彼得堡东方研究院、柏林国家图书馆倡议成立国际敦煌学项目。1994年国际敦煌项目（International Dunhuang Project，IDP）正式成立④。1998年10月IDP英文网站⑤开通，目前上网图片已达上万幅。2001年4月在中国国家图书馆设立

---

① Priority Objectives for FY2007 [EB/OL]. [2008-01-8]. http://www.ndl.go.jp/en/aboutus/vision_PriorityObjectives_FY2007.html.

② e-Depot and digital preservation [EB/OL]. [2008-01-08]. http://www.kb.nl/e-depot.

③ 张炜，郭文杰，周笑盈．国家数字图书馆网络资源保存的实践与探索［J］．数字图书馆论坛，2017（6）：32-38.

④ 关于IDP [EB/OL]. [2008-01-08]. http://idp.nlc.gov.cn/.

⑤ IDP [EB/OL]. [2008-01-08]. http://idp.bl.uk.

IDP 办公室。中英两国共同合作开展的国际敦煌学项目——数字敦煌中文网站①于 2002 年 11 月 11 开通，首批上网数据文献目录达上万条，文献 50 余件，图片 300 多幅，国家图书馆拟将馆藏所有敦煌文献陆续数字化上网。台湾大学数字典藏资源中心（NTU Digital Archives Resource Center，DARC）为“台湾大学典藏数字化计划”提供资源与服务整合的界面②，以促进台湾文献文物、植物标本、昆虫标本、地质科学、人类考古、动物博物馆等数字化成果的长久典藏与有效利用。

联合国教科文组织（UNESCO）于 1992 年发起“世界记忆项目”（Memory of the World Programme）”③，其目的是保护世界文化遗产，将数字化了的文化遗产在因特网上公开，提高人们对文献遗产，特别是濒危文献遗产重要性的认识。“世界记忆”工程是世界遗产项目的延伸，关注的是文献遗产的保护，具体指手稿、图书馆和档案馆保存的珍贵文件以及口述历史记录等。世界记忆工程通过建立地区级和国家级委员会开展活动④。为了确保珍贵的原生数字资源的保护与长期存取，国内外已启动了许多保存网络信息资源的项目。美国国会图书馆自 1997 年开始进行了网络信息保存试验项目——因特网电子资源虚拟存档的映射（Mapping the Internet Electronic Resources Virtual Archive，Minerva Prototype）⑤。1996 年，澳大利亚国家图书馆建立网络信息资源保存项目——保护与存取澳大利亚的网络文献资源（Preserving and Accessing Networked Documentary Resources of Australia,

---

① 数字敦煌［EB/OL］.［2008-01-08］. http：//idp. nlc. gov. cn.

② 台湾大学典藏数位化计划［EB/OL］.［2008-01-08］. http：//140. 112. 114. 21/newdarc/darc/index. jsp.

③ UNESCO's Memory of the World Programme［EB/OL］.［2008-01-08］. http：//portal. unesco. org/ci/en/ev. php-URL_ID = 1538&URL_DO = DO_TOPIC&URL_SECTION = 201. html.

④ 东巴古籍入“世界记忆名录”［EB/OL］.［2008-01-08］. http：//heritage. tom. com/1446/2003917-21024. html.

⑤ Minerva Prototype［EB/OL］.［2008-01-08］. http：//www. loc. gov/minerva/.

PANDORA)①。1996年，瑞典皇家图书馆设立网络信息资源收集项目——Kulturarw3，进行现在以及未来的电子资源基础建设，收集、保存瑞典的网络信息资源，并提供网上获取②。法国国家图书馆于1999年底开始了网络信息资源保存的研究项目。在国家“973”和“985”项目支持下，北京大学网络实验室开发建设的中国网页历史信息存储与展示系统——中国Web信息博物馆（Web InfoMall），截至2013年9月保存了85亿以中文为主的网页，并以平均每月四千五百万网页的速度扩大规模③。中国国家图书馆自2003年起已启动网络资源长期保存试验项目，2007年加入国际互联网保存联盟，并于2009年成立国家图书馆互联网信息保存保护中心，经过十多年积累和发展，通过国内外的广泛合作，已形成涵盖国内外政治、经济、社会、文化、科技等领域重要网站和重大专题网络资源的特色化网络资源建设体系，数据量达到114.73TB④。

1.1.4 数字信息保存已引起了国际关注

1999年在布达佩斯召开的世界科技大会（World Conference on Science）就意识到对科学信息存档的重要性。国家标准化组织已将开放存档信息系统参考模型（Open Archival Information System Reference Model）批准为国际标准。为了使促进科技记录长期可存取的问题受到关注，作为创造、传播与使用科技信息的机构间交流的独特的论坛，国际科技信息委员会（The International Council for Scientific and Technical Information，ICSTI）自20世纪90年代起就与图书馆、出版社、档案馆以及联合国教科文组织等国际组织开

① PANDORA [EB/OL]. [2008-01-08]. http://pandora.nla.gov.au.

② Allan Arvidson, Johan Mannerheim. The Kulturarw3 Project - The Royal Swedish Web Archiw3e - An example of "complete" collection of web pages [EB/OL]. [2008-01-08]. http://www.ifla.org/IV/ifla66/papers/154-157e.htm.

③ 中国Web信息博物馆（Infomall）十年来资源维护和保存 [EB/OL]. [2019-08-11]. https://wenku.baidu.com/view/a60bc16ea200a6c30c22590102020740be1ecd87.html.

④ 张炜，郭文杰，周笑盈. 国家数字图书馆网络资源保存的实践与探索 [J]. 数字图书馆论坛，2017(6)：32-38.

展合作，ICSTI 还发布了关于《保持对科学数字记录的永久可获得》(Maintaining the Permanent Availability of the Digital Records of Science，ICSTI) 的声明①。

为应对数字资源长期保存带来的挑战，欧美等发达的图书馆和相关联盟正在大力开展研究和试验。JSTOR 是一家非营利组织，肩负着创建和维护重要学术期刊的权威档案及提供对这些期刊的尽可能广泛的访问的双重任务②。英国数字管理中心（The Digital Curation Centre，DCC）、欧洲数字保存机构（Digital Preservation Europe）、欧洲数字储存基础设施研究项目(Digital Repository Infrastructure Vision for European Research，DRIVER)、数字化资源储存技术网络（Network of Expertise in Long-Term Storage of Digital Resources，NESTOR）联合于 2007 年 11 月在柏林洪堡大学（Humboldt University）的 Adlershof 校区召开了“科学与学术数字仓储内容长期保护与存取的实践与挑战保存的研讨会”，大会关注的领域有：技术基础设施与社会支持框架，选择、评价、吸收和描述，知识库的业务活动，发现和存取，质量控制、自我审查和认定等。此次大会是继 2005 年 DCC 在英国剑桥大学的数字化内容长期保存大会之后的又一次盛会③。

我国相关部门、图书馆界等都已经意识到科技文献和科技信息长期保存存在的危机，并已经在科技部支持下开始建立数字化资源长期保存网络的尝试，组织国内主要科技信息机构协商联合建立数字资源的长期保存机制联合开发和试验长期保存系统。国家科学图书馆早在 2004 年就已经开始跟踪研究，并启动了相关研究试验，目前已形成了一支从事数字资源长期保存的研究团队，以科研项目形式开展了数字资源持久保存国际合作试验、数字化科

① Maintaining The Permanent Availability of The Digital Records of Science [EB/OL]. [2008-01-08]. http://www.icsti.org/advocacy_statement.html.

② JSTOR [EB/OL]. [2008-01-08]. http:// www.jstor.org.

③ Practices and Challenges in Preservation and Access for Scientific and Scholarly Digital Repositories DCC/DPE/DRIVER/Nestor Joint Workshop [EB/OL]. [2008-01-08]. http:// www.wepreserve.eu/events/dr-2007.

技信息资源长期保存体系与政策机制、网络信息资源保存的理论与方法方面的研究。国家科学图书馆承担了国家科技文献平台的数字科技资源长期保存任务，在科技部和国家科技文献平台的支持下积极推进建立数字化国际科技期刊长期保存网络系统。到 2013 年第三期数字科技文献资源长期保存服务系统项目开始，国家科学图书馆签署包括 Springer、IOP、BMC、NPG 等在内的 6 种国际知名出版商的电子期刊和电子书资源的长期保存协议，实现 7 种资源的常规化保存，共计中文期刊 2 万余种、英文期刊 2500 种，数据总量超过 11TB①。目前还在积极构建的数字资源长期保存技术示范体系，核心系统及相关规范、流程已经初步完成，并选择了 Nature、Springer、维普三家数据库进行试运行。另外以国外原型系统为基础与研究所合作开发的“研究所知识库系统”可以支持研究所存放和保存自己成员的科研论文、科技报告、学位论文和其他形式的知识资产，目前已在中国科学院力学所、数学研究院等若干研究所试用，正准备向该院其他研究所推广使用。国际数字资源长期保存国际会议（The International Conference on the Digital Preservation，iPRES）是数字资源长期保存领域最权威的国际性系列会议之一，自 2004 年首次组织以来，已经逐步形成了在中、欧、美国家轮流召开的格局。2004 年 7 月和 2007 年 10 月，中国科学院国家科学图书馆先后组织召开了 2 次“中欧数字资源长期保存国际研讨会”，来自英、美、德、法、澳大利亚等国家图书馆、著名大学的专家学者与我国大型文献情报机构的专家学者共同围绕数字资源长期保存领域所取得的进展和最佳实践进行了交流讨论。

为了了解国际上数字信息资源保存的现状与进展，IFLA 于 2006 年出版了长达 271 页的《数字保存的网络化：世界 15 个国家图书馆的实践》②，涉及的国家图书馆有：澳大利亚、奥地利、加拿大、中国、丹麦、法国、德

① 吴振新．国家科学图书馆数字资源长期保存进展——可信赖保存系统建设［EB/OL］．［2019-08-11］．https：//wenku. baidu. com/view/924f1cd2f56527d3240c844769eae009591ba21a. html.

② Networking for Digital Preservation-Current Practice in 15 National Libraries［EB/OL］.［2008-01-09］. http：//www. ifla. org/V/pr/saur119. htm.

国、日本、荷兰、新西兰、葡萄牙、瑞典、瑞士、英国和美国。美国图书馆与信息资源委员会发布了研究报告《国际数字保存的现状》（The State of Digital preservation：an international）① 和《美国大学与研究图书馆数字保存项目的现状》②。数字保存联盟（Digital Preservation Coalition，DPC）和澳大利亚的数字信息资源保存门户——保护对数字信息的存取（Preserving Access to Digital Information，PADI）共同出版季刊《数字保存新动态》（DPC/PADI What's new in digital preservation）③。美国研究图书馆协会调查了 2000—2001 年保存的现状④。

图书馆和出版社在数字信息保存领域作出了许多努力。哈佛大学图书馆于 2001 年 12 月完成了 65 页的关于电子期刊存档的调查⑤。国际上许多大大小小的出版社（包括商业出版社与非营利出版社）都开始了出版物的存档计划，有的还与图书馆界开展了合作。国际图联（IFLA）与国际出版商协会（The International Publishers' Association，IPA）联合指导小组共同发布了《IFLA /IPA 永久保存世界记忆：关于存档与保护数字信息的联合声明》（IFLA/IPA Steering Group Preserving the Memory of the World in Perpetuity：a joint statement on the archiving and preserving of digital information）⑥。

---

① The State of Digital Preservation：An International Perspective [EB/OL]. [2008-01-09]. http：//www. clir. org/pubs/reports/pub107/pub107. pdf.

② Anne A. Kenney，Deirdre D. Stam. The state of preservation programs in American college and research libraries：Building a common understanding and action agenda [EB/OL]. [2008-01-09]. http：//www. clir. org/pubs/reports/pub111/contents. html.

③ DPC/PADI What's new in digital preservation [EB/OL]. [2008-01-09]. http：//www. dpconline. org/graphics/whatsnew/index. html.

④ Martha Kyrillidou. State of preservation [EB/OL]. [2008-01-09]. http：//www. arl. org/stats/pres/imls/ala_0602_files/frame. htm.

⑤ E-Journal Archive Dtd Feasibility Study [EB/OL]. [2008-01-09]. http：//www. diglib. org/preserve/Hadtdfs. pdf.

⑥ Preserving the Memory of the World in Perpetuity：a joint statement on the archiving and preserving of digital information [EB/OL]. [2008-01-09]. http：//www. ifla. org/V/press/ifla-ipa02. htm.

1.2 数字信息资源长期保存动机

数字信息资源长期保存不仅是一项技术活动，还是一项长期持续的经济活动，其基本的经济属性是供给和需求，当前影响数字信息资源长期保存基本经济属性的因素包括数字资源的保存价值、数字资源的保存动机以及数字资源保存成本三个方面。

1.2.1 保存价值与保存成本

数字资源的价值是指用户对其访问和使用所获得的收益，数字信息保存的价值不仅影响着数字信息保存的供给，也影响着数字保存的需求，从保存活动本身来看，数字保存价值是数字信息选择的重要依据，同时也是数字保存项目可持续性的基本条件。数字信息保存价值有其自身的特点，数字信息的保存价值体现在用户的需求之中，这种需求具有当前的发散性和未来不确定性的特点，用户当前需求的发散性表现为用户信息需求存在差异性，从而导致难以形成广泛统一的信息资源保存选择标准，难以满足用户的差异性需求。数字资源长期保存不仅仅是满足用户当前的信息需求，还需要满足未来用户的需求。而用户的未来信息需求则存在很大的不确定性，这种不确定性对数字信息资源的长期保存产生较大的影响。因此如何保证数字信息资源长期保存的价值，对促进数字信息资源保存的持续性发展至关重要①。

数字信息资源长期保存的成本不仅影响着数字保存的供给，也影响着数字保存的需求。当前许多保存机构致力于研究数字信息资源长期保存的成本分析模型，以期从数字信息资源长期保存的生命周期模块方面构建完善的成本核算体系，从而降低保存活动中的成本投入，提供机构进行长期保存的动

---

① 臧国全，孔繁清．数字保存的经济属性解析［J］. 图书情报工作，2010（17）：32-35.

机。同时较高的保存成本也在一定程度上决定了用户为了满足自身信息需求所付出的成本，信息获取成本的增加将降低用户获取长期保存信息资源的积极性。臧国全针对学术型数字资源的特点，提出解决其长期保存成本问题的方法主要有两种，即规模经济和范围经济，前一种主要是通过访问大规模数字保存系统来实现保存效率的提高，而后者则将访问服务与保存服务相结合，达到范围经济的效益①。

1.2.2 数字信息保存动机

保存动机是保存决策者实施数字保存的驱动力，也是数字保存决策者为了实施数字保存项目而寻求所需保存资源创造所需保存条件的意愿。Lavoie② 认为数字信息长期保存的动机可以分为两个方面：第一，动机足够促使人们认识到数字信息资源长期保存的重要性；第二，动机能够使人们采用技术来长期保存数字信息。第一个方面主要产生了数字信息资源长期保存的需求层面，其产生的原因主要分为两种，一是相关主体能够在数字信息资源长期保存活动中获得相应的收益；二是相关主体所承担的责任要求其进行数字信息资源的长期保存活动。第二个方面主要产生数字信息资源长期保存的供给层面，即相关主体进行实际的数字保存活动，其产生的原因主要是通过数字信息资源长期保存以实现相关主体总体目标的。此外 Lavoie 还指出数字信息长期保存是一个持续不断的过程，需要决策者通过适当的激励政策来保证数字信息保存活动的参与者积极参与到保存活动中，其将保存的决策者分为有保存意愿的决策者、有保存需求的决策者以及有保存权利的决策者，并指出保存动机的形成与决策者的类型有着重要的关系。

---

① 臧国全，侯志伟．学术型数字资源保存的供给与需求影响因素研究［J］. 情报杂志，2010，29（10）：142-144.

② Lavoie BF.. The Incentives to Preserve Digital Materials: Roles, Scenarios, And Economic Decisi0n-Making ［EB/OL］. ［2014-02-20］. http://www.oclc.org/research/projects/digipres/incentives-dp.pdf.

Heutelbeck① 等人将数字保存的动机分为法律层面和经济层面。保存数字信息的法律原因包括保存法律的规定、合同的要求以及法律辩护的需要；在经济层面，数字信息保存的动机包括信息的再使用、审计和调查、保养和修理以及新的信息需求等。Shaman② 项目通过对保存机构、工程领域的保存需求调查发现，存在重要的法律和经济动机来推动数字信息长期保存整合到产品生命周期管理中，并在保存动机的基础上通过具体事例来扩宽对法律层面和经济层面保存动机的认识。

保存动机不足与保存动机错位是数字资源保存动机缺失有两种情况③。保存动机的不足将导致保存责任主体在推进该项工作积极性和参与性大为降低，产生这种问题的原因主要可以概括为以下几种：第一，保存创造的利润期望值较低，即数字信息资源长期保存所产生的价值较低，或者低于保存所花费的成本，则会导致保存动机不足，解决该类问题的主要方法是采取强制性存档的方法，即颁布呈缴本制度并授权相应的保存主体承担长期保存的职责；第二，保存产品作为一种公共产品，非竞争性和非排他性是公共产品的两大特征，长期保存的非竞争性表现为一部分用户对长期保存的数字资源进行消费不会影响到另一部分用户对该产品的消费，非排他性是指长期保存的数字信息资源并不被某些用户独自占有，不能排除其他用户的使用。长期保存的数字信息资源的这两种特征决定了数字信息资源长期保存活动中会存在“搭便车”的现象，即相关受益者不投入任何成本以期从其他保存活动中满足自身信息需求，“搭便车”现象的存在是导致保存动机不足的主要原因。当前解决该问题的主要方法是将用户限定在支付访问费用的范围内。第三，

① Heutelbeck D, Brusmann J, Wikes W, et al. Motivations and challenges for digital preservation in design and engineering [EB/OL]. [2014-02-20]. http://cs.harding.edu/indp/papers/heutelbeck5.pdf.

② Wilkes W, Brunsmann J, Heutelbeck D, et al. Towards support for long-term digital preservation in product life cycle management [EB/OL]. [2014-02-20]. http://escholarship.org/uc/item/9vb753xd.

③ 周献红．商业型数字文化资源保存的供给与需求影响因素 [J]．图书馆建设，2011 (2): 20-23.

保存主体与受益主体的差异性，即长期保存的主体与保存的受益者不是同一主体或者利益不一致时，也会导致长期保存动机的不足。

保存动机的错位主要指具有保存动机的受益主体与具备保存条件或者资源但保存动机不足的主体之间的错位。周献红①指出导致数字资源保存动机缺失有两种情况，即保存动机不足和保存动机错位。保存创造的利润期望值和数字信息消费的搭便车现象是导致保存动机不足的主要原因。保存动机错位的根本原因是数字保存具有派生需求属性，解决方法主要有实施产权的非独占性许可、构建公共保存与私人保存之间的合作机制，协调保存动机以及分派保存职责。臧国全②将保存动机错位分为三种类型，数字资源生产者与商业化数字保存系统之间的保存动机错位、数字资源生产者与公共保存机构之间的保存动机错位以及数字资源消费者与数字资源生产者之间的保存动机错位，并分别对学术型数字资源、商业文化型数字资源、研究数据型数字资源以及集体创作型数字资源，对于保存动机不足的问题，臧国全提出非排他性许可、公共政策、强制性赋予保存动机以及产权状态澄清等四种解决方案。此外孔繁清③、胡喜超④等也分别对数字信息长期保存动机进行相关的研究。

美国数字资源长期保存与访问蓝色丝带特别工作组⑤也指出动机不足和错位是影响数字资源长期保存重要的经济问题，缺乏明确的保存动机是数字信息长期保存的主要障碍，而完善的政策机制是解决这一问题的关键。同时

---

① 周献红．基于案例分析的数字资源保存价值研究［J］．图书馆论坛，2011（3）：81-83.

② 臧国全，杨敏．基于案例分析的数字资源保存动机错位研究［J］．图书馆，2011（4）：36-38.

③ 孔繁清．数字保存经济问题探讨［D］．郑州：郑州大学，2011：14-22.

④ 胡喜超．商业性数字文化资源保存相关经济问题研究［D］．郑州：郑州大学，2012：11-16.

⑤ Sustaining the digital investment：Issues and challenges of economically sustainable digital preservation，interim report of the Blue Ribbon Task Force on Suustainable Digital Preservation and Access［EB/OL］．［2014-02-20］．http：//brtf. sdsc. edu/biblio/BRTF_Interim_Report. pdf.

工作组还认为保存参与者自身角色和责任的认识不足也是导致保存动机不足的重要原因，要求保存主体完善相应的保存政策和程序，并重点解决数字信息长期保存中存在的“搭便车”的现象。

1.3 数字信息资源长期保存与维护的特性

1.3.1 数字信息对存储介质的依赖性

由于数字信息从形成、传输到存储都是通过计算机实现的，因此数字信息与计算机系统中的各种设备特别是存储介质有着密不可分的关系。数字信息需要依托于一定的存储介质而存在，存储介质既是数字信息临时或长期驻留的物理媒介，也是数字信息的保护伞和提供利用的工具。它对数字信息能够起到的主要作用有：保存数字信息；利用备份保存数字信息；以自身为媒介便于数字信息的使用等①。离开存储介质及计算机的软硬件平台，数字信息既看不见也摸不着，这就决定了数字信息对存储介质的依赖性。数字信息媒体比传统媒体更易变质和遭受灾难性损失，因而对存储环境提出了更高的要求。这一特性对数字信息的长期保存带来许多问题，如存储介质发生故障、系统瘫痪，数字信息就读不出来；数字信息对其他设备环境的不兼容性，使其只能在某种设备上处理，而不能在其他设备上处理；不同软件环境形成的电子文件存储在载体上，有时难以互换；技术设备更新时，不及时解决格式转换问题便无法读取等。数字信息对存储介质的依赖性还带来了一系列的存取问题，如双重性问题、隐蔽性问题和完整性问题等②。

---

① 刘家真．拯救数字信息：数据安全存储与读取策略研究［M］．北京：科学出版社，2004：31.

② 数字信息依赖于存储介质［EB/OL］．［2008-01-09］．http：//www.cnki.net/webnews/view/display.php？page=2126&font=bigfont.

1.3.2 数字信息的动态性

数字信息不像储存于传统的印刷型文献或缩微文献的信息那样，是固定不变的。它处于一个动态的状态中，随时更迭。它可以完美地被复制，也可以不留痕迹地被篡改或删除，特别是在互联网的环境中，这种修改和删除的可能更难以防范。以下几种情况是会经常出现的：

——用户通过计算机屏幕看到的文章和原文不完全相同，可能是被人修改过了，也可能是由于其他原因使信息有所丢失。

——网络信息一直处于动态的过程中，信息的数量是在变化着的，很多有价值的信息在下载以前就已经消失了。

——联机的计算机系统和数据库处于一种完全开放和动态的状况，很可能会因为黑客的攻击，或病毒的侵害，或硬件设备的出错甚至瘫痪，操作的失误等原因而丢失信息。

1.3.3 数据的脆弱性

如前所述，数字信息比物理信息更为脆弱。数据是数字信息的代码，是数字信息存在的前提，没有了数据，数字信息是无法再现的，然而数据是脆弱的。West World 公司的报告指出，每 500 个数据中心每年就有一个要经历一次灾难。

由于病毒、黑客、存储介质故障、误操作等各种意外情况使重要数据遭破坏的现象同样层出不穷，造成的损失巨大①。数据被破坏或是数据损失被称为数据丢失，是指用户无法接触到数据，如突然不能打开文件、文件被破坏或数据不能读出或使用等。在丢失的数据中有一类是用户无法接触或找到数据，但数据尚存；另一类是数字永久性损坏。前一类有可能通过专业的数据修复技术，重新找回这类数据；后一类数据的丢失是无法修复的，这样的

① 谁来拯救丢失的数据［EB/OL］.［2008-01-09］. http://www.dzwww.com/dazhongribao/shehuizhoukan/200403250244.htm.

后果是严重的①。

(1) 数据在线风险

计算机与网络是使得数字信息具有魅力的重要工具，但许多数据就丢失在存储与传送过程中。以下的原因都有可能导致数据丢失或被破坏：硬件故障、系统故障、人为因素和灾祸。

(2) 离线数据丢失

离线数据丢失的主要原因是密码丢失和存储介质失效或损坏。

1.3.4 数字信息的不安全性

随着全球网络化的不断发展，数字信息面临的网络安全问题日益突出，可以说网络的不安全性已成为限制其发展的最大障碍。较多信息资源产生以后，由于多渠道、多媒体交叉而无序传递，导致信息失控，也造成严重泄密和知识产权保护不力，又由于信息技术的高度发展使人们可以很容易复制任何信息产品，因而导致了诸如计算机病毒泛滥、信息失真、国际交流的不信任等一连串恶果。由此看来，数字信息面临的这些不安全性，要求我们在制定保存策略时不仅要从工程技术方面来解决，还要从政府和社会行为上采取有力措施②。

1.3.5 数字信息对元数据的依赖性

如前所述，元数据用来揭示各类型数字信息的内容和其他特性，进而达到对数字对象的组织、分类、索引等目的。它所包含的数据元素集是用来描述一个信息对象的内容和位置，以便能在数字资源集合中方便地查找和检索。关于数字信息的元数据必须特意附在数据信息中，否则将无法恢复数字信息的原貌。数字信息的运作往往是在网络上进行，操作者互不见面，体现

① 刘家真．拯救数字信息：数据安全存储与读取策略研究［M］．北京：科学出版社，2004：6.

② 郭瑞华．数字信息长期存取策略研究［J］．情报理论与进展，2002（2）：133.

行政背景的元数据就不那么完整、详细，如果不特意提供或补充这些元数据，就可能给数字信息的保管和长期保存带来问题①。

1.3.6 数字信息对标准化的依赖性

在数字信息的形成与管理中使用标准，有助于数字信息在存取与保存时的完整性。标准要求不同的支持者提供兼容产品，保证了数据的易传性与共享性。只有支持共同的标准才能保证数据、应用程序与应用系统具有最长的技术寿命的使用。标准不仅有利于数字信息的科学管理，同时，遵守与使用标准还便于数字信息随技术的发展在新、旧数字平台间转换，这将直接降低保存数字信息的费用。因为，随技术的发展，数字信息在新、旧数字平台间的转换是通过不同的标准与规范进行的，如果数字信息按标准进行管理，就会减少数据格式变换的频率。格式变换、数据迁移的频率减少，所需的费用自然就降低了②。

有利于文献保存的标准涉及方方面面，除了文件格式标准外，对数字信息的管理，也有相应标准。在储存与存取数字信息等方面，也存在着 ISO 标准，如互用性标准、资源著录标准、数据格式标准、资源标记标准、数据归档与文献管理标准等。采用这些标准，有利于图书馆间数据交换，促进图书馆系统的互操作并支持我国与国际图书馆网络的互操作等③。如，1999 年美国空间数据系统咨询委员会提出的开放档案信息系统参考模型（reference mode for an open archive information system）已日益被接受为数字信息长期保存系统的基本构架，该模式已作为 ISO 标准草案公布。澳大利亚标准“AS4390Sertes”是已有的文献管理标准实例之一，它对采集数字文献的责

---

① 徐义全．电子文件系列讲座之三：电子文件的特性［J］．北京档案，2001（3）：14-15.

② 蔡曙光．数字文献信息的保存——未来图书馆事业发展的前提和条件［J］．大学图书馆学报，2002（3）：14-18.

③ 刘家真．拯救数字信息：数据安全存储与读取策略研究［M］．北京：科学出版社，2004：104.

任、策略、控制、存储、鉴定与处理等进行了全方位的规定。

1.4 数字信息资源长期保存的技术措施

1.4.1 数字信息资源长期保存的技术措施

关于数字信息保存的技术措施，许多学者已做了探索，学者们提出了迁移、更新、转换、仿真和数字加密等主要的保存措施。

1.4.1.1 迁移技术

迁移（Migration）是持续的将数字信息从一种技术环境转换到另一种技术环境，意味着基于字符的数据可以从一个存储介质转移到另一个存储介质上，以进行数字信息的长期保存，同时，也可以将原始数据格式转换为独立于具体原始软硬件平台的标准数据格式。

美国保护与存取委员会（The Commission on Preservation and Access，CPA）和研究图书馆组织（The Research Libraries Group，RLG）的数字信息归档特别工作组曾在《保护数字信息：数字信息存档特别工作组报告》中指出："迁移是对付技术过时的最佳良策，它应是数字资料完成定期转换的一系列有组织的工作，包括维护数字对象的真实性、用户的再检索、显示与其他利用的能力。"①

目前，迁移技术的实现方式主要有三种：将数字信息从稳定性低的存储介质迁移到稳定性更高的存储介质；从对软件依赖性强的格式迁移到对软件依赖程度低的格式；从旧的计算机软硬件环境（例如旧版本旧格式）迁移到新计算机环境（新版本新格式）。将数字信息从各式各样的格式上迁移至更

① Preserving Digital Information：Report of the Task Force on Archiving of Digital Information [EB/OL]. [2010-08-06]. http：//www. clir. org/pubs/reports/pub63watersgarrett. pdf.

易管理的标准格式中，对于长期保存那些与软件无关的格式产生的文本文件简单、通用的平面文件较为实用。

但是，迁移存在许多问题：每一次转换都可能会使版式、链接、结构、交互关系等信息一定程度的丢失，持续迁移的累积损失会更大，所以并不适合对超文本文件、多媒体文件的迁移。同时，迁移还可能使数字信息失去原来的表现形式和固有的特性，降低保存与使用价值。迁移的费用很高，迁移时很难预料应该进行多大量的格式转换，需要多少资金支持。迁移时机的掌握也是一个难题，因为人们很难预测新技术在何时出现以及是否需要进行迁移。

针对数字信息的特点，数字迁移系统受到了人们的重视。数字迁移系统又称分级存储管理系统（Hierarchical Storage Management，HSM），是一种广泛应用的数字迁移系统。它将离线存储与在线存储技术融合，把高速、高容量的非在线存储设备作为磁盘设备的下一级设备，然后将磁盘中常用的数据按指定的策略自动迁移到磁带库等二级大容量存储设备上。当需要使用这些数据时，HSM 会自动将这些数据从下一级存储设备调回到上一级磁盘上。

1.4.1.2 更新技术

更新技术（Refreshing）又称拷贝，是在原来的技术环境下实时重写信息数据，将数据流从旧存储介质转移到新存储介质上，防止由于存储介质物理化性能变化而引起的信息丢失。

造成数字信息得不到长期存取的一个重要原因就是由于储存媒体本身容易受到各种侵袭而损坏。于是，许多国家都制定行业规范或国家标准，对数字信息的存储媒体做出规定。如美国国家档案与记录管理委员会（National Archives and Records Administration，NARA）指出：CD-ROM、WORM 和可擦式光盘等三种光学媒体可以用来作为数字文件的载体①。我国国家档案局在《办公自动化电子文件归档与电子档案管理方法》中规定，电子文件应“拷

① http：//www. archives. gov/［EB/OL］.

贝至耐久的载体”，禁止用磁盘来保管电子文件，并分先后次序对载体进行了推荐：只读式光盘、一次写入光盘、可擦式光盘、磁带。

著名的“多拷贝确保资料安全”（Lots of Copies Keep Stuff Safe, LOCKSS）项目主要对已订购的电子资源或开放存取资源进行保存，而受控的 LOCKSS（Controlled LOCKSS, CLOCKSS）项目在出版商和图书馆两大社区共同管理的模式下建立可持续的、全球分布式的存档系统，设有 CLOCKSS 存档箱的图书馆系统保存出版的重要学术资源，而无须要求该馆订购有相应资源。

1.4.1.3 转换技术

转换（Conversion）是指把信息从一种媒体转移到另一种媒体上，包括格式变换与复制。转换的目的是在纸张、缩微胶片、录像、磁性材料、光盘等媒体并存的混合环境中实现不同媒体之间信息内容的保存。转换的内容很多，如对已有软件进行修改，使之在不同环境下工作时具有相似的功能，再如把在某一台计算机上运行的程序变换成能在另一台计算机上运行的程序；将一种文件格式转换到另一种文件格式，或从一种字符编码方式转换到另一种字符编码方式；将一种媒体转换到另一种媒体上；从一种操作系统转换到另一种操作系统上；改变系统的硬件使其工作于新的或不同的设备，以对系统进行升级等。

作为英国国家音频档案馆的技术保管基地，不列颠图书馆保管中心（Conservation Centre）为音频档案的保存、复制、数字转换以及专业的重新灌录等技术操作提供各种先进设施，使音频资料得以按照国际标准进行复制、转换，以提供给用户远程和在线使用，而录音间的工作内容在于提供完美音质的口述历史等方面的录音材料①。

2008 年，国际标准化组织（ISO）提出了“数字记录的转换与迁移”

① More about the Centre for Conservation [EB/OL]. [2010-08-06]. http://www.bl.uk/onlinegallery/whatson/blcc/conservationcentre.html.

（Digital records conversion and migration process）的标准提案，其内容框架包括数字记录转换和迁移项目的组成元素、技术设计、记录保存需求、工作流程、系统测试、版本控制等方面的问题。

1.4.1.4 仿真技术

仿真（Emulation）是一个计算机系统对另一个计算机系统的部分或全部的模拟，使模拟的计算机系统与被模拟的计算机系统接收相同的数据，执行相同的程序，获得相同的结果。目前有硬件、软件和操作系统仿真，利用中间媒介层或虚拟计算机实现。在数字资源保存中，由于仿真技术可以保存原始文件，并适用于所有的数字对象，实现了一次处理永久使用，所以仿真被视为理想的保存策略。

仿真技术适合于超文本、多媒体等复杂的数字信息，以及其他依赖特殊软（硬）件而又无法在新、旧技术平台之间进行迁移的数字信息。但是，仿真技术依然面临兼容性并不可靠，保持自身耐用性，软/硬件环境的特性的保存等问题。

1.4.1.5 数据加密技术

数据加密（Encryption）技术是保证数字信息资源长期存储、提高信息系统及数据的安全性和保密性、防止破译和泄密所采用的主要技术手段，也是网络安全的重要技术。

按使用密钥上的不同来划分，加密技术可以分为私用密钥加密技术、公开密钥加密技术，这也是最常用的加密技术的划分类型。

信息的认证是信息安全性的另一个重要方面，主要包括数字签名技术、身份识别技术。其中，前者的数字签名算法主要由两个算法组成，即签名算法和验证算法。签名者能使用一个（秘密）签名算法签一个消息，所得的签名能通过一个公开的验证算法来验证。给定一个签名，验证算法根据签名是否真实来作出一个“真”或“假”的问答。后者能使识别者让对方识别到自己的真正身份，确保识别者的合法权益。使用密码技术，特别是公钥密码技术，能够设计出安全性高的识别协议，受到人们的青睐。身份识别的常用方式主要有使用通行字的方式和使用持证的方式两种。

值得注意的是，数字信息资源的保存需要随着技术的进步而采取不断更新的措施。惠普公司的整合式存档平台（HP Integrated Archive Platform）将该公司的服务器、网格存储技术、内容标引技术、检索与政策管理软件整合为一个单一的、可扩展的电子资源发现平台，能轻易地储存、搜寻和撷取数以亿计的电邮、文件和图像①。2008 年 4 月，OCLC 宣布为图书馆数字馆藏的长期保存提供数字存档服务（Digital Archive Service），对于 OCLC 的图书馆数字馆藏管理软件 CONTENTdm 的用户以及其他一些文化遗产管理机构而言，该数字存档服务集成了馆藏建设工作流程中的各个不同环节，可供随意选择组合。用户可使用 CONTENTdm 的采选工作站、Connexion 联机编目系统，以及网络采集服务的各种功能来保障母本文档的安全②。澳大利亚国家图书馆针对著名的“保护与存取网络化的澳大利亚文献资源”（Preserving and Accessing Networked DOcumentary Resources of Australia，PANDORA）项目开发了 PANDORA 数字存档系统（The PANDORA Digital Archiving System，PANDAS），旨在提供一个集成化的、基于网络的存档管理系统③。经过新西兰国家图书馆的测试，Ex Libris 公司的 Ex Libris Digital Preservation System 已投入使用，该系统基于开放档案信息系统模型，符合数字仓储要求，提供数字保存的基础设施与技术，可对资源的重复性、安全性与完整性进行检查，提供永久定位工具和标准的 API，便于图书馆长期保持其资源的可用性与完

① HP Integrated Archive Platform [EB/OL]. [2010-08-06]. http://h41112.www4.hp.com/promo/imhub/integrated_archive/index.html.

② OCLC offers Digital Archive service for long-term storage of libraries´ digital collections [EB/OL]. [2010-08-06]. http://www.oclc.org/asiapacific/zhcn/news/releases/200810.htm.

③ PANDORA Digital Archiving System (PANDAS) [EB/OL]. [2010-08-06]. http://pandora.nla.gov.au/pandas.html.

整性①。

在数字信息资源保存领域的另一个挑战是大规模数据存储的解决方案和数字信息保存的有关技术。关于网络信息资源的存档、标引和存取，美国圣地亚哥超级计算机中心对于美国国家科学数字图书馆项目、该中心与美国国会图书馆合作的项目分别采取了不同的技术②。为促进数字信息资源保存技术的开发，欧盟拟投资"欧洲母本创始计划"（European Masters Initiative）和 i2010 数字图书馆项目（i2010 Digital Libraries programme），后者有数字信息资源保存的子项目③。

1.4.2 在数字信息资源生产过程中注意数据的备份

进入 21 世纪以来，数字信息技术在各行各业得到了广泛的推广和使用，大量的企事业单位逐步淘汰了原始的手工管理，使用了先进的信息管理系统作为企事业单位重要的管理平台，使单位的工作效率得到了极大提高，也节约了大量的成本。然而，随着人们对信息技术的依赖性越来越高，信息系统本身存在的风险也成了企事业单位经营管理过程中的巨大风险。规避风险的最好办法就是做备份。数据的备份无外乎两种：数据库备份和文件备份。一款优秀的备份软件，不管是针对数据库还是针对文件，应该可以做到实时备份、安全备份和容灾备份。这应该是一个自动备份和智能备份的热备过程④。

---

① Ex Libris Offers Digital Preservation System [J]. Information Today, 2009, 1 (26): 42.

② Cowart Charles, Minor David, Moore Reagan, Zhu Bing. Archiving, Indexing and Accessing Web Materials: Solutions for Large Amounts of Data [EB/OL]. [2010-08-06]. http://iwaw.europarchive.org/07/IWAW2007_minor.pdf.

③ Keeping the records of science accessible: Can we afford it? [EB/OL]. [2010-08-06]. http://www.alliancepermanentaccess.eu/documenten%5CAlliance2008conference_report.pdf.

④ 数据灾难，究竟离我们有多远 [EB/OL]. [2008-01-13] http://www.drs.infosec.org.cn/4news/100120/1755.html.

国家信息中心信息安全研究与服务中心认为，一个优秀的灾备系统首先应该是自动智能的，这样可以减少人员负担，无须人工干预，备份工作自动执行；其次要实现实时备份（CDP，持续数据保护）功能，因为实时备份保证了备份数据和主数据的一致性，当主数据发生任何故障，备份的数据则是完整的；再次还要实现异地容灾，这样可支持数据实时备份至异地，确保在发生灾难时也能找回数据；还有类似的回退功能、接管功能等。当然，其他的低耗能源、简单易用、性价比高等也是一个合格的备份系统必须做到的，只有这样，我们的数据才算是真正的备份了①。

1.4.3 及时进行数字信息的恢复与修复

随着计算机的迅速普及，很多关键性的数据和智慧财产已经“无纸化”，数字信息在社会经济中地位越来越重要。许多重要的数据都做了备份并归档保存，并采取了许多安全措施以维护它们的物理形态安全。但这只能维护数据的安全存在，并不能保证这些数据在多年之后还会被人理解。

数字技术在不断地发生变化，数字资源面临着因技术平台的频繁变迁而可能读不出信息的风险，因而要化解技术淘汰带来的难题，我们也须采用技术的手段来解决技术的问题。而这些技术手段与解决方案都涉及许多前沿技术，风险很大，不是一般的单个的部门可以解决的。因而，有必要在我国建立数字信息恢复中心来承担数字资源长期保存过程中的技术问题。

近年来，我国已经建立了上百家数据恢复中心，它们的服务领域主要是针对由于硬件、软件故障或其他灾祸带来的数据损失的恢复②。为了适应信息安全的需要，国家信息中心信息安全研究与服务中心在引进国际先进的数据修复技术的基础上，自主研发了适合中国计算机用户的数据修复技术，是国内首家提供数据恢复服务的单位，自 1999 年开展数据恢复业务以来，在

---

① 数据灾难，究竟离我们有多远［EB/OL］.［2008-01-13］. http：//www.drs.infosec.org.cn/4news/100120/1755.html.

② 刘家真. 拯救数字信息：数据安全存储与读取策略研究［M］. 北京：科学出版社，2004：168.

硬件及磁盘阵列服务器数据恢复技术上一直处于国内领先水平，并积累了大量的成功案例，得到了广大用户和主管单位的好评，主要服务规范已成为业内事实标准。2001 年被原国家信息化领导小组计算机网络与信息安全管理办公室定为国家计算机应急恢复服务定点单位。

著名的数字信息资源典藏系统 LOCKSS 对内容采取多站点分布式存档，这些分布式档案不断地与彼此间进行交流以比较内容的不同，若一个站点的数字内容毁坏，毁坏的内能可进行自动修复。

2　数字信息资源长期保存研究进展

随着数字资源数量的快速增长，对数字资源长期保存的研究已成为世界各国政府不容忽视的问题。数字资源长期保存的研究在许多发达国家已经非常成熟，早在 20 世纪八九十年代，许多发达国家就已经开始了此项研究，如早在 1991 年挪威、冰岛、丹麦、瑞士和芬兰就开始了此项研究。国内研究起步较晚，但也在 20 世纪末启动了相关研究。对这一问题的研究，不仅可以积极地促进未来社会更好地发展，并且对人类已有的重要文化遗产的保存也有着十分深远的影响。本部分利用文献计量学的方法，对国内外数字资源长期保存研究与实践进行揭示，期望为我国信息资源长期保存的开展与推进提供借鉴。

2.1　国外研究进展

本研究的数据来源是 Web of Science 平台的 Science Citation Index Expanded、Social Science Citation Index 和 Arts & Humanities Citation Index 和 Emerging Sources Citation Index (ESCI) 四个数据库。设定检索式为："digital preservation" OR "virtual preservation" OR "mobile preservation" OR "website preservation" OR "data preservation" OR "electronic document preservation" OR "Web Archiv * " OR "digital archiv * " OR "Preservation Metadata" OR （“cultural heritage preservation” OR “long-term preservation” OR “Long-term conservation” OR “Long-term access” OR “Long-term storage” ）AND（digital or Digiti? ation or Digitali? ation），在主题字段进行检索，截至 2023 年 1 月 31 日，共获得 2554 条命中结果，限定文献类型为 Article 和 Review 并经人工筛选后获得 2284 篇论文。

2.1.1 发文年代分布

数字资源长期保存领域的最早发文为 1982 年发表在 Bulletin of the American Meteorological Society 上的论文——北半球积雪的数字档案，1966 年 11 月—1980 年 12 月。此后，相关论文逐步增多，大致可分为三个阶段，如图 2-1 所示。1982—2000 年为研究起步阶段，其中 20 世纪 80 年代仅有 3 篇零星发文，1992 年起每年均有相关论文发表，年发文量逐步增长到十余篇。2001—2017 年为研究发展阶段，年发文量从 2001 年的 33 篇波动增长到 2017 年的 108 篇。该阶段总计发文 1039 篇，占总论文数的 45%。2018 年以来，

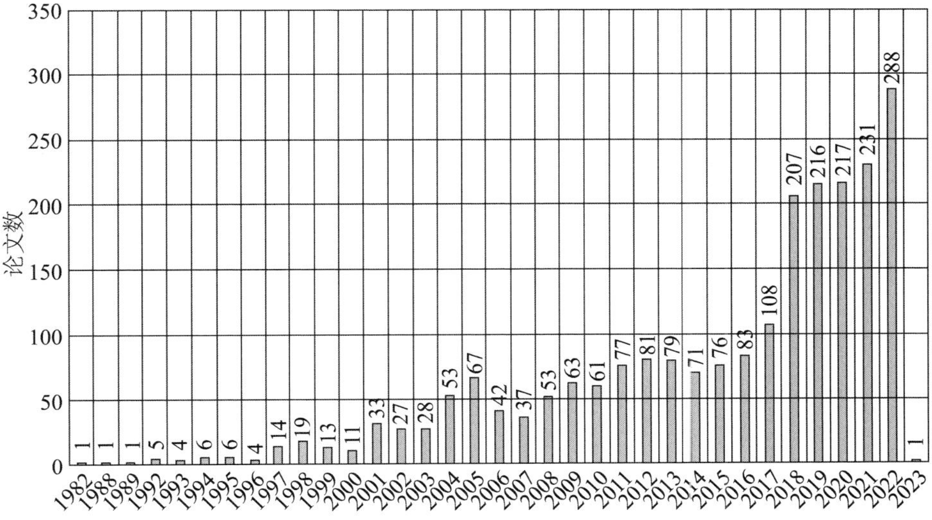

图 2-1　国外数字资源长期保存研究论文年代分布

相关研究进入了高峰期，年均发文量达到了 232 篇。

2.1.2 核心学者分析

从发文量来看，共 2284 篇论文，涉及 6347 位作者，其中发文量（含合作）超过 5 篇的有 14 位学者，全部来自高校，详见表 2-1。其中，发文最多的是德国洪堡大学图书馆和信息科学学院的 Michael Seadle 教授，其研究领域是科研诚信和数字信息长期保存，相关发文 9 篇。滑铁卢大学的 Ian Milligan 是互联网历史学家，相关发文 8 篇，排名第二。

表 2-1　**国外数字资源长期保存核心作者（发文量≥5）**

序号	作　者	所属机构	国别	发文量
1	Seadle, Michael	洪堡大学，图书馆和信息科学学院	德国	9
2	Milligan, Ian	滑铁卢大学	加拿大	8
3	Becker, Christoph	多伦多大学，信息学系	加拿大	7
3	Termens, Miquel	巴塞罗那大学	西班牙	7
5	Bruegger, Niels	奥胡斯大学，互联网研究中心	丹麦	6
5	Flores, Daniel	弗鲁米嫩塞联邦大学	巴西	6
5	Ngulube, Patrick	南非大学，跨学科研究学院	南非	6
5	Resendiz, Perla Olivia Rodriguez	墨西哥国立自治大学	墨西哥	6
9	Pereira Bellon, Olga Regina	巴拉那联邦大学	巴西	5
9	Conway, Paul	密歇根大学，信息学院	美国	5
9	Kim, Yunhyong	格拉斯哥大学，人文科学学院	苏格兰	5
9	Rauber, Andreas	维也纳科技大学	奥地利	5
9	Ringel, Sharon	海法大学	以色列	5
9	Silva, Luciano	巴拉那联邦大学	巴西	5

2.1.3 机构国别分析

2284 篇论文分布于 96 个国家/地区，前 20 个国家和地区详见图 2-2。美国在数字资源长期保存研究领域中具有巨大的优势，发文646篇，占全部论文的28%，居世界第一。这是因为美国涉及的研究领域非常广泛，数字资源长期保存项目众多，如由美国国会图书馆发起的“国家数字信息基础设施和保存计划”，即NDIIPP项目①；以斯坦福大学为首开展的具有国际影响力的数字资源长期保存项目LOCKSS（Lots of Copies Keep Stuff Safe）②。英国排名第二，发文216篇；中国大陆和中国台湾地区分别发文92篇和51篇，合计143篇，位居第三。德国（139）、意大利（139）、西班牙（113）和加拿大（111）的研究力量相当，发文量均超过了百篇。这些国家均启动了相应的数字资源长期保存项目，如英国的CEDARS项目、CAMILEON项目和FAIR项目，德国的NESTOR项目，以及我国国家图书馆的WICP项目和中国Web信息博物馆项目③。

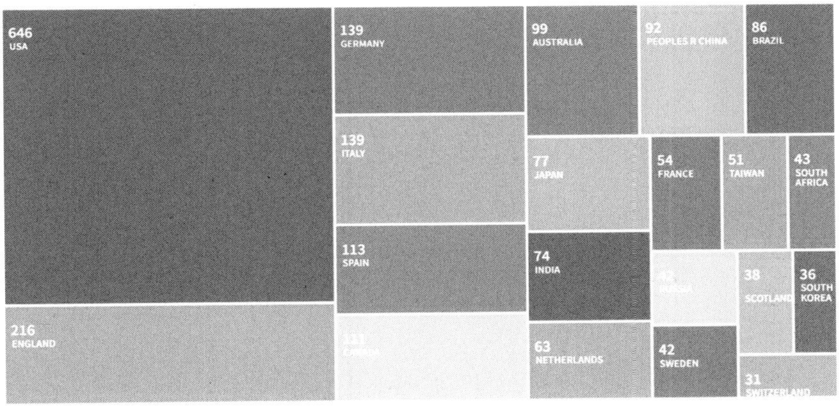

图2-2 国外数字资源长期保存研究论文国别/地区分布

① 周佳贵，蔡舜．评述美国NDIIPP数字化保存结构［J］．图书情报工作，2006（10）：134-138.

② 黄田青，陈清文，陈心蓉．LOCKSS：图书馆数字资源长期保存的新机制［J］．图书馆学研究，2007（5）：29-31.

③ 黄旭，毕强．国内外数字资源长期保存研究现状与进展［J］．图书馆学研究，2009（1）：25-28.

从发文机构来看，2284 篇论文涉及 2451 个研究机构，其中发文量超过 15 篇的机构 24 个，详见表 2-2。发文最多的是美国的加州大学系统，57 篇，位居第一；其次是伦敦大学，发文 48 篇。其余 22 个机构的研究力量较为均衡。在 24 个机构中，除 CONSIGLIO NAZIONALE DELLE RICERCHE CNR（国家财富管理委员会）外，全部来自高校系统，且超过一半来自美国，可见，大学是数字资源长期保存研究的绝对主力，美国的研究机构在这一领域也处于领先的地位。

表 2-2　　国外数字资源长期保存发文核心机构（发文量≥15）

序号	发文机构	发文量
1	UNIVERSITY OFCALIFORNIA SYSTEM	57
2	UNIVERSITY OF LONDON	48
3	UNIVERSITY COLLEGE LONDON	22
4	STANFORD UNIVERSITY	21
5	CONSIGLIO NAZIONALE DELLE RICERCHE CNR	20
5	PENNSYLVANIA COMMONWEALTH SYSTEM OF HIGHER EDUCATION PCSHE	20
5	STATE UNIVERSITY SYSTEM OF FLORIDA	20
5	UNIVERSITY OF TEXAS SYSTEM	20
9	HARVARD UNIVERSITY	19
9	UDICE FRENCH RESEARCH UNIVERSITIES	19
9	UNIVERSITY OF TORONTO	19
12	UNIVERSITY OF CALIFORNIA LOS ANGELES	18
12	UNIVERSITY OF MICHIGAN	18
12	UNIVERSITY OF MICHIGAN SYSTEM	18
15	CORNELLUNIVERSITY	16
15	INDIANA UNIVERSITY SYSTEM	16
15	UNIVERSIDAD NACIONAL AUTONOMA DE MEXICO	16

续表

序号	发文机构	发文量
15	UNIVERSITY OF NORTH CAROLINA	16
15	UTRECHT UNIVERSITY	16
20	UNIVERSITY OF CALIFORNIA SAN DIEGO	15
20	UNIVERSITY OF OXFORD	15
20	UNIVERSITY OF WISCONSINSYSTEM	15
20	UNIVERSITY SYSTEM OF GEORGIA	15
20	UNIVERSITY SYSTEM OF MARYLAND	15

2.1.4 核心出版物分析

2284 篇论文来自 1169 种出版物，其中发文 10 篇以上的出版物共计 33 种，发文总计 565 篇，占比 25%，为数字资源长期保存领域的核心出版物。从表 2-3 可知，33 种来源出版物，主要集中在信息科学与图书馆学（20）、计算机科学-信息系统（8）这两个领域，其中排名第二的 Lecture Notes In Computer Science（计算机科学讲义）为会议论文丛书，相关论文多数发表在"Research And Advanced Technology For Digital Libraries"等数字图书馆、电子政务、计算机、互联网相关领域的学术会议上，主要因为数字资源长期保存涉及最主要的问题就是技术过时，因此在该期刊上研究最多的也是数字资源长期保存中的技术问题。

表 2-3　**国外数字资源长期保存来源出版物（发文量≥10）**

序号	期刊名称	WOS 学科	发文量
1	Library Hi Tech	Information Science & Library Science	55
2	Lecture Notes in Computer Science	Computer Science, Artificial Intelligence	50

续表

序号	期刊名称	WOS 学科	发文量
3	Electronic Library	Computer Science, Information Systems; Information Science & Library Science	36
4	Library Trends	InformationScience & Library Science	34
5	ACM Journal on Computing and Cultural Heritage	Humanities, Multidisciplinary; Computer Science, Interdisciplinary Applications	23
6	Journal of Documentation	Computer Science, Information Systems; Information Science & Library Science	22
7	Zeitschrift fur Bibliothekswesen und Bibliographie	Information Science & Library Science	20
8	Digital Library Perspectives	Information Science & Library Science	18
8	Profesional De La Informacion	Communication; Information Science &Library Science	18
10	Program Electronic Library and Information Systems	Computer Science, Information Systems, Information Science & Library Science	17
11	Investigacion Bibliotecologica	Information Science & Library Science	16
12	Revista Ibero Americana De Ciencia Da Informacao	Information Science & Library Science	15
13	Archival Science	Information Science & Library Science	14
13	Digital Scholarship in The Humanities	Humanities, Multidisciplinary; Linguistics	14

续表

序号	期刊名称	WOS 学科	发文量
13	International Journal on DigitalLibraries	Information Science & Library Science	14
16	Archives And Records- The Journal of The Archives and Records Association	Humanities, Multidisciplinary	13
16	Behavior Research Methods Instruments Computers	Psychology, Experimental; Psychology, Mathematical	13
16	Information Technology and Libraries	Computer Science, Information Systems; Information Science & Library Science	13
16	Journal of Academic Librarianship	Information Science & Library Science	13
16	Journal of Cultural Heritage	Chemistry, Analytical; Geosciences, Multidisciplinary; Materials Science, Multidisciplinary; Spectroscopy	13
16	Journal of The Association For Information Science And Technology	Computer Science, Information Systems; Information Science & Library Science	13
22	JLIS IT	Information Science & Library Science	12
22	New Media & Society	Communication	12
22	Remote Sensing	Environmental Sciences; Remote Sensing	12
25	Applied Sciences Basel	Chemistry, Multidisciplinary; Engineering, Multidisciplinary; Materials Science, Multidisciplinary; Physics, Applied	11

续表

序号	期刊名称	WOS 学科	发文量
25	ASLIB Proceedings	Computer Science, Information Systems; Information Science & Library Science	11
25	Journal of Information Science	Computer Science, Information Systems; Information Science & Library Science	11
25	Records Management Journal	Information Science & Library Science	11
25	Sustainability	Green & Sustainable Science & Technology; Environmental Sciences; Environmental Studies	11
30	Archives and Manuscripts	Information Science & Library Science	10
30	ISPRS International Journal Of Geo Information	Computer Science, Information Systems; Geography, Physical; Remote Sensing	10
30	Plos One	Multidisciplinary Sciences	10

2.1.5 学科主题分析

图 2-3 为数字资源长期保存相关论文量排名前十位的 Web of Science 学科，与核心出版物的分布类似，该领域的论文主要分布在信息科学与图书馆学（670 篇）和计算机科学—信息系统（285 篇）这两个领域，人文科学—多学科、传播学、计算机科学—跨学科应用、历史学、计算机科学理论方法、工程—电气电子、地球科学—多学科这些学科涉及文化遗产的数字化和长期保存、多种媒体资源的长期保存和获取、长期保存的技术实现、科学数据的长期保存等研究主题，也有相当数量的发文量。

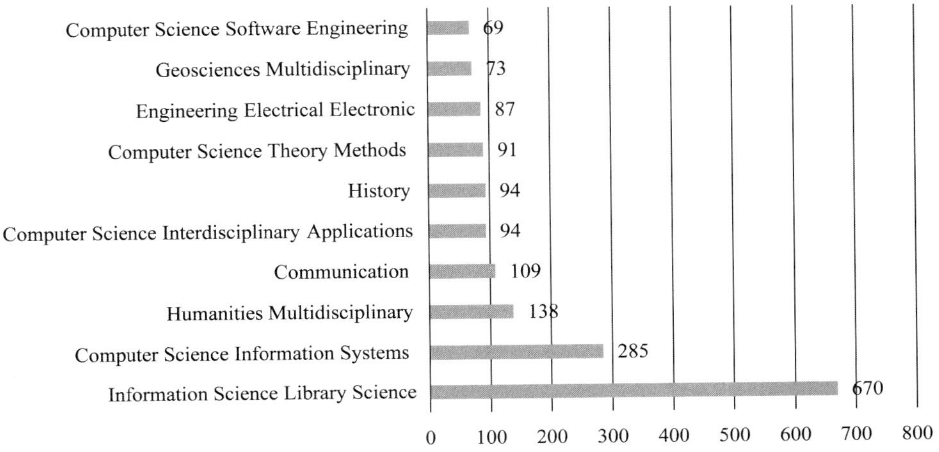

图 2-3 国外数字资源长期保存研究论文的 WOS 学科分布

利用科睿唯安公司的 InCites 分析工具，可以从引文角度分析数字资源长期保存相关论文的主题分布。引文主题（Citation Topics）分类是 InCites 根据 Web of Science 核心合集论文的引文关系，将同一个主题的相关文献聚类，并根据主题的粒度分为宏观（10 个大类学科）、中观（326 个小学科）和微观（2444 个主题，以关键词标注）三个层级。

根据引文聚类，10 个宏观学科均有数字资源长期保存的相关论文，超过百篇论文的宏观学科主要有社会科学（770）、电气工程、电子和计算机科学（542）、临床医学与生命科学（268）、艺术和人文（142）和地球科学（113）。

表 2-4 是不同时间段排名前二十位的中观引文主题。比较可见，近十年的 TOP20 中观引文主题中，有 18 个和所有时段的中观主题保持一致。其中，社会科学领域的 Information & Library Science，电气工程、电子和计算机科学领域的 Knowledge Engineering & Representation 始终是数字资源长期保存研究的核心学科。此外，10.144 Modern History（↑5）、10.245 20th Century History（↑4）、10.290 Art（↑3）、6.69 Language & Linguistics（↑3）、3.40 Forestry（↑2）、6.185 Communication（↑1）、4.169 Remote Sensing

(↑1)、4. 187 Security Systems (↑1) 等中观学科相关论文数排名均有不同程度的上升，尤其是历史、艺术和语言学方面，反映出文化遗产资源的长期保存在近十年间受到更多的关注。

表 2-4 国外数字资源长期保存研究论文的中观引文主题（TOP 20）

序号	中观主题（1980—2022 年）	论文数	中观主题（2012—2022 年）	论文数
1	6. 288 Information & Library Science	418	6. 288 Information & Library Science	302
2	4. 48 Knowledge Engineering & Representation	213	4. 48 Knowledge Engineering & Representation	134
3	4. 17 Computer Vision & Graphics	92	***6. 185 Communication***	70
4	6. 185 Communication	74	4. 17 Computer Vision & Graphics	60
5	6. 238 Bibliometrics, Scientometrics & Research Integrity	54	***4. 169 Remote Sensing***	40
6	4. 169 Remote Sensing	46	***4. 187 Security Systems***	35
7	4. 187 Security Systems	45	6. 238Bibliometrics, Scientometrics & Research Integrity	34
8	1. 155 Medical Ethics	43	1. 155 Medical Ethics	33
9	8. 93 Archaeology	37	8. 93 Archaeology	32
10	1. 175 Medical Physics	34	***10. 290 Art***	28
11	6. 11 Education & Educational Research	33	6. 11 Education &Educational Research	28
12	6. 3 Management	33	***6. 69 Language & Linguistics***	22
13	10. 290 Art	31	***10. 144 Modern History***	20
14	4. 46 Distributed & Real Time Computing	29	6. 3 Management	20
15	6. 69 Language & Linguistics	25	**10. 99 Literary Theory**	19
16	4. 101Security, Encryption & Encoding	22	***10. 245 20th Century History***	18

续表

序号	中观主题（1980—2022 年）	论文数	中观主题（2012—2022 年）	论文数
17	8.19 Oceanography，Meteorology & Atmospheric Sciences	22	***3.40 Forestry***	17
18	10.144 Modern History	21	**4.13 Telecommunications**	17
19	3.40 Forestry	21	4.46 Distributed & Real TimeComputing	16
20	10.245 20th Century History	20	4.101 Security，Encryption & Encoding	14

注：① 英文主题前的数字为主题编号，例如：6 为宏观主题“Social Sciences”，6.288 为中观主题“Information & Library Science”，6.288.2091 为微观主题“Records Management”。

②加□表示该主题未入选 2012—2022 年中观主题 TOP20；斜体加黑的表示 2012—2022 年排名上升的中观主题，底纹加黑的表示 2012—2022 年新增的 TOP20 中观主题。

表 2-5 是不同时间段排名前二十位的微观引文主题。6.288.2091 Records Management 始终是研究论文最多的微观主题，是研究数字资源长期保存的核心学科。1.175.1231 Pacs、6.288.1782 Interlending、4.17.861 Image Enhancement、4.187.160 Random Oracle Model、3.40.195 MaxEnt 这 5 个微观主题在 2012—2022 年退出了 TOP20，4.187.2134 Blockchain、10.245.1462 Collective Memory、1.54.79 Gene Expression Data、4.17.128 Deep Learning、1.155.611 Evidence Based Medicine 这 5 个微观主题则作为新增主题进入了 TOP20。此外，有 10 个微观主题的排名有所提升（表中斜体加黑的主题），其中，10.309.1736 Theatre（↑6）、4.13.807 Internet Of Things（↑4）、8.93.362 Archaeology（↑3）三个微观主题相关论文数排名显著上升明显。总之，1980—2022 年和 2012—2022 年这两个时间段 TOP 微观主题的变化显著，区块链、深度学习、物联网等新技术的应用，集体记忆、剧院、考古等文化遗产的保护成为近十年数字资源长期保存的新兴热点。

表 2-5 国外数字资源长期保存研究论文的微观引文主题（TOP 20）

序号	中观主题（1980—2022 年）	论文数	中观主题（2012—2022 年）	论文数
1	6. 288. 2091 Records Management	284	6. 288. 2091 Records Management	194
2	4. 48. 228 Information Literacy	133	***6. 288. 2155 Digital Humanities***	101
3	6. 288. 2155 Digital Humanities	113	4. 48. 228 Information Literacy	81
4	6. 238. 166 Bibliometrics	53	***6. 185. 184Journalism***	50
5	6. 185. 184 Journalism	52	***4. 169. 1045 Lidar***	35
6	4. 169. 1045 Lidar	40	6. 238. 166 Bibliometrics	33
7	4. 48. 322 Semantic Web	33	4. 48. 322 Semantic Web	23
8	1. 175. 1231 Pacs	30	***1. 155. 1378 Acetylene Hydrochlorination***	21
9	1. 155. 1378 AcetyleneHydrochlorination	27	***4. 17. 942 OCR***	17
10	4. 17. 942 OCR	23	***8. 93. 362 Archaeology***	16
11	6. 288. 1782 Interlending	19	***4. 13. 807 Internet Of Things***	14
12	4. 17. 245 Volume Rendering	18	***10. 309. 1736 Theatre***	12
13	8. 93. 362 Archaeology	16	4. 17. 245 Volume Rendering	12
14	4. 17. 861 Image Enhancement	15	**4. 187. 2134 Blockchain**	12
15	4. 13. 807 Internet Of Things	14	**10. 245. 1462 Collective Memory**	11
16	4. 187. 160 Random Oracle Model	14	***10. 290. 2182 Museums***	11
17	10. 290. 2182 Museums	13	**1. 54. 79 Gene Expression Data**	10
18	10. 309. 1736 Theatre	13	**4. 17. 128 Deep Learning**	10
19	3. 40. 195 MaxEnt	13	***4. 284. 1027 Augmented Reality***	10
20	4. 284. 1027 Augmented Reality	13	**1. 155. 611 Evidence Based Medicine**	9

注：加□的表示该主题未入选 2012—2022 年微观主题 TOP20；斜体加黑的表示 2012—2022 年排名上升的微观主题，底纹加黑的表示 2012—2022 年新增的 TOP20 微观主题。

2.1.6 关键词分析

关键词是作者在高度浓缩和概括文献后得出的核心思想。某一研究领域的热点问题通常可以被高频次的关键词来体现。2284 篇论文的作者关键词去重后共计 7798 个，出现 10 次（含）以上的关键词有 118 个，具体分布详见词云图 2-4。2012 年以来的 1607 篇论文的作者关键词共计 6342 个，其中出现频次 10 次以上（含）的有 83 个，具体分布详见详见词云图 2-5。两组关键词均取前 82 个关键词进行对比，可以发现有 51 个关键词未再出现在 2012—2022 年高频关键词（≥10）列表中，与此同时，2012 年以来高频关键词（≥10）中有 27 个未出现在 1988-2022 年的高频词（≥10）列表。

图 2-4 国外数字资源长期保存研究论文的关键词云图（1988—2022 年）

表 2-6 是数字资源长期保存 2012—2022 年相关论文中出现的高频词以及其在不同时段的出现频次和排序变化。Digital Preservation、Digital Archives、Digital Archive、Digitization、History、Management、Knowledge 这 7 个关键词的排序没有变化，前四个词是数字资源长期保存的核心词汇，因而出现频次位居前列。有 46 个关键词的频次排序有所提升，有 27 个新上榜的关键词，这些变化反映出近十年的研究热点或趋势。

图 2-5　国外数字资源长期保存研究论文的关键词云图（2012—2022 年）

从保存对象来看，档案、文化遗产、电子文件、知识或信息等一直是研究的重点和热点，相关词汇或高居榜首，或新增入榜，或排序提升。此外，数字图书馆、网络资源的长期保存、科学数据监护等成为新的研究重点，新增入榜的词汇有 Digital Libraries、Web Archive（s）、Digital Repositories、Data Management、Data Sharing 等，而排名上升幅度较大的相关词汇有：Personal Digital Archiving（↑28）、Digital Heritage（↑26）、Museum（↑16）、Research Data（↑15）、Research Data Management（↑11）、Twitter（↑10）、Institutional Repositories（↑8）、Social Media（↑7）等。

技术层面，Technology、System、Digital Archiving 作为新词上榜，而出现频次提升较快的词还包括 Deep Learning（↑28）、Digitisation（↑16）、Software（↑16）、Search（↑15）、Blockchain（↑11）、Digital（↑10）、Interoperability（↑9）、Long-Term Preservation（↑7）、Photogrammetry（↑6）、Big Data（↑5）、Cloud Computing（↑4）等。这些词一方面反映出数字化、平台软件、可交互性、检索功能等是数字资源长期保存技术的研究重点，另一方面如深度学习、区块链、云计算等新兴技术也在积极应用于数字资源长期保存领域。

管理层面，Design、Classification、Conservation、Semantic Web、Ontology、Ethics 为新增热词，出现频次提升较快的词还包括：Education（↑16）、Curation（↑16）、Collaboration（↑15）、Privacy（↑10）、Challenges（↑10）、Open Access（↑7）、Digital Curation（↑6）、Framework（↑5）、Access（4）等。可见，语义网、保存元数据、教育培训、资源保存过程监护、协同合作、隐私保护、开放获取等也是近十年国外数字资源长期保存的关注重点。

表 2-6 **国外数字资源长期保存论文（2012—2022 年）高频关键词（≥10）**

2012—2022 年		关键词	1988—2022 年	
排序	频次	（2012—2022 年）	频次	排序
1	204	Digital Preservation	247	1
2	123	Digital Archives	141	2
3	62	***Archives***	75	5
4	61	Digital Archive	76	4
5	56	***Cultural Heritage***	55	6
6	53	***Preservation***	53	7
7	45	***Metadata***	51	9
8	44	Digitization	52	8
8	44	***Digital Humanities***	46	11
8	44	**Digital Libraries**	—	—
11	42	**Archive**	—	—
12	38	History	43	12
13	32	***Data Preservation***	42	14
13	32	***Social Media***	33	20
13	32	***Web Archiving***	38	16
16	31	***Libraries***	36	17
17	30	**Information**	—	—

续表

2012—2022 年		关键词（2012—2022 年）	1988—2022 年	
排序	频次		频次	排序
18	28	***Photogrammetry***	28	24
19	27	***Big Data***	28	24
20	26	**Digital Archiving**	—	—
21	25	Management	30	21
21	25	***Open Access***	27	28
23	24	**Web Archives**	—	—
23	24	***Institutional Repositories***	25	31
25	23	***Memory***	27	28
26	22	***Research Data Management***	22	37
26	22	Model	28	24
26	22	**Web**	—	—
29	21	***Documentation***	21	39
29	21	**Internet**	—	—
31	20	**Science**	—	—
32	19	**Archiving**	—	—
33	18	***Blockchain***	18	44
33	18	***Digital Curation***	21	39
33	18	***Academic Libraries***	23	35
33	18	***Media***	22	37
33	18	**Design**	—	—
38	17	**Library**	—	—
38	17	**Heritage**	—	—
40	16	***Access***	18	44
40	16	**Database**	—	—
40	16	Archaeology	21	39

续表

2012—2022 年		关键词	1988—2022 年	
排序	频次	(2012—2022 年)	频次	排序
40	16	**Technology**	—	—
44	15	*Privacy*	15	54
44	15	Knowledge	18	44
44	15	**Digital Repositories**	—	—
44	15	*Challenges*	15	54
48	14	**System**	—	—
48	14	*Collaboration*	14	63
48	14	**Web Archive**	—	—
48	14	*Interoperability*	15	57
48	14	**Classification**	—	—
53	13	*Curation*	13	69
53	13	*Art*	15	54
53	13	*Twitter*	14	63
53	13	*Cultural-Heritage*	14	63
53	13	*Digital*	14	63
53	13	*Cloud Computing*	15	57
59	12	**Impact**	—	—
59	12	**3D Reconstruction**	—	—
59	12	**Data Management**	—	—
62	11	*Education*	12	78
62	11	*Digitisation*	12	78
62	11	*Museum*	12	78
62	11	**Conservation**	—	—
62	11	**Data Sharing**	—	—
62	11	**Semantic Web**	—	—

续表

2012—2022 年		关键词	1988—2022 年	
排序	频次	(2012—2022 年)	频次	排序
62	11	**Ontology**	—	—
62	11	***Software***	12	78
62	11	***Digital Heritage***	11	88
62	11	***Long-Term Preservation***	13	69
62	11	**Ethics**	—	—
73	10	***Research Data***	11	88
73	10	***Data***	12	78
73	10	***Digital History***	11	88
73	10	***Knowledge Management***	12	78
73	10	***Search***	11	88
73	10	***Personal Digital Archiving***	10	101
73	10	***Digital Information***	11	88
73	10	***Deep Learning***	10	101
73	10	**Network**	—	—
73	10	***Framework***	12	78

注：斜体加黑的表示 2012—2022 年出现频次排名上升的关键词，底纹加黑的表示 2012—2022 年新增的出现频次≥10 关键词。

2.2 国内研究进展

研究的数据来源是中国知网期刊论文数据库，采用专业检索，检索式为 SU=（数字+数据+媒体+文化遗产+网络+网站+电子）AND（KY=（长期保存+长期存取+数字保存+数字资源保存+网络资源保存+长期存储）OR TI=（长期保存+长期存取+数字保存+数字资源保存+网络资源保存+长期存储）），截至 2022 年 12 月 8 日，共检索到 1322 条记录。全部导入 NoteExpress 处理。去掉非学术论文，会议报道，剔除少量无关论文，剩余 1262 条相关记录。

2.2.1 发文年代分布

1998 年，刘家真发文①介绍澳大利亚国家图书馆对本国电子出版物提供长期存取保证的国家性战略，为国内首篇数字资源长期保存领域的学术论文。此后，相关论文逐步增多，大致可分为三个阶段。1998—2005 年为研究起步阶段，年发文量缓慢增长，至 2005 年增至 39 篇。2006—2014 年为研究高峰期，年均发文 77 篇，其中 2014 年达到顶峰 93 篇；2015 年后热度有所下降，发文量回落，但依然维持在年均 50 余篇的水平。如图 2-6 所示。图 2-7是国内外数据资源长期保存论文的年代分布对比图，国内相关领域研究起步较国外晚十几年，但自 1999—2016 年和国外保持同步发展趋势，直至 2017 年之后，国内研究有回落之势，国外则在又出现新的研究高潮。

2.2.2 核心学者分析

从发文量来看，1262 篇论文，涉及 1367 位作者，其中发文量（含合作论文）前 20 的作者见表 2-7。22 位作者共计发文 338 篇，占总发文量的 27%。藏国全自 2006 年起针对数字保存展开系统研究，相关发文高达 48 篇；吴振新 2005 年至今 17 年间相关发文亦高达 46 篇。从作者机构分布来看，12 位来自高校，6 位来自中科院文献情报中心，3 位来自中国医学科学院医学信息研究所，1 位来自国家图书馆。观察核心作者的发文时间跨度，武汉大学的刘家真教授 1998—2008 年发文 11 篇，是国内该领域的首创者和奠基者，中国科学院的张晓林、吴振新、郭家义以及清华大学图书馆的姜爱蓉则长期扎根该领域的研究，成果跨度均超过了 17 年。

---

① 刘家真．澳大利亚电子出版物的国家策略［J］．图书馆理论与实践，1998（1）：60-62.

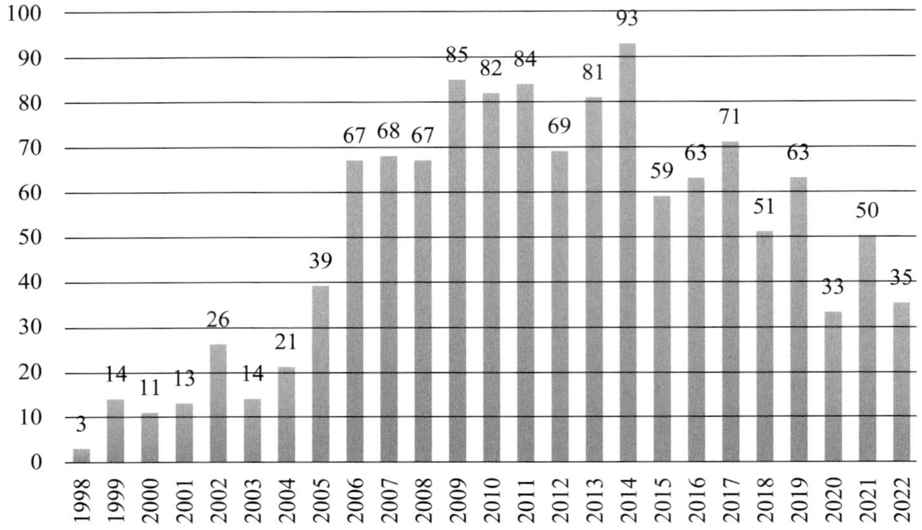

图 2-6　国内数字资源长期保存研究论文年代分布

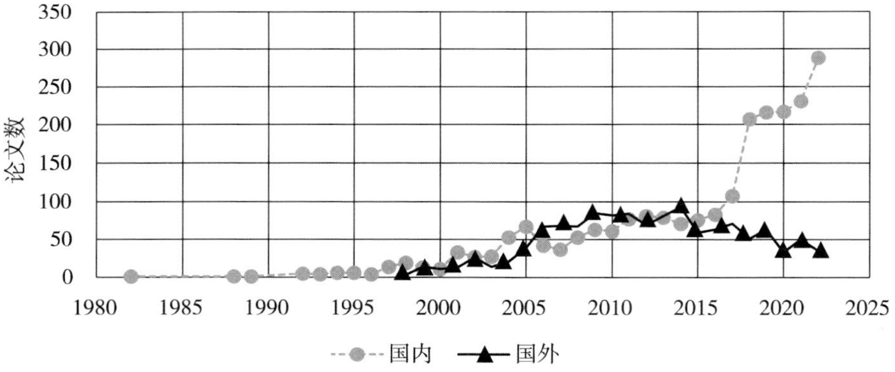

图 2-7　国内外数字资源长期保存研究论文年代分布比较

表 2-7　**国内数字资源长期保存核心作者（发文量 TOP20）**

序号	作者	所属机构	发文量	时间跨度	时间跨度
1	藏国全	郑州大学信息管理系	48	2006—2018	13
2	吴振新	中国科学院文献情报中心	46	2005—2021	17

续表

序号	作者	所属机构	发文量	时间跨度	时间跨度
3	刘家真	武汉大学信息管理学院	24	1998—2008	11
4	董晓莉	国家图书馆	18	2010—2022	13
5	宛玲	河北大学管理学院	15	2004—2013	10
6	付鸿鹄	中国科学院文献情报中心	14	2014—2021	8
7	肖秋会	武汉大学信息管理学院	13	2012—2021	10
7	陈清文	嘉兴学院图书馆	13/10	2006—2010	5
7	张晓林	中国科学院文献情报中心	13	2002—2020	19
10	杨晨柳	中国医学科学院医学信息研究所	12	2016—2022	7
10	张智雄	中国科学院文献情报中心	12	2005—2017	13
10	胡佳慧	中国医学科学院医学信息研究所	12	2016—2022	7
10	郑建程	中国科学院文献情报中心	12	2008—2020	13
14	郭家义	中国科学院/北京市大数据中心	11	2005—2021	17
14	李哲	郑州大学公共管理学院	11	2014—2018	5
14	方安	中国医学科学院医学信息研究所	11	2017—2022	6
14	聂云霞	南昌大学历史系	11	2013—2019	7
18	刘越男	中国人民大学信息资源管理学院	9	2014—2021	8
18	谢永宪	北京联合大学应用文理学院	9	2009—2019	11
20	王军	郑州大学信息管理系	8	2006—2014	8
20	王爱霞	西北政法大学图书馆	8	2014—2022	9
20	姜爱蓉	清华大学图书馆	8	2003—2020	18

2.2.3 核心机构分析

1262 篇论文的第一署名机构，经数据清洗和合并，共计 450 余个，主要贡献机构为高等学校、科研机构、各级图书馆和档案馆等事业单位。14 个机构的发文超过 10 篇，如表 2-8 所示。其中中国科学院、武汉大学、郑州大学、国家图书馆和中国人民大学的发文量远超其他机构，五个机构共计发文 370 篇，占总论文数的 27%。

表 2-8 **国内数字资源长期保存发文核心机构（发文量≥10）**

序号	发文机构	发文量	序号	发文机构	发文量
1	中国科学院	103	9	中国医学科学院	14
2	武汉大学	97	10	中山大学	14
3	郑州大学	74	11	北京大学	13
4	国家图书馆	52	12	苏州大学	13
5	中国人民大学	44	13	国家档案局	10
6	河北大学	29	14	嘉兴学院	10
7	清华大学	22	15	湘潭大学	10
8	上海大学	17			

2.2.4 来源期刊分析

1262 篇论文，来自 232 种期刊，主要集中在图书、情报与档案管理领域的专业期刊。《图书情报工作》《兰台世界》《图书馆学研究》《图书馆杂志》《现代情报》五种期刊刊发了 258 篇相关论文（占总论文量的 20%），是该领域最核心的来源期刊，尤其是《图书情报工作》，发文量高达 66 篇，2000 年起几乎每年均有相关论文出版，2006—2014 年为研究高峰期间刊发相关论文 35 篇，占全部相关论文的 53%。此外，还有 23 种期刊发文量超过 15 篇，如表 2-9 所示。

表 2-9 **国内数字资源长期保存来源期刊（发文量≥15）**

序号	期刊名	发文量	序号	期刊名	发文量
1	图书情报工作	66	5	现代情报	40
2	兰台世界	57	6	图书馆理论与实践	37
3	图书馆学研究	54	6	档案学研究	37
4	图书馆杂志	41	8	现代图书情报技术	34

续表

序号	期刊名	发文量	序号	期刊名	发文量
9	数字图书馆论坛	31	19	科技情报开发与经济	19
10	图书馆建设	28	19	信息资源管理学报	19
11	数字与缩微影像	28	21	中国图书馆学报	18
12	情报探索	26	21	大学图书馆学报	18
13	档案学通讯	25	23	办公室业务	17
13	情报杂志	25	13	档案	17
13	档案管理	25	23	情报理论与实践	17
16	北京档案	21	26	河南图书馆学刊	16
16	图书馆	21	26	新世纪图书馆	16
18	情报科学	20	28	图书情报知识	15

2.2.5 关键词分析

提取 1262 篇论文的作者关键词，去重后共计 1810 个关键词，其中词频大于 5 次的关键词有 128 个，如图 2-8 所示。

图 2-8 国内数字资源长期保存主要关键词云图

为了解国内对数字资源长期保存的研究主题分布，笔者对出现频次超过5次的关键词进行了筛选、合并和主题归类，见表2-10。

表2-10 国内数字资源长期保存主要关键词（词频≥5）

主题领域（词频）	主要关键词	总频次
核心主题（914）	长期保存、数字保存、保存、长期存取、长期存储、开放存取、数字化等	914
保存对象（880）	数字资源、数字信息、数字文献、信息资源、数字对象、数字馆藏、电子资源、电子出版物、电子期刊、科学数据等	599
	电子文件、数字档案、电子档案等	213
	网络资源、Web Archive、电子邮件、缩微胶片等	68
应用领域（201）	图书馆、数字图书馆、数字档案馆、档案馆、高校图书馆、公共图书馆、高校、图书馆联盟等	201
技术/系统（201）	云存储、存储载体、存储介质、存储、存储技术、数据存储、存储格式、文件格式等	80
	迁移、迁移技术、数字迁移、区块链、仿真、XML、信息安全、风险管理、风险检测等	71
	数字保存系统、机构库、数字仓储、归档系统、Dspace、Fedora等	50
发展策略（132）	策略、对策、技术策略、管理策略、问题、影响因素、合作模式、认知调查、实践调查等	132
标准规范（107）	元数据、OAIS、标准、保存元数据、标准体系、质量标准框架、METS等	107
管理（93）	知识产权、保存政策、生命周期、版权、保存成本、保存价值、管理、归档、责任体系、责任主体、质量控制、成本模型、保存机制、非技术因素等	93

续表

主题领域（词频）	主要关键词	总频次
项目/实践（53）	LOCKSS、数字保存项目、Portico、NDIIPP、研究项目、实践等	53

长期保存、数字保存、长期存储、数字化等是该领域的核心主题，12个相关词汇出现了914次，其中长期保存出现615次、数字保存出现134次，是该领域学者最常使用的两个词汇。

长期保存的资源对象，可以大致分为三类。一类是数字资源、数字文献、电子资源、科学数据等学术类的数字对象，数字资源、数字信息、数字信息资源是最常用的三个词汇，出现频次分别为381、101和47；第二类是电子文件、数字档案等档案类资源，其中电子文件出现90次，数字档案出现60次；第三类则是网络资源、网页资源、电子邮件、缩微胶片等资源，但主要聚焦网络资源，后面三个关键词均只出现5次。

数字资源长期保存所涉及的应用领域，主要是图书馆和档案馆。图书馆（75）、数字图书馆（51）、档案馆（18）、数字档案馆（18）是出现频率最高的四个关键词。

数字资源长期保存的技术主题，可大致分为存储、迁移与安全、保存系统三个类别。涉及201个关键词，但关键词的频次分布较为均衡，出现频率较高的关键词包括：数字保存系统（17）、云存储（17）、存储载体（15）、迁移（12）、信息安全（10）等。

有132个关键词涉及数字资源长期保存的发展策略，其中既有认知调查、实践调查，也有问题和影响因素分析，更多的则是技术策略、管理策略、合作模式等各种对策和策略分析。

数字资源长期保存的标准规范研究，有132个关键词，出现最频繁的两个词是元数据（36）和国际标准ISO14721：2003《空间数据和信息归档系统—开放档案信息系统—参考模型》（OAIS，30）。

有 93 个关键词涉及数字资源长期保存的管理问题，包括知识产权、保存政策、保存方法、责任主体、成本分析等领域，关键词的频次分布较为均衡。

此外，国内外的数字资源长期保存项目和实践也是研究的重要内容，LOCKSS、Portico、NDIIPP 这三个国际知名的保存项目作为关键词就出现了 33 次。

2.2.6 热点文献分析

前面从发文年代、核心学者、贡献机构、来源期刊、研究主题等多个角度分析了我国数字资源长期保存相关研究的发展脉络，本节主要针对 2015 年以来的相关论文，通过被引频次和下载次数筛选部分热点专题或文献加以阐述。

从保存对象来看，除继续研究新时期新环境下数字档案①②、电子文件③、数字资源④⑤的长期保存之外，长期保存的关注点已经进一步扩展为政府信息、科学数据、文化遗产、Web 资源、社交媒体、产品数据、软件程序资源等。赵蜀蓉等⑥研究了政府数字资源长期保存技术的系统风险、数据风险和制度风险，提出从合作机制、标准协同机制、安全机制和管理机制四个方面构建政府数字资源长期保存技术的风险规避机制。张梦霞和顾立平⑦

---

① 钱毅．数据态环境中数字档案对象保存问题与策略分析［J］. 档案学通讯，2019（4）：40-47.

② 祁天娇．美国数字档案资源长期保存战略的分析与启示［J］. 档案学研究，2019（1）：108-113.

③ 张梦霞，屠跃明．关于建立电子文件长期保存发展战略的思考［J］. 档案学通讯，2015（5）：67-72.

④ 刘晓英．大数据时代图书馆数字资源长期保存问题研究［J］. 图书馆，2016（7）：90-96.

⑤ 王学琴，何菊香，罗涛．区域性图书馆联盟 JALIS 的数字资源长期保存路径研究［J］. 数字图书馆论坛，2022（3）：53-58.

⑥ 赵蜀蓉，匡亚林，王昆莉，等．政府数字资源长期保存：技术风险及其治理［J］. 中国行政管理，2021（12）：67-73.

⑦ 张梦霞，顾立平．数据监管的政策研究综述［J］. 现代图书情报技术，2016（1）：3-10.

从科学数据的遴选标准、存储规范和传播交流机制三方面梳理国内外数据监管的政策要素，耿志杰和陈佳慧①调研了荷兰数据归档和网络服务中心的科学数据长期保存机制。翟姗姗等②③对联合国教科文组织建立的三类世界级非遗名录从整体分布、地区分布、主题分布角度进行非遗抢救性保护的现状分析，研究了国外文化遗产数字化长期保存最佳实践——“威尼斯时光机”项目，在此基础上提出从资源、技术和服务三个方面构建我国文化遗产数字化长期保存策略；赵跃和周耀林④则从非遗数字化采集、保存和开发三个层面对国际非遗数字化保护研究进展进行了系统梳理，总结出非遗数字化保护研究的若干特点。黄新平和王萍⑤从信息采集技术、管理技术、保存技术、利用技术四个方面总结了近年国内外 Web Archive 技术的研究和应用进展。李子林和龙家庆⑥调研了六个欧洲国家的图书馆/档案馆的 9 个网络存档项目，从法律规范和业务流程双重视角审视存档活动的阶段进展与实施难点。黄新荣和高晨翔⑦对国内外社交媒体存档的相关研究成果进行总结与梳理，指出国内外社交媒体存档研究具有发展速度较快、与实践结合紧密、区域发展不均衡等特征，在未来研究中需要重视研究对象的变化、管理标准的构建

---

① 耿志杰，陈佳慧．荷兰数据归档和网络服务中心的科学数据长期保存机制［J］．图书馆论坛，2021，41（11）：128-135.

② 翟姗姗，刘德印，许鑫．抢救性保护视域下的非遗数字资源长期保存［J］．图书馆论坛，2019，39（1）：9-15.

③ 翟姗姗，张纯，许鑫．文化遗产数字化长期保存策略研究——以“威尼斯时光机”项目为例［J］．图书情报工作，2019，63（11）：140-148.

④ 赵跃，周耀林．国际非物质文化遗产数字化保护研究综述［J］．图书馆，2017（8）：59-68.

⑤ 黄新平，王萍．国内外近年 Web Archive 技术研究与应用进展［J］．图书馆学研究，2016（18）：30-35.

⑥ 李子林，龙家庆．欧洲网络存档项目实践进展与经验启示［J］．图书馆学研究，2020（15）：56-64.

⑦ 黄新荣，高晨翔．国内外社交媒体存档研究与实践述评［J］．图书情报工作，2019，63（4）：122-134.

以及多主体间的协作。高闯和柳林集①研究了空客德国公司对以三维模型为代表的产品数据归档的依据、标准、系统和流程，为产品数据的归档和长期保存提供了借鉴。董晓莉②深入分析了软件程序资源保存内容所面临的采集、元数据规范等问题，探讨了目前主流保存技术策略在软件程序资源保存领域的适用性，提出我国未来软件程序资源保存的技术策略和发展建议。

标准规范方面，元数据和保存格式是研究重点。刘建华和张智雄③总结归纳了保存元数据在权利元数据、重要属性元数据、特殊类型数字资源及学科化特色的保存元数据、保存元数据的语义化、起源元数据等方面的重要发展趋势。张晓娟和唐长乐④则围绕保存元数据的生成保存、互操作和语义化，系统梳理了数字信息资源长期保存元数据技术研究进展，指出未来研究将聚焦在保存元数据自动化生成和封装保存研究、保存元数据基于本体的语义层面互操作研究以及保存元数据的多种语义技术融合研究。刘越男和杨建梁⑤面向电子文件保存构建了元数据模型，包括文件、技术环境、责任主体、业务、法规标准五个实体，该模型可以与现有主流模型建立映射，为支持文件保存机构设计元数据应用纲要提供统一的概念基础和体系框架。曾萨和黄新荣⑥提出了我国社交媒体文件存档元数据框架，根据复用与扩展原则，提取核心元数据，形成了元数据方案并进行了实际验证。多位学者研究

① 高闯，柳林集．合规与妥协：空客德国产品数据归档的现状及其启示［J］．档案学研究，2021（2）：119-124.

② 董晓莉．软件程序资源长期保存面临的挑战与发展［J］．新世纪图书馆，2022（2）：61-67.

③ 刘建华，张智雄．保存元数据的发展趋势研究［J］．图书馆杂志，2016，35（6）：10-16.

④ 张晓娟，唐长乐．数字信息资源长期保存元数据技术研究进展［J］．情报科学，2018，36（8）：3-9.

⑤ 刘越男，杨建梁．面向电子文件保存的统一元数据模型的构建［J］．中国图书馆学报，2017，43（2）：66-79.

⑥ 曾萨，黄新荣．我国社交媒体文件存档元数据方案构建［J］．图书馆学研究，2020（20）：58-66.

了电子文件和档案的保存格式。钱毅①提出了选择电子档案长期保存格式的基本原则，即应重点考虑符合既有长期保存格式需求或指南要求、环境适应性强、标准化基础高，且具备自描述、自包含与自校验等核心功能的格式，并总结了电子档案长期保存格式的主要管理策略，包括基于文件生命周期开展格式管理、实施电子档案登记管理、定期发布电子档案长期保存推荐格式指南和开发预研格式管理工具等。肖秋会和高婷②则从标准制定主体、电子文件类型、长期保存格式、国际采标及电子文件长期保存体系等方面提出了我国电子文件长期保存格式标准的建设思路。徐拥军和龙家庆③梳理了我国电子文件长期保存格式标准建设进展及现存问题，对比了英国、美国、加拿大、澳大利亚和中国五个国家电子文件长期保存格式标准的异同，提出了构建专门的格式标准，嵌入文件生命周期理念；强化标准间系统衔接，实现标准间的全面协调；分析格式标准适用环境，提高自主格式推广空间；格式标准解读尽量细致，增加格式评估板块等我国保存格式标准优化策略。

技术平台方面，存储载体的选择是数字档案资源长期保存的关键问题。蒋术④从存储载体、存储技术、环境保护、管理制度、标准规范等五个方面提出了一个综合性的数字档案存储载体长期保存的方案。董晓莉⑤认为软件定义存储是应用于数字资源长期保存的下一代存储，提出基于软件定义存储的数字资源长期保存存储系统架构和长期保存存储系统建设策略；张静等⑥

① 钱毅．基于长期保存视角的电子档案格式管理研究［J］．档案学通讯，2016（6）：52-57.

② 肖秋会，高婷．电子文件长期保存格式标准研究［J］．信息资源管理学报，2017，7（2）：81-86.

③ 徐拥军，龙家庆．我国电子文件长期保存格式标准优化策略研究——兼与英、美、加、澳的比较分析［J］．电子政务，2020（8）：113-124.

④ 蒋术．我国数字档案存储载体长期保存研究［J］．出版发行研究，2016（2）：89-93.

⑤ 董晓莉．软件定义存储：下一代存储在数字资源长期保存中的应用［J］．现代情报，2017，37（2）：38-43.

⑥ 张静，王梦瑶，单嵩岩，等．磁光电混合存储在数字档案资源长期保存中的应用研究［J］．图书情报工作，2020，64（20）：89-95.

分析磁光电混合存储在数字档案资源长期保存中的优势，并以中国科学院档案馆的应用为案例，介绍磁光电混合存储在数字档案资源长期保存中的应用探索。史金①对蓝光光盘的技术现状和存储优势进行深入分析，指出蓝光存储技术在档案数字资源长期保存中的应用策略。区块链在数字资源长期保存中的应用成为新的研究热点。张炜和董晓莉②基于区块链理念及相关技术，指出当前数字资源长期保存中可信性认证存在的问题及解决途径，并据此提出一种增强数据安全性、提高自动化认证能力、节约保存成本、提高审计效率且适用于协作保存网络环境下海量数字资源长期保存的可信性认证模式。黄新平③结合区块链的技术特征，设计了基于区块链的政府网站信息资源安全保存流程，并构建了相应的技术框架，最后着重从网络安全评估、资源加密存储、用户认证授权、信息安全共享等方面提出具体的保障策略。此外，亦有学者对数字资源保存文件系统设计④、数据化视角下图书馆数字资源长期保存系统平台模型⑤展开研究。

管理方面，长期保存相关法律问题成为研究热点。朱如龙⑥、王爱霞等⑦从法律角度对数字资源长期保存建设主体、客体和行为进行分析，探讨了保存者与呈缴者、管理者、使用者之间的法律关系；多位学者针对数字资

---

① 史金．档案数字资源长期保存场景下的蓝光存储技术分析和应用策略研究［J］．档案学研究，2022（5）：137-141.

② 张炜，董晓莉．以区块链促进协作保存网络环境下信息资源的可信性［J］．国家图书馆学刊，2018，27（5）：89-98.

③ 黄新平．基于区块链的政府网站信息资源安全保存技术策略研究［J］．图书馆，2019（12）：1-6.

④ 姚宽达，方安，杨晨柳，等．基于 OCFL 的数字资源保存文件系统设计［J］．数字图书馆论坛，2021（12）：58-64.

⑤ 董晓莉．数据化视角下图书馆数字资源长期保存系统平台模型构建［J］．图书馆工作与研究，2022（10）：31-37.

⑥ 朱如龙．高校图书馆数字资源长期保存的著作权问题研究［J］．图书情报工作，2019，63（7）：23-29.

⑦ 王爱霞，许乐，赵霞．数字信息资源长期保存中保存者与其他相关主体间的法律关系探析［J］．图书馆理论与实践，2021（3）：65-69.

源长期保存中的法定许可制度①、合理使用制度②和技术措施限制与例外③展开研究，以解决我国数字资源长期保存中的著作权问题；针对图书馆数字资源长期保存过程中的复制行为，柴会明④梳理了国际版权法与部分国家国内版权法法律文本，分析了当前复制权保护和图书馆基于保存或替换目的所享有的复制权例外。数字信息保存有着高复杂度、高风险、高投入、持久性等特点，保存机构在技术、管理和可持续发展等方面都面临着挑战，有效评价保存机构的保存能力和可信度，帮助数据拥有者选择可靠的保存机构和保存服务，已经成为国内外保存领域的研究热点。基于或借鉴软件开发能力成熟度模型（CMM），孙超和吴振新⑤详细介绍了加拿大英属哥伦比亚大学的数字保存能力成熟度模型、欧盟 2011 年“沙门计划”的保存运作能力成熟度模型和澳大利亚国家图书馆（NSLA）的保存环境成熟度模型，从适用性、可行性和可持续性的角度分析三个代表性模型的优劣势；肖秋会和陈梦⑥构建了一个包括 4 个成熟度等级和 13 个性能指标的数字保存能力成熟度模型和评价体系；高凡等⑦将成熟度模型与相关保存标准相结合，构建了由能力成熟度层级、过程域、公共特征、关键实践及发展路线图五个部分组成的长期保存能力成熟度评价框架，并以中科院文献情报中心的长期保存系统为实

---

① 王爱霞，白苏红，王慧莹．数字信息资源长期保存法定许可使用制度的设计与构建［J］．国家图书馆学刊，2020，29（5）：3-10.

② 王爱霞，刘淑宝，赵霞．关于数字信息资源长期保存合理使用制度的反思与建议——对新发布的《著作权法》的再思考［J］．新世纪图书馆，2022（1）：7-11.

③ 柴会明．图书馆数字资源长期保存的技术措施限制与例外研究——基于著作权保护“技术路径”的考量［J］．图书馆杂志，2021，40（1）：48-56.

④ 柴会明．图书馆数字资源长期保存过程中复制行为的法律边界研究［J］．图书情报工作，2020，64（20）：46-53.

⑤ 孙超，吴振新．国外数字资源长期保存成熟度模型及其分析与评价［J］．图书情报工作，2017，61（1）：32-39.

⑥ 肖秋会，陈梦．基于 CMM 的机构数字保存能力成熟度模型研究［J］．档案学通讯，2016（1）：55-60.

⑦ 高凡，孙超，吴振新．基于 CMM 的长期保存能力成熟度评价框架设计［J］．情报理论与实践，2021，44（10）：35-40.

证对象进行了评价应用。吴振新①对近20年来数字资源长期保存可信赖认证研究的发展进行回顾，详细介绍了DSA评测指南、ISO 16363、Nestor指标目录三个典型认证标准，详细描述可信赖性的组成和认证的三个基本要素：组织、数字对象管理、基础设施，并介绍了ISO 16363和RLC的认证服务以及相关辅助工具。此外，也有学者对国外数字学术资源长期保存中的信息安全风险②、电子文件（档案）长期保存的责任体系③、信息对象真实性的保障机制④等展开研究。

---

① 吴振新．数字资源长期保存可信赖认证研究发展综述［J］．中国图书馆学报，2015，41（3）：114-126.

② 刘万国，黄颖，周利．国外数字学术信息资源的信息安全风险与数字资源长期保存研究［J］．现代情报，2015，35（10）：3-6.

③ 屠跃明，张梦霞．电子文件（档案）长期保存责任体系构建研究［J］．档案学研究，2016（1）：101-106.

④ 王茜，王蕾，胡佳慧，等．数字保存中信息对象真实性的保障机制研究——以人口健康科学数据长期保存为例［J］．数字图书馆论坛，2021（4）：11-16.

3 数字信息资源长期保存实践进展

3.1 “世界记忆工程”的发展现状

以文献记录为主的记忆遗产是所有国家和民族的集体记忆，是世界文化遗产的重要组成部分。记忆遗产保存过程中，日渐老化是自然规律，受到自然灾害和人为破坏的影响后可能导致毁灭性的破坏。因此，记忆遗产的长期保存不仅引起了其收藏机构与保护工作者的重视，也引起了相关组织的高度关注。1992 年，联合国教科文组织成立“世界记忆工程”，“旨在于全球范围内抢救和保护具有全球、地区、国家意义的珍贵文献遗产，特别是处于濒危状态的文献遗产”①，保护世界记忆的完整，并方便国际公众的利用。此后至今，“世界记忆工程”在全球范围内得以开展，形成了富有特色的文献遗产保护活动。如何全面地认识“世界记忆工程”开展的活动，系统地总结其成绩和不足，探寻进一步发展的路径，是一个值得思考的问题。

截至 2019 年，《世界记忆名录》已有 527 件（组）文献遗产②，分别来

① 周耀林，王倩倩．亚太地区世界记忆工程的现状与推进［J］．档案与建设，2012（1）：26-29.

② Memory of the World Register［EB/OL］．［2019-08-12］．https：//en. unesco. org/sites/default/files/statistics_of_mow. pdf.

自世界上的5大地区132个国家或地区，拯救了各地具有世界和历史意义的濒危文献遗产，并以其国际影响力在世界范围内促进了文献保护意识的觉醒以及文献保护活动的兴起。

3.1.1 世界记忆工程机构设置

“世界记忆工程”采用国际咨询委员会、地区委员会和国家委员会、秘书处①三级机构共同管理的方式对世界记忆进行管理。

1）国际咨询委员会

国际咨询委员会（IAC）是联合国教科文组织的常设机构，1993年在波兰成立，由10~15名委员和一定数量的观察员组成②。国际咨询委员会作为联合国教科文组织在世界记忆保护方面的代表，通过制定行动计划，对联合国教科文组织通过的项目进行负责、监督、指导、反馈，保证计划的有序运行，并通过向教科文组织总干事就有关问题提出建议从而形成良性循环。国际咨询委员会的具体工作包括：

（1）《世界记忆名录》的管理工作：包括评价、入选和除名。

（2）制定、通过和修改指导性纲领：《保护文献遗产的总方针》《世界记忆工程总章程》等。

（3）资金的管理：包括筹集、划拨和监督等。

（4）批准联合国教科文组织资助的项目。

2）地区委员会和国家委员会

记忆遗产的保护是一项世界性的工作，需要各地区和各国人民的积极参与。联合国教科文组织鼓励各地区和国家建立“世界记忆工程”地区委员会和国家委员会，建立地区和国家记忆名录。地区委员会是国家委员会的补充，国家委员会也被鼓励同地区委员会相联系。5个地区与联合国教科文组

① Safeguarding the documentary heritage of humanity [EB/OL]. [2014-02-03]. http://unesdoc.unesco.org/images/0018/001877/187733e.pdf.

② 王红敏．世界记忆工程概述[J]．中国档案，2003（10）：7.

织联动，从世界、地区、国家等多层面，积极响应“世界记忆工程”的号召，共同致力于世界记忆的保护工作。

联合国教科文组织将世界划分为5个地区：亚太地区、非洲地区、阿拉伯地区、欧洲和北美地区、拉美和加勒比海地区。地区委员会是基于地域、文化或区域划分，为了“世界记忆工程”的某个目标由两个或者多个国家合作组织，地区委员会的代表由各国家代表组成，未建立国家委员会的国家，由该国联合国教科文组织国家委员会代表负责。目前，亚太地区、非洲地区、拉美和加勒比海地区3个地区建立了区域委员会，如亚太地区的MOCAP既是世界记忆工程地区委员会，也是国际咨询委员会的下属机构。此外，一些小的地区，由于历史或地域等原因，也形成了小的世界记忆地区委员会，如波罗的海地区世界记忆委员会，联合了波罗的海周边的立陶宛、拉脱维亚和爱沙尼亚3个国家，鉴于历史上3个国家合作共赢的优良传统，波罗的海地区委员会希望借合作促进本地区和世界的文献遗产保护工作①。

目前，共有79个国家建立了世界记忆工程国家委员会，其中非洲12个、阿拉伯地区6个、亚太地区16个、欧洲和北美地区23个、拉美和加勒比海地区22个②。国家委员会是一个自治主体，拥有自己的职权范围和建立伙伴关系等事务的规则。一旦被联合国教科文组织认可，就可以使用“世界记忆工程”的名称和标志。国家委员会需每年向联合国教科文组织做一次报告，同时将报告内容递送秘书处和相关的地区委员会。

3）秘书处

国际咨询委员会下设秘书处，秘书处的职能主要是对国际咨询委员会及其附属机构、常规行政和监察部门提供支持服务，包括世界记忆名录的标准制发、提名和选举，监督世界记忆工程基金的使用和国际咨询委员会需要的其他辅助工作。各地区委员会和国家委员会下也设有秘书处，主要负责处理

① Joint Nomination Submitted By Estonia, Latvia And Lithuania [EB/OL]. [2014-02-03]. http://www.balticway.net/index.php?page=nomination&hl=en.

② National Memory of the World Committees [EB/OL]. [2019-08-12]. http://www.unesco.org/new/en/communication-and-information/flagship-project-activities/memory-of-the-world/about-the-programme/national-memory-of-the-world-committees/.

委员会的日常事务，如记忆名录的保管、会议的开展、网站的维护、出版物发行的监督等。

3.1.2 世界记忆名录体系

截至目前，世界记忆工程形成了国际级、地区级、国家级、地方级四级名录体系。

1）世界级记忆名录

世界级记忆名录是经国际咨询委员会评价和入选的具有世界意义的文献遗产的名录，该名录是世界记忆工程的重要工作内容和成果，也是文献保护工作的重要依据和重点。名录的申报和认可工作既唤醒了世界各地区、国家的文献保护意识，也便于从政府和捐赠者方面得到资助，为文献保护提供资金保障。被列入《世界记忆名录》的档案可以使用“世界记忆工程”的标志，可用于各种宣传品，包括招贴画和旅游介绍等，将大大提高该文献遗产以及收藏机构的知名度。本书对从1997—2013年以来共9次《世界记忆名录》的评选进行分年度统计，见表3-1。

表3-1 **《世界记忆名录》入选遗产统计**

地区＼时间	1997	1999	2001	2003	2005	2007	2009	2011	2013	总计
欧洲及北美地区	17	5	13	10	18	19	14	30	28	154
亚太地区	8	3	7	8	3	9	7	17	18	80
非洲地区	6	0	0	2	1	2	1	2	1	15
拉美及加勒比海地区	12	1	0	6	4	9	11	8	8	48
阿拉伯地区	1	0	0	1	3	1	0	2	0	9
全球	38	9	21	23	29	38	37	51	55	301

注：①地区级合作的项目重复计算，故各地区入选遗产数量之和大于全球总量；

②除了由国家申报、分地区统计的记忆名录项目外，还有由国际咨询委员会提交的1项，由ICRC提交1项，联合国有关办公室提交2项，非洲地区提交1项。

由表3-1可知，截至2013年底，入选《世界记忆名录》的遗产来自世界上的5个地区的104个国家，由国际组织、地区组织、国家（包含国家间合作项目）等提交及被批准的世界记忆共301项①，并具有如下规律：

（1）每一届的数量基本在20~50。少的1999年，全球只有9项，多的2013年，达到55项。

（2）总体上呈现增长趋势。除了非洲地区和阿拉伯地区，其他3个地区的年入选《世界记忆名录》的数量基本呈增长的趋势。这与地区对文献保护工作的重视有极大的关系。

（3）地区间入选数量存在不平衡现象。其中，欧洲及北美地区占了半壁江山，基本呈增长的趋势，这与该地区发达的经济、文化水平以及各国对文献保护的重视是分不开的；亚太地区则由于历史悠久、地域广阔而居于第二位，近两届入选数量可观，增长明显；拉美及加勒比海地区因经济、资金的问题而位居第三；非洲地区的峰值出现在世界记忆名录的第一年，但后续世界记忆名录的成果数量较少，增长缓慢。阿拉伯地区入选世界记忆名录的数量极少，与该地区语言文化的特殊性、政局不稳定等具有较大的关系。图3-1清晰地表明了各地区入选世界记忆名录的年度变化的情况。图3-2反映了5个地区在1997—2013年共11次入选世界记忆名录的数量。

2）地区级记忆名录

世界记忆工程鼓励各个地区建立地区级的记忆工程名录，这是仅次于《世界记忆名录》的记忆遗产清单，是具有地区意义的珍贵文献遗产的名录。截至目前，仅有亚太地区建立了地区级记忆遗产名录。

《亚太地区世界记忆名录》共收录了来自中国、澳大利亚、柬埔寨、斐济、新西兰、印度尼西亚、菲律宾、越南、泰国和蒙古国共10个国家的12份文献遗产。其中，中国入选数量为3份，其他9个国家均有一份文献遗产

① Memory of the World Register [EB/OL]. [2019-08-12]. http://www.unesco.org/new/en/communication-and-information/flagship-project-activities/memory-of-the-world/register/.

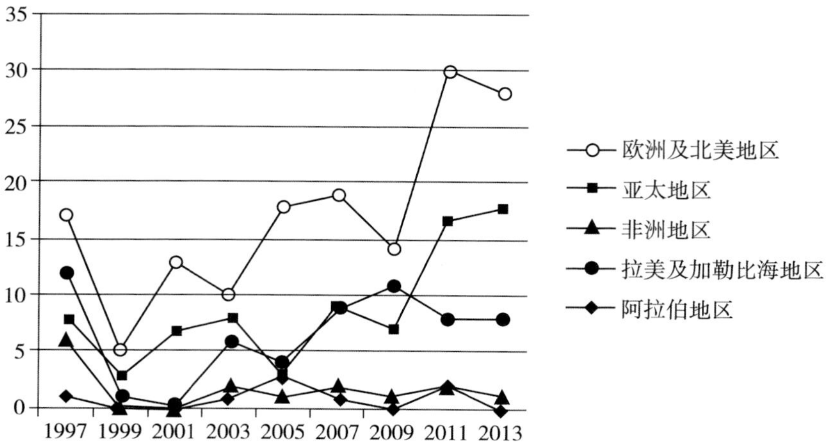

图 3-1 各地区入选世界记忆名录年度变化趋势图

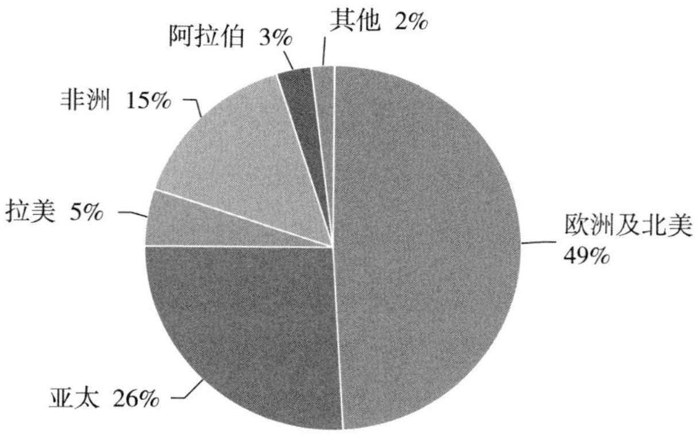

图 3-2 各地区入选《世界记忆名录》文献遗产数占世界的比例

入选《亚太地区世界记忆名录》①。

3）国家级记忆名录

国家级记忆名录由各国的国家委员会负责更新，目前，由于地区委员会和

① Register［EB/OL］.［2014-02-03］. http：//www. unesco. mowcap. org/register. htm.

国家委员会的设立还不够普及，只有部分国家设立了国家级记忆名录，在这方面做得比较突出的国家有英国、波兰、拉脱维亚和中国等。以英国为例，英国国家级记忆名录的提名者可以是个人或者单位，提名的文献可以是档案的各种格式，然后在综合考虑文献的真实性、稀有程度、完整性、现状及社会或社区意义等因素的基础上评选珍贵的文献入选英国世界记忆名录。自 2010 年以来，共评选出三轮 41 项历史文献入选英国国家级的世界记忆名录，入选数量分别为 2010 年的 10 项、2011 年的 20 项及 2012 年的 11 项①，详见表 3-2 。

表 3-2　　英国国家级世界记忆名录情况表

批次	评选时间	数量（项）	例　子
第一批（2010）	2010. 7. 14	10	1. Charter of King William I to the City of London 2. The Peterloo Relief Fund Account Book 3. WVS/WRVS Narrative Reports 1939-1996 ……
第二批（2011）	2011. 5. 20	20	1. Diaries of Anne Lister 2. Cura Pastoralis of Gregory 3. The Gough Map 4. Wakefield Court Roll ……
第三批（2012）	2013. 7. 9	11	1. Tyne & Wear Shipyards collection 2. Aberdeen Burgh Registers 3. Hitchcock's Silent Films ……

4）地市级的记忆名录

为了响应世界记忆工程和国家记忆工程，一些国家在其行政区域内展开

① UK Memory of the World［EB/OL］.［2014-02-03］. Registerhttp：//www. unesco. org. uk/uk_memory_of_the_world_register.

了记忆工程，并设立了以行政区域为单位的地方记忆名录，作为对世界记忆名录和国家级记忆名录的补充，典型的例子如中国浙江省、江苏省的省级记忆名录等，上海也于 2013 年建立了上海档案文献遗产名录，共前两批（2013 年和 2015 年）共收录了 19 项珍贵档案①②。

3.1.3 世界记忆工程相关会议

世界记忆工程共举办了世界咨询委员会会议、地区委员会会议、国家委员会会议、主席和专家会议或其他论坛等。笔者对 2012 年以前公布在联合国教科文组织官网上的相关会议信息进行了统计，其中世界咨询委员会会议共举办了 11 届，时间固定，两年一次；国际会议 4 届；主席团会议 4 届；营销小组会议 3 届；技术小组会议 10 届；名录小组会议 7 届；专家会议 1 届，会议举办方地区分布如表 3-3 所示。

表 3-3 **世界记忆工程相关世界级会议举办地区分布表**

会议类型	举办届数	欧洲及北美	占比	亚太地区	占比
国际咨询委员会	11	5	45.4%	4	36%
主席团会议	4	4	100%	0	0
世界记忆营销小组会议	3	3	100%	0	0
世界记忆技术小组会议	10	8	80%	1	10%
世界记忆名录小组会议	7	6	86%	1	14%
记忆工程国际会议	4	3	75%	1	25%
专家会议	1	1	100%	0	0

注：①非洲地区举办过国际咨询委员会 1 届；拉美及加勒比海地区举办过国际咨询委员会 1 届，技术小组会议 1 届。

---

① 上海首批档案文献遗产与优秀档案文化传播项目揭晓［EB/OL］.［2014-02-03］. http://www.chinanews.com/cul/2013/06-07/4908896.shtml.

② 张晶晶，应忠德．第二批上海市档案文献遗产和优秀档案文化传播项目揭晓［J］. 上海档案，2015（6）：封 2.

地区委员会、国家委员会也通过会议讨论决策该地区世界记忆工程的相关事宜。如世界记忆工程亚太地区委员会自1994年第一次专家会议举行以来，专家会议共举行7次，常规会议4次，主席团会议10次①。

3.1.4 世界记忆工程项目

项目的开展有利于使文献保护落到实处，各地区和国家在世界记忆工程的背景下开展了很多具有实践意义的项目，如数字遗产保护项目、文献出版等具体活动。截至目前，全球共发起了28项世界级记忆工程项目，分布如下：欧洲及北美地区16项；亚太地区2项；阿拉伯地区4项；拉美及加勒比海地区1项；非洲地区1项；此外，地区级的国际合作项目共有4项②，见表3-4。

表3-4 **世界记忆工程项目汇总表**

地区	项目名称
欧洲和北美地区（16项）	虚拟藏书阁（亚美尼亚）
	圣索菲亚（保加利亚）
	Antiphonarium Sedlecense（捷克）
	捷克共和国国家图书馆的阿拉伯文手稿目录（捷克）
	康斯坦茨安理会记事（捷克）
	布拉格手稿（捷克）
	捷克共和国国家图书馆波斯手稿目录（捷克）
	Mundi Series Bohemica 记忆（捷克）
	Bibliotheca Corviniana 数字化项目（匈牙利）

① 周耀林，王倩倩．亚太地区世界记忆工程的现状与推进［J］．档案与建设，2012（1）：26-29.

② Memory of the World Projects［EB/OL］．［2014-02-03］．http://www.unesco.org/new/en/communication-and-information/flagship-project-activities/memory-of-the-world/projects/access-by-region-and-country/.

续表

地区	项目名称
欧洲和北美地区（16项）	维尔纽斯大学图书馆历史收藏集（立陶宛）
	波兰记忆（波兰）
	俄罗斯记忆（俄罗斯）
	Radzivill 记事（俄罗斯）
	Bratislava 诗歌集（斯洛伐克）
	Bratislava 大学图书馆的伊斯兰手稿（斯洛伐克）
	Kandilli Observatory 手稿（土耳其）
阿拉伯地区（4项）	Dar Al-Kutub 手稿（埃及）
	埃及明信片集（埃及）
	突尼斯明信片（突尼斯）
	萨那手稿（也门）
亚太地区（2项）	Kandilli Observatory 手稿（土耳其）
	东方缩微（14—17世纪）（乌兹别克斯坦）
拉美及加勒比海（1项）	百年建筑图片集（哥伦比亚）
非洲（1项）	廷巴克图手稿（马里）
地区级合作项目（4项）	拉美及加勒比海地区图片收藏
	奴隶贸易档案
	荷兰东印度公司档案
	西非明信片

注：亚太地区的土耳其国家的 Kandilli Observatory 手稿项目也属于欧洲和北美地区，故欧洲和拉美地区的项目数为16。

地区级合作项目基于相同地域对区域内特定的文化选题进行文献遗产保护项目，谋求区域合作，更大限度地保护区域中的档案。其中，拉美及加勒比海地区图片收藏项目通过一个包含3000多张图片的CD集中再现了该地区10个国家重要历史时期的风貌；奴隶贸易档案项目始于1999年，涉及拉美及加勒比海地区和非洲地区，旨在保护反映跨大西洋奴隶贸易的历史文献，通过数字化建立数据库①。

世界上的许多国家为了响应世界记忆工程的号召，也纷纷开展了国家级的记忆项目和工程，如美国记忆、荷兰记忆、英国记忆、澳大利亚记忆、日本年历、中国档案文献遗产工程等，其中美国记忆因成绩突出于2007年成为联合国的推荐项目之一。

除了国家级的世界记忆项目，国家内部也纷纷开展了以行政区域为主体的记忆工程，如李冠南指出我国国内的记忆工程项目有浙江图书馆的“浙江记忆”、成都图书馆的“锦绣成都”、山西图书馆的“走进山西”、辽宁图书馆的“东北图录”、山东图书馆的“齐鲁文献”、天津图书馆的“津门旧影”，上海图书馆的“上海年华”、首都图书馆的“北京记忆”等②。美国各州也针对自己的特点，开展了多个记忆工程，如蒙大拿州记忆、俄亥俄州记忆、印第安纳记忆、亚利桑那记忆，并且建立了门户网站，向世界人民展示他们珍贵的文献遗产和历史文化。

3.1.5 世界记忆工程的成绩和不足

1）世界记忆工程的成绩

自1997年成立以来，世界记忆工程取得了一系列的成绩，这是联合国教科文组织积极呼吁和组织及世界各地区和国家、民族人民积极参与的共同结果，除了极大地保护了濒危及珍贵文献，也在世界范围内引发对世界文献遗产保护的关注和重视，这对文献遗产的长期保存和利用具有重要的意义。

① Regional and international projects [EB/OL]. [2014-02-05]. http://www.unesco.org/new/en/communication-and-information/flagship-project-activities/memory-of-the-world/projects/regional-and-international-projects/.

② 李冠南.“记忆工程”中的地方文献数字化工作探析[J]. 图书馆工作与研究，2013（5）：51-53.

(1) 推动了全球档案文献保护意识的提升

自1997年成立以来，世界记忆工程共吸纳了世界5个地区的132个国家的关注和参与；举办了40次国际会议；形成了《世界记忆名录》，吸纳了527项文献遗产，鼓励多个国家创建国家级记忆名录；开展了28项世界记忆项目及地区合作项目，有多个国家开展了记忆工程，如美国、澳大利亚等；通过了一部科学的指导纲领性文件《保护文献遗产的总方针》；创立了一个世界记忆基金并成立了“教科文组织/ Jikji 世界记忆奖”，鼓励出版和发行与世界记忆名录里的文献遗产相关的图书、纪念品等，吸引了世界各国人民的关注，并以其强大的影响力和号召力，鼓励了各地区人民的积极参与，在世界范围内形成了保护文献遗产的活动。世界记忆工程提高了保护档案文献意识的另一个重大表现是文献遗产保护突破了地域的限制，部分国家不仅致力于本国的文献遗产保护，同时积极支持其他国家的文献遗产保护工作，如美国国会的“美国文化保护大使基金”在十多年的时间里面为十多个国家的600多个保护项目提供了财政支持①。这极大地推动了全球保护文献遗产意识的提高。

(2) 形成了档案文献遗产保护四级保护体系

至此，共有3个地区设立了地区委员会及59个国家设立了国家委员会，基本形成了一个“世界—地区—国家—地市”的四级保护体系，使文献遗产保护工作既能具有自上而下的统一，也使地方的文献遗产保护工作更具有灵活性和施展空间。从世界到国家甚至地市级的保护体系，更大范围地保护了具有世界意义、地区意义、国家意义的文献遗产。

(3) 建成了保护档案文献遗产的特殊数据库

世界记忆工程针对文献遗产保护工作形成了3个数据库：“消失的记忆”主要收集了20世纪由于各种原因（如战争、自然灾害、人为销毁等）造成

---

① 美国大使文化保护基金［EB/OL］.［2014-02-03］. http://chinese.usembassy-china.org.cn/ambassadors_fund.html.

的无法修复的文件，包括手写和视听文件；“目前的活动”让人们了解世界的图书馆、档案馆等文化保护机构针对文献保护当前正在进行的活动；“濒危的记忆”专门收藏了当前急需得到关注和保护的珍贵文献遗产，介绍了其存在状况等。

（4）制定了保护档案文献遗产的专门政策

2002年颁布的《保护文献遗产的总方针》对世界记忆工程的概况、文献保护、利用、名录建立、基金等几个方面进行规定和介绍，也是地区和国家级的纲领的基础。2003年由联合国教科文组织批准的《保护非物质文化遗产公约》进一步体现了世界记忆工程加强立法，重视维护世界文化的多样性。除了世界级纲领，地区级和国家级纲领也应运而生，如亚太地区的《世界记忆工程亚太地区总纲领》为亚太地区的文献遗产保护工作奠定了理论基础①。

（5）设立了保护档案文献遗产的专项资金

充足的资金支持是文献遗产保护活动的重要保证，除了世界记忆基金外，教科文组织/Jikji世界记忆奖以资金的方式对文献遗产工作的杰出个人和机构进行肯定和鼓励；“美国文化保护大使基金”也促得十几个国家的600多个文化保护项目从中获益。

2）世界记忆工程的不足

尽管世界记忆工程实施的实践不长，也取得了显著的成绩，但深入地加以审视，该工程仍然存在以下不足：

（1）宣传工作不够到位

宣传工作是否到位对世界记忆工程的影响力和成绩具有重要的作用，但是世界记忆工程的宣传工作仍有很多值得改善的地方。

①单一性：世界记忆工程鼓励各地区向公众宣传世界记忆工程及其成

① 周耀林，王倩倩．亚太地区世界记忆工程的现状与推进［J］．档案与建设，2012（1）：26-29.

果，例如“档案文献遗产的电子复印件以及通过网络、出版物、书籍、CDs、DVDs和其他形式”①，主要体现为渠道、载体、表达方式等的单一性。世界记忆工程的情况和动态主要通过联合国教科文组织的官网发布，而相关的书籍、网络、光盘等形式的出版物不多；其次，网站的宣传主要通过图片和文字两种，声频、视频资料较少。

②低集成性：世界记忆工程的官网集成性不高，缺乏快速切换到相关地区记忆工程和国家记忆工程官方网站的渠道，也缺乏与文献保护相关国际机构的链接。网站上也没有对世界记忆工程的成果进行全面展示，如网站找不到“消失的记忆”等3个数据库的检索入口。

③资料翔实度不高：世界记忆工程的网站内容比较简单，大多为目录和简要的介绍，说明性文字较多，而原始记录的数字化成果呈现较少。

（2）地区和国家参与不均

从活动参与性、成果取得等方面来看，5个地区之间出现了较大的差距，其中欧洲和北美地区在世界记忆工程的活动占主要地位，而非洲和阿拉伯地区则参与度相对较低，成果不多。同一区域的不同国家之间对记忆工程的参与程度也不一致。例如，从机构设置看，欧洲和北美地区、阿拉伯地区尚未设立地区委员会，而就国家委员会而言，欧洲和北美地区建立国家委员会的国家约占该地区国家总数的6成左右，而参与度不错的亚太地区未设立国家委员会的国家约占该地区国家总数的7成，拉美及加勒比海地区未设立国家委员会的也达到了7成左右；另一方面，欧洲和北美地区与拉美及加勒比海地区的世界记忆名录的入选项数多达100多项，而前者与阿拉伯地区的入选项数差更是有145项之多，而且随着增长的趋势而言，这个差距将会越拉越大。就国家而言，入选世界记忆名录数量也差别较大，德国和英国居首，位列第二的波兰与德国相差6项，而只有132个国家有入选项目，占世界国家

① 周耀林，王倩倩．拉美及加勒比海地区世界记忆工程的进展与推进［A］．中国文史出版社［C］．北京：中国文史出版社，2012：302-313.

总数的58%左右，详见表3-5。

表3-5　**世界各国入选世界记忆名录的统计**

<table>
<tr><th>入选数量（项）</th><th>国家名称</th><th>入选数量（项）</th><th>国家名称</th></tr>
<tr><td>23</td><td>德国，英国</td><td rowspan="3">6</td><td rowspan="3">澳大利亚、巴巴多斯、以色列、挪威、特立尼达和多巴哥</td></tr>
<tr><td>17</td><td>波兰</td></tr>
<tr><td>16</td><td>荷兰、韩国</td></tr>
<tr><td>15</td><td>奥地利</td><td>5</td><td>比利时、格鲁吉亚、马来西亚、南非、瑞士、泰国</td></tr>
<tr><td>14</td><td>俄罗斯</td><td>4</td><td>玻利维亚、埃及、蒙古国、缅甸、菲力宾、乌克兰</td></tr>
<tr><td>13</td><td>中国、法国、墨西哥</td><td rowspan="4">3</td><td rowspan="4">阿根廷、亚美尼亚、保加利亚、智利、古巴等21个国家</td></tr>
<tr><td>11</td><td>西班牙、美国</td></tr>
<tr><td>10</td><td>巴西、伊朗、葡萄牙</td></tr>
<tr><td>9</td><td>印度</td></tr>
<tr><td>8</td><td>捷克、丹麦、印度尼西亚</td><td rowspan="2">2</td><td rowspan="2">阿塞拜疆、巴哈马、白俄罗斯、柬埔寨、冰岛等20个国家</td></tr>
<tr><td>7</td><td>加拿大、匈牙利、日本、瑞典、土耳其</td></tr>
<tr><td>6</td><td>匈牙利、葡萄牙、瑞典、特立尼达和多巴哥</td><td rowspan="2">1</td><td rowspan="2">希腊、阿尔巴尼亚、阿尔及利亚、海地、斐济等49个国家和国际组织</td></tr>
<tr><td>5</td><td>澳大利亚、挪威、比利时、西班牙、巴西</td></tr>
</table>

（3）国家间合作力度不大

荷兰东印度公司档案、奴隶贸易档案等项目都是国际和国家间合作的良好案例。除了项目合作，国家间合作的方式还有负责带动以及资金支持，如拉美及加勒比海地区委员会的成员国除了负责自己国家的记忆工程事宜，还负责该地区部分指定国家的宣传和促进其他国家委员会成立等事宜①；如非洲马里的延巴克图手稿项目得益于卢森堡的资助②。总的来说，这些合作毕竟只是少数，会议的开展、项目的举办仍大多以世界、国家为单位，地区级项目与合作较少，国家间交流合作不大，特别是跨地区的国际交流和合作更有待加强。另一方面，发达国家对欠发达国家的支持和帮助不多，这也是导致有些国家文献遗产资源丰富，但挖掘程度低的重要原因。

（4）信息化建设有待加强

①信息化平台建设不够。首先，信息化平台单一，主要通过网站、数据库等网络界面。其次，信息化平台数量较少，联合国教科文组织对世界记忆工程的展示主要通过世界记忆工程的官网这一个平台来实现；5 个地区级记忆工程也只有亚太地区有设立亚太地区世界记忆工程的官网；只有部分国家设立了国家级的记忆工程官网。最后，信息化平台之间的统一性较差，不便于检索，如记忆工程网站的英文命名多样，例如，美国用“国名+memory”的组合方式，英国则用“national commission”的方式③，加拿大则不采用 memory 的方式，但记忆工程发展很好④。

②专门数据库缺乏整合。从检索到的有关文献、网页看，国家内部缺乏对文献遗产资源的集中整理和专门的数据库建设，世界记忆工程开发了 3 大数据库“消失的记忆”“濒危的记忆”“目前的活动”，而国家级的数据库建设有待于国家内部文献遗产资源的进一步整合和开发。

---

① 周耀林，王倩倩．拉美及加勒比海地区世界记忆工程的进展与推进［A］//档案与建设：2012 年全国档案工作者年会论文集（上），北京：中国文史出版社，2012：302-313.

② Mali Timbuktu Manuscripts ［EB/OL］.［2014-02-05］. http：//www.unesco.org/new/en/communication-and-information/flagship-project-activities/memory-of-the-world/projects/access-by-region-and-country/mali/.

③ United Kingdom National Commission for UNESCO ［EB/OL］.［2019-08-12］. http：//www.uk-ioc.org/UKNC.

④ 赵新力，李雪，杨开荆．国内外记忆工程的历史与现状［J］．徐州师范大学学报（哲学社会科学版），2009，35（1）：135-143.

③数据库的开发利用不够。一方面，数据库的开发力度不够，数量较少。从公布的信息而言，目前关于世界记忆工程的数据库只有3个，数量较少，很多资源有待进一步挖掘整理，开发更多样的专题数据库；另一方面，已开发的数据库利用程度不够，没有实现数据库联网或者数据库的可利用平台，对于数据库的有关知识停留在简短的文字介绍，资源的可利用性较低。

3.2 中国文化记忆项目实践进展

近年来，我国一些机构也陆续开始探索实施文化记忆项目。据调查，我国34个省、自治区、直辖市及香港、澳门、台湾地区有70多个机构和个人开展了100余项记忆项目①。

3.2.1 我国文化记忆项目概况

我国目前实施的文化记忆项目主要是由图书馆、档案馆、新闻媒体、科研院校等机构牵头实施的。

（1）图书馆牵头实施的文化记忆项目

图书馆具有丰富的馆藏资源，以此为依托实施文化记忆项目具有天然优势。截至目前，已有多个省、市级公共图书馆牵头建立区域性或专题性文化记忆项目。

• 北京记忆。首都图书馆的北京记忆项目始建于2003年，2007年面向公众提供服务，主要对首都图书馆的馆藏资源进行深入挖掘和整合，以记述北京地区的传统民风民俗，目前已建成的资源主要有：以经典文献为主的《北京文汇》、以老照片为主的《旧京图典》、以金石拓片为主的《燕都金石》、以历史地图为主的《京城舆图》、以报刊资料为主《昨日报章》、以音

① 国家图书馆社会教育部．中国记忆项目方案［内部资料］．2014.

视频文献为主的《京华舞台》、以老戏单子为主的《旧京戏报》和以普及地域文化为目的的《乡土课堂》等，数字资源总量已达6TB①。

● 上海年华。上海图书馆的上海年华最初主要通过电影记忆和图片上海两种形式来记述近现代上海的变迁②，“电影记忆”资源库于2005年推出，包含《中国电影明星录》和《中国电影期刊全目书志》两类资源，“图片上海”发掘和整理上海图书馆馆藏的地方文献中的图片资源，对其进行数字化、组织和整合，多角度、多层次的向读者展现上海的历史变迁，共计有老照片近3000张；后续，上海年华又以主题的形式推出了“抗战图片库”和“上海与世博”，以纪念抗日战争胜利60周年和上海世博会的举办，“上海与世博”专题着眼于1949年以前我国在十余届世博会上的历史足迹，以图片和文本的形式钩沉点滴，向世人展现过往岁月里中国与世博、上海与世博之间千丝万缕的联系，整理并数字化的5000余帧历史图片被收录在世博会上海馆网上体验馆、公众参与馆以供参考③。

● 寻访抗战老兵。湖南图书馆从2009年开始对本省的抗战老兵进行口述史的采集，截至2014年年底，共有130位老兵，他们中有步兵、炮兵、工兵、侦察兵、通信兵、坦克兵、伞兵、骑兵、运输兵、后勤医护兵等，他们经历了抗战中有影响的事件和战役，如长沙文夕大火、印缅远征、徐州会战、三次长沙会战、常德会战、衡阳保卫战、湘西会战、湘鄂会战、日本投降等，共采集到几百个小时的口述录音资料、录像资料、2000多幅图片④。2013年，该馆整理出来的上下册《湖南抗战老兵口述录》一书中，收集了87名老兵的口述史，含括他们的青年抗战现场，1949年后的人生遭遇，人

① 北京记忆［EB/OL］.［2015-02-28］. http：//www. clcn. net. cn/modules/resources/detail. php？ res_id=37.

② 上海年华［OL］.［2015-02-28］. http：//memoire. digilib. sh. cn/SHNH/star/star_index. jsp？ starId=004.

③ 上海 融入世博的精彩历史［EB/OL］.［2015-02-28］. http：//expo. library. sh. cn/.

④ 湖南省图书馆为抗战老兵记录口述史［EB/OL］.［2015-02-28］. http：//epaper. ccdy. cn/html/2014-12/17/content_142718. htm.

至耄耋的境遇①。

- 百年长春。长春图书馆的百年长春则提供了该市建立 200 多年来的地方文献资料，包括长春人物、长春老字号、长春老照片、历史事件、地方作品、文化旅游、长影影片、文化教育等各方面②，资源库按照主题对资源进行了分类，共包含“认识长春”、“人文长春”、“文化长春”、“繁荣长春”、“民生长春”、“科教体育”、“地方性法规”和“报刊中的长春”等八个主题的文件资料共计 3200 余篇。

- 中国记忆。2011 年，国家图书馆开始构思和策划“中国记忆”项目，旨在整理中国现当代重大事件、重要人物专题文献，采集口述史料、影像史料、手稿、信件、照片和实物等资料，形成多载体、多种类的专题文献资源集合③，2012 年正式启动。截至 2014 年年底，“中国记忆”项目已建成东北抗日联军专题、中国年画、大漆髹饰专题、中国当代音乐家、蚕丝织绣等专题数据库，并通过中国记忆项目实验网站提供服务，共采集 500 余小时的口述影像，资源累计达近 1500 小时，编纂出版了《大漆髹饰传承人口述史》、《中国记忆丛书·我们的文字》等专著。

（2）档案馆牵头实施的文化记忆项目

我国各级各类档案机构拥有覆盖不同历史时期各地区、各民族、各类社会组织、各种社会活动的原始记录④，基于此，近年来我国档案馆系统积极推动建立基于档案保存与管理的文化记忆项目。2010 年 11 月，中国人民大学副校长冯惠玲教授在中国档案学会举办的“2010 年全国档案工作者年会”上发表了题为“‘中国记忆’与数字档案资源建设”的主题演讲，倡议构建

---

① 给历史和抗战老兵以尊严［EB/OL］.［2015-02-28］. http://www.bjnews.com.cn/book/2013/08/10/277618.html.

② 百年长春［OL］.［2015-02-28］. http://www.lib.cc.jl.cn/bncc/index.htm.

③ 中国记忆项目实验网站［2014-03-13］. http://www.nlc.gov.cn/cmptest/int/.

④ 冯惠玲. 档案记忆观、资源观与“中国记忆”数字资源建设［J］. 档案学通讯，2012（3）：6.

一个国家数字档案资源库——“中国记忆”①。此后，一些地方开始依托档案馆实施文化记忆项目。

• 广州记忆。2012 年，广州市档案局提出建设“广州记忆”的设想，旨在以文本、图片、音频、视频等各种形式记录和反映广州悠久灿烂的历史文化，收集广州文献遗产、传承岭南历史文化、保护广府人的集体记忆，增强市民对广州的认同。2014 年初，“广州记忆”网站开通，网站设立城市变迁、重大事件、历史名人、广府文化、名胜古迹、历史典故、影像记忆、网上互动等栏目，还建立了数字文献资源库目录、政府信息公开文库、资料上传、数字文献征集、寻找老照片的记忆等信息检索和公众网上互动专栏，在为用户提供文化信息资源的同时支持广大市民上传珍贵资料②。

• 邯郸记忆。旨在全面收集各种关于邯郸政治、经济、文化、历史等的书籍、刊物、研究成果等资料，邯郸市档案馆专门建立特藏库永久保管有关邯郸的所有出版物和文化产品。为保证项目顺利实施，邯郸市委办公厅、邯郸市政府办公厅发文，要求各有关单位把出版的邯郸文化产品交到邯郸市档案馆③。项目实施以来，收集到了较多的文化产品，档案馆结合自身馆藏，还编纂出版了《伟人与邯郸》《邯郸市大事记》等面向公众的文化作品。

（3）新闻媒体、科研院校等牵头实施的文化记忆项目

一些新闻媒体和研究机构利用行业优势，在记录口述历史方面表现活跃。如中央电视台的“中国记忆”节目，一些地方电视台也积极开展了一些文化记忆项目，如北京电视台、凤凰卫视等。一些科研机构结合自身科研需求也开展了一些类似项目，如北京语言大学的“北语对外汉语教学名师口述史”项目、山西社科院历史研究所的“山西抗战口述史”、上海社会科学院历史研究所的“上海口述历史”、中国企业家俱乐部联合发起的“中国企业

① 徐拥军．建设“中国记忆”数字资源库的构想［J］．档案学通讯，2012（3）：9.

② 广州记忆［EB/OL］．［2014-03-11］．http：//www.gzmemory.com/info/1108/1416.htm.

③ 郑慧雯．实施历史记忆工程 锻造档案文化品牌——邯郸市实施邯郸记忆工程侧记［J］．档案天地，2014（2）：6-8.

家口述历史”等。其他个人发起的项目主要有李小江的“20世纪（中国）妇女口述史”等。

• “中国记忆”大型直播节目（中央电视台科技频道）。为迎接一年一度的国际博物馆日和中国文化遗产日，中央电视台科教频道自2006年起每年五六月间都以“中国记忆”为题推出大型直播节目①，以不同主题介绍我国历史文化遗产，节目通过电视台录制和网络征集的方式丰富资源内容，让公众充分领略和享受文化遗产的风采，进而起到宣传和保护的作用，取得了良好的社会反响。

• “中国记忆”栏目（凤凰卫视）。2009年，凤凰卫视将原有节目《口述历史》更名为《中国记忆》，栏目本着“究天人之际，通古今之变，成一家之言”的基本原则，采用人本叙事的方式，从历史亲历者的口中重寻观众最关心的历史往事②。节目以电视纪实语言呈现个人的真实经历，向公众呈现一些鲜为人知的名人往事。

• “人民记忆”口述历史栏目。2009年，北京电视台倾力打造“人民记忆”口述历史栏目（由《真实档案》改版而来），紧扣共和国历史、人民革命的历史和中华人民共和国成立后的社会主义建设史，生动还原一系列当代史上著名事件、著名人物的真实风貌，辅以特定环境下的公共事件、重大新闻、社会风俗的综合展现（如知青上山下乡四十周年、原子弹爆炸45周年纪念日等），立体性反映一个时代的气氛和精神风貌③。

• 我的抗战：抗战老兵口述史。2002—2010年，原中央电视台主持人崔永元主持开展了“我的抗战：抗战老兵口述史”项目，历经八年，共投入1.2个亿（自筹），采访3500人，集成影像200万分钟，搜集历史老照片300万张。2010年11月15日，大型纪录片《我的抗战》在全国85家电视

① 胡智锋.《中国记忆》三思［J］.电视研究，2009（9）：54.

② 中国记忆［EB/OL］.［2014-03-12］. http：//phtv. ifeng. com/hotspot/xjmtj/js/200812/1217_5220_926544. shtml.

③ 《人民记忆》打造北京卫视口述历史类栏目［EB/OL］.［2014-03-12］. http：//news. sohu. com/20090518/n264025565. shtml.

台同步播出，其同名图书《我的抗战》也在同一天上市，全书由300位抗战老兵真情讲述，由24个独立的抗战故事组成①。

（4）中国港、澳、台地区的文化记忆项目

中国港、澳、台地区也开展了文化记忆类项目，如香港康乐及文化事务署和香港赛马会携手推动的“香港记忆”、香港民政事务局发起的“香港口述历史库藏计划”、澳门基金会支持的“澳门记忆”、台湾汉学研究中心的“台湾记忆”项目等。

- 中国香港口述历史库藏计划。2009年，香港民政事务局发起了“香港口述历史库藏计划”，目的是搜集香港的口述历史资料，为市民提供一站式的香港口述历史信息服务。项目在香港中央图书馆的参考图书馆香港数据部设立“香港口述历史特藏”，并附设专题网站，可让公众对口述历史在保存地方文化和历史方面的价值有更深的认识，以及推动各界更多使用口述历史记录作香港研究②。

- 中国台湾记忆。为了妥善保存台湾历史记忆，配合新时代数字化发展的需要，台湾记忆工程通过应用图书馆典藏丰富的文献数据，加上近年来通过各种渠道搜集的相当丰富的台湾史料，如日据时期台湾明信片、各地老照片、旧籍、地方志、古书契、家谱、碑碣拓片、视听数据带，以及1962年台湾电视新闻开播以来每日晚间新闻的数字影音档案等资料，以数字化的技术通过台湾记忆工程的建立展现有关台湾的历史。目前，“台湾记忆”系统内容包括了宗教、社会、历史、文学、科学等方面，数据类型包括文字、声音、影像等，设计内容有图像写真、史料导航、新闻影音、特展馆、今日人物、乡土记事等③。

---

① 在线阅读《我的抗战——300位亲历者口述历史》[EB/OL].[2015-03-02]. http://read.dangdang.com/content_2259819? ref=read-2-D&book_id=13398.

② 口述香港历史库藏计划启动[EB/OL].[2015-03-2]. http://news.chiculture.net/article/1d/4982.html.

③ 赵新力，李雪，杨开荆．国内外记忆工程的历史与现状[J]. 徐州师范大学学报(哲学社会科学版)，2009(1)：135-143.

表 3-6 列举了我国主要文化记忆项目的基本情况。

表 3-6 **我国主要文化记忆项目基本情况**

项目名称	启动时间	资源概况	建设模式	网址
中国记忆	2012 年	截至 2014 年年底，已建成东北抗日联军专题、中国年画、大漆髹饰专题、中国当代音乐家、蚕丝织绣等专题数据库，并通过中国记忆项目实验网站提供服务	由国家图书馆策划建设	http：//www.nlc.gov.cn/cmptest/
北京记忆	2003 年	已建成以北京文汇、旧京图典、燕都金石、京城舆图、昨日报章、京华舞台、旧京戏报、乡土课堂等 8 个主题为主的数字化资源共计约 6T	由首图图书馆依托本馆馆藏自行开发建设	http：//www.bjmem.com/bjm/
上海年华	2003 年	主要包含“电影记忆”“图片上海”“抗战图片库”和“上海与世博”四个资源字库，多维度、多层次地展现上海的时代风貌和地域特征，并陆续编纂出版了《中国近现代话剧图志》、《中国现代电影期刊全目书志》、《上海图书馆藏历史原照》、《上海，一个世纪的公共空间》等多部大中型图录	以上海图书馆馆藏文献为基础，由上海图书馆和上海科学技术情报研究所研发并实施。	http：//memoire.digilib.sh.cn/SHNH/ 上海与世博：http：//expo.library.sh.cn/ 抗战图片库：http：//memoire.digilib.sh.cn/SHKZ/

续表

项目名称	启动时间	资源概况	建设模式	网址
百年长春	——	包括长春人物、长春老字号、长春老照片、历史事件、地方作品、文化旅游、长影影片、文化教育等各方面文件资源共计 3200 余篇	由长春图书馆依托馆藏资源开发建设	http：//www. lib. cc. jl. cn/bncc/index. htm
广州记忆	2012 年	以文本、图片、音频、视频等各种形式记录和反映广州悠久灿烂历史文化的数字文献资源库	由广州市国家档案馆主持,中国人民大学信息资源管理学院和中国电信广东公司共同支撑建设	http://www. gzmemory.com/
中国记忆(中央电视台科技频道)	2006 年	目前已经播出了“文化遗产与文化繁荣”、“我记忆中家乡的文化、自然遗产”、“文化遗产与美好生活”、“博物馆与旅游”等多个主题的系列节目	由中央电视台科技频道主持，联合地方频道、网络新媒体等合作开展	http：//kejiao. cntv. cn/special/2014cctvzgjy/shouye/
我的抗战：抗战老兵口述史	2002 年	发行大型电视纪录片《我的抗战》，出版同名图书《我的抗战》	自组团队，自筹经费开展	纪录片：http：//tv. sohu. com/s2011/wodekangzhan/
香港口述历史库藏计划	2009 年	专题网站涵盖不同学术领域中有关香港的口述历史资料，主要包括：香港口述历史相关的书刊、书目与资源推介；口述历史的理论、技巧及实践等的专题书刊；香港口述历史的视听资料；“香港口述历史资源”专题网站及香港专上学院经由“香港口述历史库藏计划”存放的香港口述历史资料①	由香港民政事务局发起，在香港中央图书馆设立，并与香港大学、香港中文大学、香港公开大学、香城市大学、香港科技大学、香港浸会大学、香港教育学院、香港理工大学、岭南大学等多家单位合作开展	http：//sc. lcsd. gov. hk/TuniS/www. hkpl. gov. hk/tc/thematic/ohi/index. html

① 香港口述历史特藏［EB/OL］.［2015-03-02］. http：//sc. lcsd. gov. hk/TuniS/www. hkpl. gov. hk/tc/thematic/ohi/collection/Special. html.

续表

项目名称	启动时间	资源概况	建设模式	网址
台湾记忆	——	收录各种台湾史料，如日据时期台湾明信片，各地老照片、旧籍、地方志、古书契、家谱、碑碣拓片、视听资料等，以及1962年台湾电视新闻开播以来的每日晚间新闻的数字影音档案等资料。截至2013年，超过45万余诠释资料及80万余数字化影像及视频①	由台湾“国家图书馆”支持建设	http://memory.ncl.edu.tw/

3.2.2 我国文化记忆项目的主要特点

上述文化记忆项目，虽然在发起机构、操作模式、资源建设等方面有所不同，但也存在一些共同的特点。

一是文化记忆项目在我国已经得到重视，但仍处于探索阶段。虽然各相关机构、个人都已经开始重视并实施文化记忆类项目，但是，文化记忆项目的实施仍处于探索阶段，还有一些重点和难点问题需要克服及解决，如资源建设问题，目前由图书馆或档案馆等机构组织实施的文化记忆项目大多是依托本馆馆藏，且资源也多限于文献资源，许多非物质文化遗产尚未涵盖在内，再如资源的遴选原则、资源共建共享机制、标准规范建设等问题，都需进一步研究与探索。

二是各系统依托自身馆藏和服务开展文化记忆项目，横向合作较少。目前国内已经实施的文化记忆项目大多是单位自行开展，很少有通过系统合作开展的，如图书馆、档案馆实施文化记忆项目主要是依托并挖掘本馆馆藏，与博物馆等其他文化遗产保存单位的合作较少，有的新闻媒体机构组织的文

① 李冠南.“记忆工程”中的地方文献数字化工作探析［J］. 图书馆工作与研究，2013（5）：51-53.

化记忆虽然有合作，但多是从宣传的角度合作，很少从资源建设的层面开展合作。文化记忆项目是关于一个地区、一个民族的完整记忆，因此，各类文化遗产收藏机构都需参与到记忆项目中来。国外主要的文化记忆项目，大多有各类型文化机构的广泛参与。如美国记忆、荷兰记忆等，都是由各类型图书馆、博物馆、史学会、档案馆合作开展的。

三是建立专题资源库，充分利用各种新技术进行资源推送。目前国内实施的多数文化记忆项目都建立了专题资源库，实现历史文化遗产的数字化保存与利用，通过对文化资源的多维度、多层次的整合，全面记忆并展现地区文化遗产；此外，为扩大宣传及使用范围，各项目积极利用新技术，建设专题网站，将互联网、广播网等作为主要的发布和传播渠道，如山海年华、中国记忆、北京记忆、广州记忆以及各新闻媒体机构策划的文化记忆项目等。

四是以记录历史事件和历史人物、展示民族文化核心价值和传播民族文化精华为主要目的。传承历史文明，保存民族记忆是文化记忆项目策划与实施的主要出发点和落脚点，因此，我国已经开展的各文化记忆项目在资源建设方面大多以讲述地区历史，体现民族特色，反映地域文化的资源为主。如“北京记忆”是为了记录北京地区的传统民风民俗，“上海年华”是为了记录城市的变迁，上海年华的“上海与世博”记录了 1949 年以前我国在十余届世博会上的历史足迹，“我的抗战：抗战老兵口述史”则记录了 300 位抗战老兵的抗战故事。

3.2.3 存在的主要问题

我国文化记忆项目虽然起步较晚，但已取得了一些初步成效，积累了大量成果。但因项目多由某一机构单独建设，因此在项目建设内容的规划、资源主题与类型的选择、成果的服务方式等方面都呈现出较为浓厚的机构特点。特别是对照国外成熟项目的经验，以及我国当前历史文化遗产保存和保护的需求，仍有一些差距：

一是缺乏国家层面的统筹规划。当前，我国文化记忆项目还主要是由各项目牵头单位各自为政，独立实施，相互之间的沟通、联系与合作较少，缺乏国家层面的统筹规划。一方面项目选题交叉甚至重复，如文中提及的多个项目都涉及抗日战争亲历者的口述史；另一方面，现有项目受资金、规模、建设方式等方面的限制，都难以从完整保存国家和民族集体记忆的视角规划建设内容，无法形成完整的国家记忆体系。此外，这种自发建设的方式也使得资金流向分散，难以发挥最大效用。

二是资源类型单一，难以形成规模。目前的文化记忆项目或是基于对图书馆馆藏的数字化加工，或是基于对档案馆档案资料的数字化加工，或是由电视台根据某一主题拍摄视频节目，或是由其他机构与个人根据某一主题或某一对象采集口述历史，对于项目的主题而言，资源类型和来源都显得过于单一，难以囊括该主题的所有记忆资料，更谈不上系统挖掘整理中华民族的整体记忆。特别是这些项目之间尚未建立起资源共建和共享的机制，也就很难对各项目建设的资源进行整合，形成规模。

三是缺乏支持记忆类资源长期保存的标准规范。目前，国内的文化记忆项目涉及的资源既有图书、期刊、报纸等传统文献的数字化，也有档案资料的数字化，既有数字化口述资料的原始采集，也有视频资料的拍摄与制作，类型非常丰富。但是，由于项目实施主体不同，各主体间存在着对数字化资源已有的组织、加工经验及具体做法上的较大差异，使得各项目的资源建设标准不统一。特别是目前各项目的建设目标各有侧重，许多项目并未将实现对国家和民族记忆的长期永久保存与利用作为建设重点，缺乏对项目资源长期保存的规划与标准。此外，项目间开放合作的标准规范研究和开发机制也尚未建立。

3.2.4 关于我国国家层面系统实施文化记忆项目的构想

我国已经开展的各项文化记忆项目积累了丰富的实践经验，储备了丰富的文化资源，并在技术上进行了必要的探索，为在国家层面系统实施文化记忆项目奠定了基础。通过对国内外已有文化记忆工程的对比分析，结合我国具体实际，笔者对我国实施国家层面文化记忆项目提出以下几点建议：

1）统筹规划，统一协调，做好顶层设计

文化记忆项目是对整个国家民族文化遗产的全面保存，在国家层面进行统筹规划、宏观管理与指导是项目实施的必要基础。一方面，要由国家文化行政主管部门牵头，协调相关部门，共同制定我国文化记忆项目的总体规划，对项目的统筹管理可充分发挥并利用我国的制度优势，建立由上到下的层级项目管理体系。同时，中央财政应为国家文化记忆项目的实施提供必备的资金、政策等各方面的支持，尤其是在项目建设初期，应以政府投入为主，在项目建设相对稳定或成熟后再积极吸纳社会力量参与建设。另一方面，要做好与已有文化记忆项目的衔接，在继续做好国内已有的文化记忆项目、体现地域及行业特色的基础上，在统一规划的框架下，将这些项目的丰富资源纳入国家层面的文化记忆项目，避免资源重复建设，还应加强与已有的重大文化工程的合作，包括文化共享工程、中华古籍保护计划、民国文献保护计划、数字图书馆推广工程等，充分借鉴并利用这些工程实施中积累的经验、技术、资源等，集合成熟力量实现对历史文化资源的保存与利用。

2）由国家图书馆牵头，各相关文化机构参与

国家图书馆是全国总书库，完整收藏和保存国内正式出版物，并藏有270余万册的古籍文献，并通过数字图书馆建设，建设了支持数字资源采集、加工、组织与保存的技术与标准体系，且目前正在组织实施“中国记忆”项目，这些丰富的文献资源和项目实施经验为其牵头实施国家层面的文化记忆项目奠定了基础。国外许多国家层面的文化记忆项目也大多采用了国家图书馆牵头实施，各类文化机构共同参与的建设模式，实践证明这种模式具有较好的可操作性。在项目具体实施过程中，可参考借鉴文化共享工程的运作模式——中心和分中心相结合，在国家图书馆建立中国记忆项目中心（可以以目前正在实施的“中国记忆”项目为平台），在各省和一些重要的专业机构建立分中心，如图书馆、档案馆、博物馆、非物质文化遗产保护机构、新闻媒体机构等，联合全国各类文化机构乃至社会公众，在全国范围内建立分级

分布的文化资源建设和保存体系。此外，由于历史原因，许多珍贵的民族历史文献资源遗散海外，应积极探索与国外相关机构的合作，实现对这些优秀文化资源的保存。

3）着力研究并解决项目实施与管理中的重点难点问题

参考国内外已有的文化记忆项目的实施经验可以发现，文化记忆项目有一些共同的实施难点。我国在实施国家层面的文化记忆项目时，应借鉴国外经验，对项目实施过程中可能遇到的重点难点问题先行进行研究与探索，笔者认为可重点关注或解决以下几个问题：

（1）确定资源遴选原则。我国有着5000多年的悠久历史，而且是统一的多民族国家，拥有丰富的文化积淀，如何在浩瀚的历史长河中遴选出那些能够反映国家和民族记忆的、最为珍贵、优秀的文化主题和资源内容加以保存，是需要重点思考的。首先，资源的历史文化价值、地域与民族特色、濒危程度等应作为重要的选择依据。其次，在资源主题和内容的遴选过程中，应坚持代表性原则，对于在中华民族历史文化和各领域发展方面有重大贡献的代表人物、重大历史事件、重要发明创造、重要文献典籍、代表性技艺传承人、重要思想和文化价值体系的记忆，要优先进行保存和揭示利用。再次，还应围绕特定主题体现资源的完整性，通过各类型资源的整合完整保存一个特定主题的民族记忆，其中不仅应考虑已有历史文献资源的数字化，还应做好对一些重要人物、重大事件亲历者的口述史纪录。

（2）确定资源共建共享合作机制。多方合作是项目实施的重要基础，应通过建立共建共享机制使参与项目建设的各主体间实现资源整合，协同服务。对于不同机构，可根据其特点以不同形式参与项目资源建设。例如，对于历史文化资源的拥有机构，如图书馆、档案馆、博物馆、非物质文化遗产保护机构等，可主要通过对所收藏资源进行数字化的形式参与项目建设。例如，美国记忆项目就曾与美国科技公司合作资助了“数字图书馆竞赛”计划，帮助全国各地图书馆、博物馆、档案馆及历史学会等文化机构遵照统一标准将其特色资源数字化，并整合到美国记忆资源库，通过美国记忆项目网站提供给用户使用①；对于各类新闻机构，可发挥其专业特长，主要通过口述史、专题视频资料库建设等形式参与项目建设；对于其他可能的资源建设主体，如企业、个人等，可采用资源定向征集或广泛公开征集的方式，以汇集其所拥有的相关资源。特别是应当建立资源的分级分布保存机制，形成国家中心、地区分中心和行业分中心元数据集中保存，对象数据分布保存、统一调度的合作机制。

（3）重视标准规范建设。遵循统一的标准规范，建立完善的标准规范体系，是文化记忆项目实现共建共享、长期保存的重点保障。美国记忆在建设初期并未将标准化工作作为工程的核心，导致多种资源描述格式的转换存在一定障碍，限制了资源共享，所以在 2001 年之后，美国记忆将标准规范建设作为重点，积极采纳成熟的国际标准或国家标准，并根据项目建设需要统一制定了一批标准规范。新加坡记忆在项目启动前，便联合多个单位合作制定了诸多标准，包括图片标准、录音标准、录影标准等。因此，建立一套完整的资源采集、加工、整合、保存与利用的标准体系，是文化记忆项目实施的关键问题之一。文化记忆项目的实施应坚持标准先行的原则，借鉴我国图书馆行业、档案行业、广播电视行业等相关行业的已有成熟标准，特别是数字图书馆建设已有成熟标准，并结合项目自身特点，制定标准应用指南。对缺乏成熟标准的，则根据项目需要制定统一标准，例如，重点研制数字资源长期保存、口述史采集与保存、各类资源的整合等标准。

（4）重视知识产权问题。文化记忆工程的资源类型非常复杂，既有对历史文献资料的数字化，对个人所属书信、照片等资料的征集，对个人口述资料的采集，还有视频资料的制作，以及专题数据库的制作等，各类型资源在采集、保存与服务中不可避免地涉及非常复杂的知识产权问题。国外的文化记忆项目大多建立了较为完善的知识产权管理机制，例如荷兰记忆项目规定其网站上的音频、视频等资源只能在线利用，不能下载或保存，若用户需要

---

① 游毅．“美国记忆”与我国历史文化资源建设的比较与启示［J］．情报资料工作，2008（5）：56-59.

下载，则需与提供该资源的机构联系，取得其授权书。美国记忆则设立了专门的法律声明网页，就知识产权、隐私权等内容加以详细规定①。我国在组织实施文化记忆项目时，应结合各类文献的具体情况，制定适宜、完善的知识产权方案，一方面避免因知识产权问题影响项目实施，另一方面也可通过完善的知识产权机制鼓励资源拥有者向项目提供资源。

4）积极推动项目成果的宣传、推广与利用

传承文明、服务社会是文化记忆项目建设的根本目的，应秉持公开服务的宗旨，积极推动项目成果的推广利用。一是应当建立统一的文化记忆项目网站，对收集的各类文化资源进行整合揭示，面向用户提供服务，并通过该平台建立互动机制，使用户通过该平台既能使用资源，又能提供资源。二是可以针对特定用户群提供定向服务，使项目成果在对所有公众开放的同时，通过针对性服务培养核心用户群，以充分发挥文化记忆项目的效益。例如，荷兰记忆项目将中小学师生作为其重要的用户，面向历史教师提供授课资料支撑，使其指导学生通过使用项目平台学习荷兰历史与文化。三是应通过多种渠道扩大服务覆盖范围，包括通过手机、数字电视、网络电视等新媒体终端，以及微博、微信等社交网络，提供多层次、多样化服务，从而使文化记忆项目在传播中华民族优秀文化方面发挥积极作用。

① 唐琼，张玫．“美国记忆”与“共享工程”比较研究［J］．图书馆理论与实践，2009（1）：7-9.

4 数字信息资源长期保存元数据

数字信息资源的数量正在逐渐增加。现在和未来要存取这些内容，就会面临实践、理论和组织上的挑战。数字化信息的长期存储、价值、可用性有赖于大量的标准，如存储格式、联合元数据的采集等。近年来，ISO、美国国家信息标准组织（NISO）以及其他一些国家政府和民间机构都不同程度地研制了标准和规范，并在实践领域得到应用。这些无疑对开展数字资源长期保存活动起到了很好的规范和引导作用。

在数字资源长期保存领域，最有影响的标准当属开放档案信息参考模型（Open Archival Information System，OAIS）。1999 年美国空间数字系统咨询委员会（Consultative Committee for Space Data Systems，CCSDS）提出了 OAIS，并提交 ISO 成为 ISO 标准草案①。经过 3 年讨论修改，2002 年 1 月出版了 ISO 蓝皮书版本，现已正式成为 ISO 标准 ISO14721：2003。实际上在 OAIS 还是标准草案时，几乎所有大型的长期保存项目都将它作为实施标准。许多机构结合自身特点和需求，建立了基于 OAIS 的本地长期保存基础结构，如美国哈佛大学 1998 年开始的 5 年规划项目“图书馆数字创始计划”（Library Digital Initiative，LDI）。虽然 OAIS 是由美国空间数据系统委员会提出，但图书馆界为 OAIS 的修改作出了相当大的贡献。

美国联机计算机图书馆中心（Online Computer Library Center，OCLC）和

① ISO Archiving Standards [EB/OL]. [2008-01-14]. http://ssdoo.gsfc.nasa.gov/nost/isoas/.

研究图书馆小组（Research Libraries Group，RLG）早在2003年成立保存元数据实施策略（Preservation Metadata：Implementation Strategies，PREMIS）小组，旨在设定数字保存的核心元数据元素，后来PREMIS成为众多数字信息资源保存项目的事实上的保存元数据标准；2013年1月美国国家信息标准委员会（National Information Standards Organization，NISO）以“保存元数据：数字对象的最佳朋友”为主题召开网络研讨会，以PREMIS的研究与实践为基础，探讨数字信息资源保存元数据的发展问题①；英国科学数据管理中心（Digital Curation Center，DCC）在其科学数据管理参考手册中专设一章，对科学数据管理中的保存元数据相关问题进行了阐述②。

目前还没有一个统一通用的数字资源长期保存元数据规范格式，许多长期保存项目建立了项目内部通用的元数据格式，如澳大利亚的“保护与存取网络化的澳大利亚文献资源”（Preserving and Accessing Networked Documentary Resources of Australia，PANDORA）项目③、“网络化欧洲存储图书馆”（Networked European Deposit Library，NEDLIB）项目④等。但也有的元数据格式已在国际上被广泛引用，如美国国会图书馆制定的专门用于多媒体保存描述的METS元数据格式。2002年6月，OCLC和RLG共同发布了保存元数据方面的报告《支持数字物件保存的元数据框架》（A Metadata Framework to Support the Preservation of Digital Objects）⑤。其他相关的标准还有：美国国家信息标准组织制定的Z39.8：数据字典——描述数字图像的技术

① NISO Webinar：Metadata for Preservation：A Digital Object's Best Friend [EB/OL]. [2014-02-18]. http：//www. niso. org/news/events/2013/webinars/preservation/.

② Caplan P. Preservation Metadata [EB/OL]. [2014-02-18]. http：//www. dcc. ac. uk/resources/curation-reference-manual/completed-chapters/preservation-metadata.

③ PANDORA. Australia's Web Archive [EB/OL]. [2008-01-14]. http：//pandora. nla. gov. au/index. html.

④ NEDLIB：Networked European Deposit Library [EB/OL]. [2008-01-14]. http：//www. exploit-lib. org/issue4/nedlib.

⑤ A Metadata Framework to Support the Preservation of Digital Objects [EB/OL]. [2008-01-14]. http：//www. oclc. org/research/projects/pmwg/pm_framework. pdf.

元数据。实际上数字资源长期保存并不是一种孤立的活动，数字资源建设中的许多标准诸如内容描述标准、唯一标识符标准、XML 等都是工作中需要引用的。

保存元数据一直以来都是数字信息资源长期保存领域关注的重点和热点问题。数字保存元数据需要恰当的管理策略作为支撑，才能满足实现数字信息资源长期保存的建设需求。

4.1 重视并完善功能需求调查

保存元数据是实现和支撑数字资源长期保存相关操作与过程的元数据，是保证数字资源长期有效性（Viability）、可操作性（Renderability）和可理解性（Unerstandability）的必要信息①，需要具备维持数字化保存对象的长期存在性、可理解性、真实性和可识别性等功能②。现有的保存元数据多为框架性、指导性的标准，因此需要针对项目或系统进行长期保存功能需求调查和分析，从而为保存元数据的建立设定基准。

4.1.1 调查项目的整体需求

长期保存项目在建设初期都会进行项目目标定位并提出较为详细的建设任务，该目标对保存元数据标准的选择和建设提出了基本要求。McKemmish 等认为，记录保存元数据（Recordkeeping Metadata）是保证记录可识别、真实、内容和结构完整以及基本管理需求的标准化信息③。从此定义可知，保

① Preservation Metadata and the OAIS Information Model: A Metadata Framework to Support the Preservation of Digital Objects, a Report [M]. OCLC/RLG Working Group on Preservation Metadata, 2002: 1.

② Caplan P, Guenther R S. Practical preservation: the PREMIS experience [J]. Library Trends, 2005, 54 (1): 111-124.

③ McKemmish S, Parer D. Towards frameworks for standardising recordkeeping metadata [J]. Archives and Manuscripts, 1998, 26 (1): 24.

存元数据是面向数字保存需求和目标的元数据。美国 NISO 认为数字保存的目标包括数字内容的物理保存介质可控性，数字内容的唯一的、长期的可识别性和可检索性，所有信息的可理解性，数字内容的重要特性不会因存储介质的更改而丢失等 8 个方面的功能需求①，上述功能需求的满足有赖于数字保存元数据的有效性和可获得性。

对项目建设目标的详细分析是把握项目需求的重要途径和方法，此外，对项目参与者和建设者等人员进行调查分析也可获取保存元数据的建设需求。RLG 在 1998 年通过访谈和问卷调查等方式，对其成员机构的数字保存的现状和环境进行了深入调查，包括成员机构进行数字保存建设的资源数量、资源存储格式、资源年代分布、保存政策、技术方法、专业人员配备等数字资源保存的现状与环境因素，同时从数字保存面临的威胁、对数字资源发展的态度、机构专业人员的发展计划、数字保存服务等方面调查和分析机构管理者的需求②。该调查为 RLG 保存元数据的设计与建设工作奠定了基础。通过对项目目标定位的分析、对建设人员和目标用户的需求调查等途径，可充分了解整个项目对保存元数据的需求。

4.1.2 分析保存系统软件的需求

数字保存仓储是为了实现数字内容的长期存储、管理、保存和获取等而建立的计算机系统。不同的数字保存项目一般根据其建设环境和项目需求采用不同的系统软件，而不同的系统软件有不同的特点，系统软件的特点对保存元数据有不同的要求。在进行保存元数据的建设之前，需要结合长期保存项目的总体需求选择系统软件，并对系统软件的特点进行了解，从而对保存元数据建设的需求进行适当调整。如被广泛应用在机构库建设

---

① Dappert A, Enders M. Digital Preservation Metadata Standards [J]. Information Standards Quarterly, 2010, 22 (2): 4-13.

② Hedstrom M L, Montgomery S. Digital preservation needs and requirements in RLG member institutions [EB/OL]. [2014-03-06]. http://www.conference-center.oclc.org/content/dam/research/activities/digpresneeds/digpres.pdf.

中的 Fedora 系统与开放档案信息系统（Open Archival Information System，OAIS）参考模型具有较好的兼容和映射关系①，从上述特点出发，可以采用与 OAIS 模型相匹配和兼容的保存元数据标准作为 Fedora 系统的保存元数据标准，并可根据 Fedora 系统的特点对所选用的保存元数据标准进行适当调整。从满足数字资源长期保存目标的程度而言，系统软件各有优缺点，适当保存元数据的设定在一定程度上提升了系统软件的长期保存功能，弥补存在的不足。

4.2 选择合适的描述角度和元素

保存元数据的框架性标准如 PREMIS 等并非设定确定性的元数据元素，而是倾向于规定核心元数据元素或者语义单元，即规定保存元数据的描述角度和总体方向，在特定项目的保存元数据管理过程中，需要进行描述角度和具体描述元素的选择。

4.2.1 选择核心描述角度

PREMIS 项目组以建立广泛适用于数字保存活动并具备数据词典支持的核心保存元数据元素集为工作目标，在其发布的 PREMIS 数据字典中构建了数字信息资源保存模型，包括知识产权实体、对象实体、事件实体、行为实体和权利实体五个部分②，从来源、真实性、保存活动、技术环境、权利管理等五个方面在宏观上形成了保存元数据的框架，也是对通用的数字信息资源保存核心元数据元素的指导性框架。DCC 认为，保存元数据应当从来源

---

① Ting Z, Li D. Comparative Evaluation of Major IR Systems for Preservation [EB/OL]. [2014-03-06]. http://ipres. las. ac. cn/pdf/zengting-IRsoftware20071008new2. pdf.

② PREMIS Editorial Committee. PREMIS data dictionary for preservation metadata, version 2. 0 [EB/OL]. [2014-02-26]. http://www. loc. gov/standards/premis/v2/premis-2-0. pdf.

(Provenance)、固定性(Fixity)、重要特征(Significant properties)、技术细节(Technical specifications)等角度进行描述①;而英国的数字典藏项目(CURL Exemplars in Digital ARchiveS, CEDARS)则认为可从内容信息、表征信息、保存描述信息、封装信息和描述信息等角度进行描述②;法国国家图书馆的分布式保存与存档系统(Système de Préservation et d'Archivage Réparti, SPAR)项目采用OAIS模型,并将描述信息、来源信息、保存描述信息和结构信息等四个角度作为保存元数据的描述角度③。无论采用何种系统或结构模型进行数字资源保存系统的建设,对于保存元数据而言,对数字信息资源的特征描述信息、来源信息、保存行为相关的信息、保存环境要求以及相关技术信息等都是必要的描述角度。

4.2.2 选取核心元素

许多机构研究并实践了保存元数据标准,如OCLC的数字档案元数据元素、美国国会图书馆数字信息长期保存核心元数据、澳大利亚国家图书馆的保存元数据实施方案、新西兰国家图书馆元数据、康奈尔大学图书馆保存元数据方案、电子资源长期保存元数据(Long-term preservation Metadata for Electronic Resources, LMER)等,都为后来的保存元数据元素的采用和选择提供了良好范本。此外,已有的数字信息资源保存项目也提供了成功经验,RLG在其数字主文档保存元数据的报告中,提出并详细列举了16个保存元数据元素,为保存元数据标准建设提供语义框架④;CEDARS项目规定了包

① Caplan P. Preservation Metadata [EB/OL]. [2014-02-18]. http://www.dcc.ac.uk/resources/curation-reference-manual/completed-chapters/preservation-metadata.

② Cedars Preservation Metadata Elements [EB/OL]. [2014-02-26]. http://www.ukoln.ac.uk/metadata/cedars/papers/aiw02/.

③ Bermès E, Poupeau G. Semantic Web technologies for digital preservation: the SPAR project [EB/OL]. [2014-04-21]. http://ftp.informatik.rwth-aachen.de/Publications/CEUR-WS/Vol-401/iswc2008pd_submission_14.pdf.

④ Final Report on Preservation Metadata for Digital Master Files [R/OL]. [2014-02-26]. http://oclc.org/research/activities/digpresmetadata/report.html.

括参考信息、内容环境、来源信息、固定性信息①等在内的4组核心描述元素。从现有的实践来看，核心元素多从核心描述角度出发，在适当的保存元数据框架下进行选择和充实，并根据项目需求和系统软件的特点适当作出调整。

4.2.3 根据资源需求选择拓展元素

选择数字信息资源的保存元数据元素时，除了考虑保存项目的目标需求和系统需求之外，还需要考虑保存资源的特点等问题。如针对不同的资源类型（文本文档、音乐文件、视频资料、网络资源、科学数据等），需要进行区别化的元素设定，RLG针对科学数据的保存问题，提出以DC元数据作为保存元数据的核心元素，同时考虑到数据可能以图像形式存在，增添了“水印”（Watermark）、“分辨率”（Resolution）、“颜色”（Color）、“颜色管理”（Color management）、“彩条/灰度条”（Color bar/Gray scale bar）等元素，此类元素的设定为图像信息的保存提供了元数据支持。随着需要保存的数字资源类型逐渐多样化，拓展元素也越发成为保存元数据的必要组成部分。因此，除了核心元素的采用之外，还需要根据具体资源的保存需求选择拓展元素，同时注意是否与核心元素冲突以及是否存在重复等情况。

4.3 确保元数据的系统兼容性和互操作性

系统兼容性和互操作性一直是元数据管理的重点，是确保数字信息资源共享的前提。

---

① Stone A, Day M. Cedars Preservation Metadata Elements [EB/OL]. [2014-02-26]. http://www.ukoln.ac.uk/metadata/cedars/papers/aiw02/#4_3.

4.3.1 保证保存元数据与环境和系统兼容

兼容性指一个创新点或新事物被现有的值域、已有的经验以及潜在采用者的需求所接受的程度①。对于保存元数据而言，兼容性则是指其对于机构现有系统环境的适应程度，包括现有的政策和程序、元数据基本技能和对现有工作效能的无损性等。欧洲社会科学数据保存项目（Consortium of European Social Science Data Archives，CESSDA）要求完全采用数据文档协议（Data Documentation Initiative，DDI）作为其元数据描述和保存标准，以实现CESSDA所有成员在元数据描述方面的标准化，同时针对DDI第三版的新特性，建立兼容性的技术基础框架、工具和服务②。有学者在对现有的5种保存元数据实施方案进行分析的基础上，融合不同的保存元数据模型的元素，提出了“公分母”保存元数据模型，该模型与国际博物馆理事会下属的国际文献工作委员会（International Committee for Documentation，CIDOC）的概念参考模型CIDOC-CRM兼容，从而力图建立广泛适用于文化领域的保存元数据③。

此外，当前众多组织和机构如政府部门、图书馆等多采用OAIS参考模型，该模型旨在长期保存数字资源并提供系统化的资源组织④，因而其保存元数据的建设需要紧密结合该OAIS模型的特征，实现保存元数据标准对该框架的兼容性。OAIS模型不仅支持资源发现，同时支持资源的长期保存，

---

① Alemneh D G. An Examination of the Adoption of Preservation Metadata in Cultural Heritage Institutions: An Exploratory Study Using Diffusion of Innovations Theory [D]. University of North Texas, 2009: 21.

② Jensen U, L'Hours H. Evaluation of DDI 3 - Preservation metadata [R/OL]. [2014-03-20]. http://www.cessda.org/project/doc/D8.1_DDI3_Evaluation_x_Preservation_metadata.pdf.

③ A CIDOC CRM Compatible metadata model for digital preservation [EB/OL]. [2014-02-28]. http://www.cidoc-crm.org/workshops/heraklion_october_2006/constantopoulos.pdf.

④ 王松林. 一个基于OAIS和DC的保存元数据方案 [J]. 图书馆学刊, 2005, 27(1): 1-3.

PREMIS 数据字典基于 OAIS 模型建设而成，同时是对 OAIS 模型的细化，因此在一定基础上实现了 PREMIS 与 OAIS 的兼容性。英国的数字典藏项目 CEDARS、网络化欧洲存储图书馆项目（Networked European Deposit Library，NEDLIB）、澳大利亚数字保存项目（PANDORA）等项目的元数据保存标准均采用 OAIS 的术语或者可以与 OAIS 的信息模型准确地建立映射①。保存元数据与数字资源保存环境和保存系统之间的兼容，能保证数字资源保存的长期性和无损性。

4.3.2 保存元数据可互操作性的实现

数字化仓储多采用不同的元数据标准进行建设，因此在保存元数据的选择和应用过程中，需要实现不同保存元数据标准之间的互操作，特别是与其他系统之间的互操作问题。采用或者收割现有的元数据记录用于保存元数据是实现保存元数据可互操作性的方式之一。此外，实现系统和项目内部保存元数据的互操作性有不同方式，可通过建设基于现有标准如元数据编码与交换标准（Metadata Encoding and Transmission Standard，METS）的“交换格式”来实现②。鉴于许多机构采用 METS 标准作为执行数字资源保存的元数据标准，Rebecca S. Guenther③ 尝试将 PREMIS 与 METS 结合运用，区别两者描述的侧重点，通过操作指南的设定与使用，实现不同保存项目在保存元数据上的互操作。Angela Dappert 等④尝试通过 PREMIS 保存元数据框架同现

① 牛金芳，吴开华．论保存元数据［J］．大学图书馆学报，2002，20（2）：67-70.

② Day M. Preservation metadata initiatives：practicality，sustainability，and interoperability［C］// Metadata in preservation：selected papers from an ERPANET Seminar at the Archives School Marburg，Marburg，2003：91-117.

③ Guenther R. Battle of the Buzzwords—Flexibility vs. Interoperability When Implementing PREMIS in METS［J/OL］．［2014-03-01］．D-Lib Magazine，2008，14（7/8）．http：//www. dlib. org/dlib/july08/guenther/07guenther. html.

④ Dappert A，Enders M. Using METS，PREMIS and MODS for Archiving eJournals［J/OL］．［2014-03-01］．D-LIB Magazine. 2008，14（9/10）．http：//www. dlib. org/dlib/september08/dappert/09dappert. html.

有的 METS 结构元数据和 MODS 描述元数据两种标准结合使用，解决电子期刊资源保存中元数据的互操作问题。Sally Vermaaten① 则认为 PREMIS-METS 的结合运用是实现数字信息资源保存的元数据途径之一，其最佳实践能够促进数据仓储内部的数据交换、工具建设、资源仓储的自我评估以及数字资源仓储的可信赖审计等工作。

4.4 丰富保存元数据标准的语义

保存元数据的建设非常重视语义技术的融合和应用，与传统元数据描述相比，语义技术的融合有效提升了保存元数据对数字资源内容的深入挖掘，同时提升了保存元数据在细粒度化、交互性方面的功能。

4.4.1 保存元数据标准自身的语义化发展

保存元数据的发展本身不断融入新的信息技术，如 PREMIS 在其 2.1 版本之后，还提供 OWL 语言的本体，利用 RDF 存储和管理元数据信息。PREMIS 数据模型在 XML 文档中的应用与完善，实现保存元数据与数据保存之间的良性循环②，PREMIS 已于 2013 年 6 月发布了 OWL 语言的本体，提供可兼容关联数据、支持 PREMIS 有序化的数据词典③。

4.4.2 保存元数据实施过程中的语义化

在保存元数据的实施过程中，语义化技术被应用于不同的环节，包括利

① Vermaaten S. A Checklist and a Case for Documenting PREMIS-METS Decisions in a METS Profile [J/OL]. [2014-03-01]. D-Lib Magazine, 2010, 16 (9/10) . http://www.dlib.org/dlib/september10/vermaaten/09vermaaten.html.

② 张民 . 科研数据的迁移和保存元数据研究 [D]. 兰州：兰州大学，2013：29-38.

③ PREMIS OWL ontology 2.2 now available [EB/OL]. [2014-03-01]. http://www.loc.gov/standards/premis/ontology-announcement.html.

用 RDF 三元组描述保存元数据记录、本体资源规范并充实保存元数据的取值、关联数据用于数字资源的组织、应用于特殊类型资源保存元数据的建设等方面。法国 SPAR 项目采用 METS 作为其保存系统，并建立 METS 与 RDF 三元组之间的关联，如通过<info：bnf/spar/provenance#hasEvent>对应“来源”本体中的“hasEvent”属性①。与此同时，SPAR 项目正在尝试通过关联数据技术的运用，将整个数据仓储整合成一个关联数据②。Fedora 项目同时采用了 DC 元数据和关系本体③，图书馆、档案馆、博物馆领域的 CIDOC 概念参考模型成为跨机构特别是图书馆领域广为推崇的交互性的本体标准④⑤。欧盟 FP7 框架计划资助的地球数据保存项目（SCIence Data Infrastructure for Preservation-Earth Science，SCIDIP-ES）⑥ 对地球数据保存元数据的相关技术问题进行调查和分析，认为“GeoNames”本体、通用多语种环境叙词（The General Multilingual Environmental Thesaurus，GEMET）等本体资源的应用，完善了保存元数据对地理数据的描述和保存。Kia Ng 等⑦将领域本体应用于互动多媒体表演资源的保存中，认为本体对于关系和依赖

---

① Bermès E, Poupeau G. Semantic Web technologies for digital preservation: the SPAR project [EB/OL]. [2014-04-21]. http://ftp.informatik.rwth-aachen.de/Publications/CEUR-WS/Vol-401/iswc2008pd_submission_14.pdf.

② Linked data and preservation metadata [EB/OL]. [2014-04-20]. http://www.dpconline.org/component/docman/doc_download/773-linksthatlast2012peyrard.

③ Fedora Digital Object Relationships [EB/OL]. [2014-03-01]. http://fedora-commons.org/download/2.1/userdocs/digitalobjects/introRelsExt.html.

④ Doerr M. The CIDOC conceptual reference module: an ontological approach to semantic interoperability of metadata [J]. AI magazine, 2003, 24 (3): 75.

⑤ Doerr M. Increasing the power of semantic interoperability for the European library [J]. ERCIM News, 2006, 26: 26-27.

⑥ Report on the survey of technologies, policies, metadata, semantics and ontologies [R/OL]. [2014-03-03]. http://www.scidip-es.eu/assets/Deliverables/SCIDIP-ES-DEL-WP15-D15-1.pdf.

⑦ Ng K, Pham T V, Ong B, et al. Ontology for Preservation of Interactive Multimedia Performances [A] //Metadata and Semantics. Springer US, 2009: 35-44.

性的描述更有效。Doyle① 等将语义技术应用于3D数据的保存元数据框架的设定，拓展了保存元数据可描述资源的类型。

现有的调查研究和实践都充分表明，在保存元数据标准的选择和建设过程中，本体、关联数据等语义技术的融合应用能够提升保存元数据的功能和效果，是未来数字信息资源长期保存元数据描述所不可或缺的组成部分。

4.5 保存元数据记录的生成与保存策略

保存元数据记录的生成与保存是数字信息资源长期保存中极其重要的环节，也是保存元数据建设的具体实施和实践，需要考虑保存元数据记录的生成和保存对整个项目的影响等问题。

4.5.1 保存元数据生成方式的优先选择

（1）保存元数据记录的自动生成

元数据的生成工作对于研究人员而言是一种时间上的消耗，同时也是对研究人员技能的挑战。从数字资源生产者、资源管理者以及资源保存者的角度而言，保存元数据记录的自动生成是最佳选择，即可降低资源生产者的工作负担，又能实现不同数字资源仓储之间保存元数据记录的标准化和一致性。保存元数据的自动生成可通过多种形式实现，包括元数据记录收割、资源内容抽取、资源的自动标引或分类、文档和数据资源的挖掘、社会标签的利用以及外在元数据的自动生成等。受控词表如叙词表、本体的应用则保证了自动收割元数据取值的标准化和规范性。此外，保存元数据在资源生成的同时生成，可以保证网络服务器本身完成保存元数据的生

① Doyle J, Viktor H, Paquet E. Preservation metadata-a framework for 3d data based on the semantic Web [C] //Digital Information Management, 2008. ICDIM 2008. Third International Conference on. IEEE, 2008: 925-927.

成，从而为网络爬虫提供数字信息资源的充足的信息，保证数字信息资源的长期可获取性。

（2）自动生成工具的使用

保存元数据记录的自动生成需要借助保存元数据工具来实现。OCLC 在其保存元数据的技术观察报告中指出，保存元数据自动生成工具是数字信息资源保存的必需品，此类工具能够支持正式的保存元数据标准同时适用于多样化的数字资源管理环境①。Dappert 等对元数据标准进行调查，发现单一元数据标准无法满足资源描述、保存和结构化呈现等需求，因此众多数字资源保存机构采用元数据管理工具或系统作为辅助和补充工具。Joan A. Smith 等②针对网络资源的保存元数据的研究对 JHOVE、KEA、Open Text Summarizer、MD5 等适用于 PREMIS 的保存元数据生成工具进行测试，认为元数据的生成过程完全可以自动实现，既不需要网络服务器的干预又不需要管理活动的参与。在 Alemneh③ 的调查中，55.4% 的用户采用开源软件 JHOVE 作为保存元数据的自动生成工具。

4.5.2 元数据记录保存方式的决策

保存元数据记录的保存是重要的决策问题之一，也是保存元数据的重要管理问题，通常有两种解决方式，一种是可将保存元数据记录信息保存在独立的保存位置，即与其描述对象区分保存，该方式是传统的数字资源保存机构如图书馆经常采用的方式。而另一种方式则是将保存元数据记录与所描述的资源一同封装保存。两种方式各有利弊，第一种方式容易实现，经济成本较低，但容易造成保存元数据记录的丢失等安全问题，后者较前者安全性更

① Lavoie B F, Gartner R. Preservation Metadata [EB/OL]. [2014-04-20]. http://www.dpconline.org/component/docman/doc_download/894-dpctw13-03.

② Smith J A, Nelson M L. Generating best-effort preservation metadata for web resources at time of dissemination [C] //Proceedings of the 7th ACM/IEEE-CS joint conference on Digital libraries. ACM, 2007: 51-52.

③ Alemneh DG. An Examination of The Adoption of Preservation Metadata in Cultural Heritage Institutions [EB/OL]. [2014-03-15]. http://digital.library.unt.edu/ark:/67531/metadc9937/m2/1/high_res_d/dissertation.pdf.

好，但是相对较为难以管理，经济成本也相对较高。

4.6 保存元数据的评估

保存元数据的自动生成虽十分便利，但其带来的元数据质量控制问题备受关注，通过保存元数据的评估及完善，能实现保存元数据的自动生成与元数据质量控制之间的均衡。

4.6.1 元数据评估指标的参考

元数据的评估和评价长久以来都是元数据研究与实践领域探讨的热点问题。2004 年，有学者对加拿大统计局发布的统计数据质量保证框架（Quality Assurance Framework，QAF）的指标体系进行充实用以评估元数据质量，该评价方法从“完整性”“准确性”“来源可追溯性”“对预期的满足性”“逻辑的一致性和连贯性”“及时性”“可访问性”等 7 个大的方面进行描述①②。Stvilia③ 等从本质性、关系/语境、声誉等三个大的角度出发，从完整性、简洁性、固定性、灵活性、冗余性、可获得性和确定性等 7 个大类设定了详细的元数据评价指标以及评价方法。当前元数据的评价方法和指标的研究较为丰富，为保存元数据的评价提供了多元化的参考。Robbie De Sutter④ 等则认为，可从元数据模型的内部性与可交换性、扁平化与等级性、

① Bruce T R，Hillmann D. The continuum of metadata quality：defining，expressing，exploiting [A] // Hillmann DI，Westbrooks EL. Metadata in practice. Chicago：American Library Association，2004：238-256.

② Johanis P. Assessing the Quality of Metadata：the Next Challenge [EB/OL]. [2014-04-20]. http：//www. unece. org/stats/documents/2002/03/metis/19. add. 2. e. pdf.

③ Stvilia B，Gasser L，Twidale M B，et al. Metadata quality for federated collections [EB/OL]. [2014-03-10]. https：//www. ideals. illinois. edu/handle/2142/721.

④ De Sutter R，Notebaert S，Van de Walle R. Evaluation of metadata standards in the context of digital audio-visual libraries [A] //Research and Advanced Technology for Digital Libraries. Springer Berlin Heidelberg，2006：220-231.

对不同元数据内容类型的支持、语法与语义等不同方面的均衡来评价和选择合适的元数据标准模型。现有的元数据评估指标为保存元数据评价提供了良好的参考范本，而其评估工作的实现也为保存元数据的评估提供了实践经验。

4.6.2 保存元数据评估的角度选择

对保存元数据的评估可以从保存元数据的建设目标以及保存项目的需求出发，从自动生成工具的选择、元数据自动生成和收割过程、元数据记录的功能从不同角度进行分析。从数字资源的长久保存需求的角度而言，可以保存元数据对于数字资源的内容不变性的记录和维持、历史沿革的记录、资源完整性和真实性的保持、资源对不同系统环境的适应性要求、资源长期可读和可理解性的维持等方面进行评估和检验。前期对于保存元数据建设的考察和决策在很大程度上决定了保存元数据的适用性，而后期的评估则是提升其功能的重要途径。

保存元数据是数字信息资源保存的重要工具和必备条件，在数字信息资源保存项目建设中承担着关键作用。在保存元数据的管理过程中，需要考虑项目需求采取适当的建设策略，适应数字信息资源保存的整体环境，同时应当适应数字信息资源保存的长期发展，不断进行完善和提升。

5 数字信息资源长期保存的政策

5.1 开放存取资源长期保存政策

开放存取（Open Access，OA）从20世纪90年代被提出以来，很快引起了多个国家的重视，一直是图书馆学界关注的焦点之一，在理论与实践领域均进展迅速。数字资源的长期保存问题也一直是国外图书馆学界关注的热点，但专门针对开放存取资源长期保存的政策却不多，只是穿插于各类型数字资源长期保存的政策中。作为长期保存的有力保障，制定合理完善的长期保存政策是非常重要的。为了促进OA运动的持续发展，发挥OA资源的学术价值，国家及机构各个层面都应对OA资源的长期保存高度重视，加强政策引导。

5.1.1 数字保存政策中对OA资源长期保存的关注

出于对数字资源保存的重视，国际上已经颁布了一些数字资源长期保存方面的政策，一些国家的国家图书馆也制定了该国的数字资源保存政策。作为网上可以免费下载的学术资源，OA资源的保存一般只是夹杂在数字资源或网络资源保存政策中，很少被直接提及。然而，结合OA资源的特点，可以从这些保存政策中找到对OA资源长期保存的关注。下面选取数字保存领域几个有代表性的政策指南，分析其中有关 OA 资源的内容条款，详见表 5-1。

表 5-1　　**数字保存政策中保存对象选择标准与 OA 资源的联系**

数字保存领域相关的政策指南	发布时间	发布者	对保存对象的规定条款	OA 资源的对应特点
《永久保存世界记忆：关于保存数字化信息的联合声明》	2002 年 6 月	国际图联与国际出版协会（IFLA/IPA）	“日益增长的仅以数字形式出版的信息如同传统印刷出版物一样重要，同样具有长期留存的文化价值和历史意义”①	大多数 OA 资源为原生数字资源
《保存数字遗产宪章》	2002 年 11 月	联合国教科文组织（UNESCO）	“显然应优先保存原生数字资料”	
			“鼓励公立和私立大学和研究机构确保研究资料得到保存”②	OA 资源产生于科研过程中，大多具有重要的学术性
《保护澳大利亚网络资源——创建者与出版者指南》	2002 年 6 月	澳大利亚国家图书馆（NLA）	“资源类型中应包括具有持久的研究性，被公众使用的信息资源，如研究论文。”③	

保存政策是有效实施数字资源长期保存的管理上的保证，而在数字保存

① Preserving the Memory of the World in Perpetuity: a joint statement on the archiving and preserving of digital information [EB/OL]. [2009-05-31]. http://archive.ifla.org/V/press/ifla-ipa02.htm.

② Guidelines for the Preservation of Digital Heritage [EB/OL]. [2009-05-31]. http://unesdoc.unesco.org/images/0013/001300/130071e.pdf.

③ Safeguarding Australia's Web Resources: Guidelines for Creators and Publishers [EB/OL]. [2009-05-31]. http://www.nla.gov.au/guidelines/webresources.html.

领域权威的标准指南中，对于保存对象，许多基本的选择标准是首先保存那些容易丢失的、与未来有关联的、有重要价值的数字资源，特别是原生数字资源和重要的科学数据。

此外，在一些著名的数字资源长期保存项目的原则方针中，OA 资源符合被优先保存的对象特征，如美国国会图书馆致力于网络信息保存的“密涅瓦”项目（Mapping the Internet Electronic Resources Virtual Archive, MINERVA），其收集策略主要遵循的标准有“满足研究人员当前以及未来的信息需求”“学术内容”“丢失危险度”等①。澳大利亚著名数字保存项目“保存与存取澳大利亚网络文献资源”（Preserving and Accessing Networked Documentary Resources of Australia，PANDORA）在选择资源时遵循的标准中也提到“是否有对应的印本”“联机出版过程是否有质量控制”“是否被公认的索引服务商索引”“有研究价值的权威出版物拥有选择的最优先权”② 等。

5.1.2 OA 仓储长期保存政策制定现状

2002 年布达佩斯开放存取计划（Budapest Open Access Initiative，BOAI）提出开放存取的实现途径主要为两种：一种是创办开放存取期刊，另一种是自行存档，即建立开放存取资源仓储（Open Access Repository），即 OA 仓储③。构建 OA 仓储不仅是实现 OA 的有效途径，也是保存 OA 资源的必要措施。在开放存取资源仓储名录（Directory of Open Access Repositories，OpenDOAR）2006 年所做的一项调查中发现，有 2/3 的 OA 仓储没有制定关

① 赵俊玲．美国国会图书馆网络信息保存项目 Minerva 及其启示［J］．图书馆建设，2005（5）：40.

② Online Australian Publications：Selection Guidelines for Archiving and Preservation by the National Library of Australia［EB/OL］．［2009-04-12］．http：//pandora. nla. gov. au/selectionguidelines. html.

③ 高冰洁，赵俊玲．国内外开放存取实践分析［J］．图书馆工作与研究，2008（1）：68.

于其数字资源的数据提交、资源长期保存、资源再利用等方面的政策①。为此，OpenDOAR 通过研发增加了政策工具（Policies Tool）模块，其中的资源保存政策工具（Preservation Policy Tool）可以帮助我们调查和分析 OA 仓储的长期保存政策。

5.1.2.1 OA 仓储长期保存政策制定的总体情况

OpenDOAR 的资源保存政策工具综合 OA 仓储多方面的信息，如 OA 仓储是否在开放文档先导（Open Archives Initiative，OAI）② 注册、是否遵循开放文档先导组织的元数据采集标准协议（The Open Archives Initiative Protocol for Metadata Harvesting，OAI-PMH）、是否采用开放档案信息系统参考模型（Reference Model For an Open Archival Information System，OAIS）、在 OA 仓储网站上有无专属页面公布其资源保存方面的政策信息等，将 OA 仓储的长期保存政策制定状态分为 5 种类型：不知道（Un-known）、未声明（Un-stated）、未明确定义（Un-defined）、未明确声明（Un-clear）和已定义（Defined）。其中 Un-known 状态是指该 OA 仓储没有公开声明任何关于其资源长期保存的信息；Un-stated 是指存在有关的政策的信息，但没有具体的政策；Un-defined 是有一些相关的政策，但无系统明确的政策体系；Un-clear 指关于政策的信息比较模糊；Defined 则表明对 OA 仓储资源的长期保存制定了较全面系统的政策（见图 5-1）。

如图 5-1 所示，从 2008 年 10 月 12 日的统计数据与 2009 年 4 月 25 日时间差距约为半年的统计数据进行对比分析可以发现，Un-stated 与 Un-defined 类型是 OA 仓储保存政策界定情况的主流，而政策制定状态的变化也主要集中在 Un-stated 与 Un-defined 上，Un-stated 比例下降，Un-defined 比例上升，

---

① Peter Millington . Moving Forward with the OpenDOAR Directory, 8th International Conference on Current Research Information Systems, Bergen, 11th-13th May 2006 [EB/OL]. [2009-05-31]. http://www.opendoar.org/tools/en/policies.php.

② Open Archives Initiative. http://www.openarchives.org/ [EB/OL].[2009-05-31].

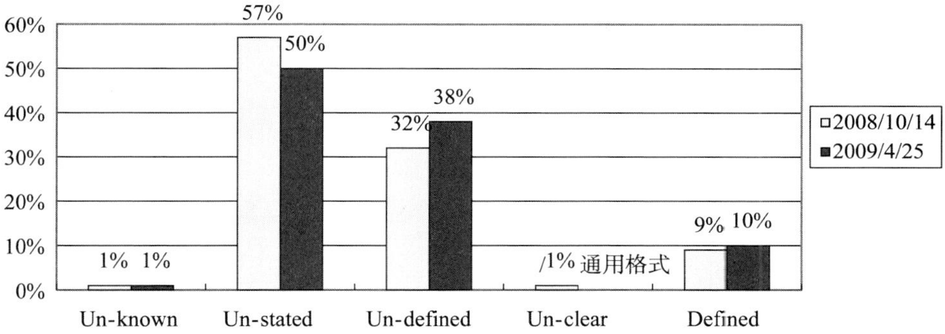

图 5-1 OA 仓储保存政策制定状态的历时对比

下降与上升的比例相差仅 1~2 个百分点，呈现出此消彼长的趋势。从二者的区别来看，与 Un-stated 相比，Un-defined 类型的 OA 仓储中已经存在一些资源保存的有关政策，这种由 Un-stated 向 Un-defined 过渡的势头是良好的趋势，预示着 OA 仓储整体上正逐步向 Defined 状态靠近。另外，从 Defined 类型来看，全球已定义保存政策的比例增加了 1 个百分点。综上可见，明确定义了长期保存政策的 OA 仓储是呈增长趋势的，但增长比较缓慢。

5.1.2.2 OA 仓储建设项目中 OA 资源保存政策的制定情况

澳大利亚是十分重视 OA 仓储建设的国家，在其 2003 年启动的高等教育信息基础设施项目（Systemic Infrastructure Initiative，SII）中，OA 仓储的构建就开始被作为项目建设重点提升至国家信息基础设施建设的层面，其保存和提供大学或其他科研机构的学术成果，以改善澳大利亚学术研究成果的交流和保存机制。本书选取作为 SII 子项目之一的“向全球公开的澳大利亚研究仓储在线”（Australian Research Repositories Online to the World，ARROW）① 项目为例，对其 13 个项目成员大学的机构库的长期保存政策展

① Australian Research Repositories Online to the World [EB/OL]. [2009-05-31]. http://www.arrow.edu.au/.

开了调查，详见表 5-2。

表 5-2 **ARROW 项目高校机构库长期保存政策的定义状况**

高校名称	机构库名称/参与项目	规模(items)	OAI注册	保存政策定义状况	统计时间
澳大利亚中央昆士兰大学	aCQUIRe	3323	有	Un-defined	2009-03-10
	ADT Program	24	无	Un-stated	2008-04-30
澳大利亚拉筹伯大学	La Trobe Univ. -ADT Program	24	无	Un-stated	2008-04-30
澳大利亚麦考瑞大学	Macquarie Univ. Research Online	331	有	Un-defined	2008-08-07
澳大利亚莫纳什大学	ARROW Repository	3568	有	Un-stated	2009-03-10
澳大利亚莫道克大学	ADT Program	/	无	Un-stated	/
澳大利亚昆士兰科技大学	ePrints Archive	8881	有	Un-defined	2008-06-02
澳大利亚旋宾科技大学	Swinburne Image Bank	3357	无	Un-stated	2008-07-07
	SwinburneResearch Bank	678	有	Un-stated	2008-08-07
	SUT-ADT Program	83	无	Un-stated	2006-10-03
澳大利亚巴拉瑞特大学	UB Library - ADT Program	33	无	Un-stated	2008-04-30
	UB Research Online	1551	无	Un-defined	2009-03-11
澳大利亚纽卡斯尔大学	ADT Program	3041	无	Un-stated	2008-10-24
	NOVA	2506	有	Un-defined	2009-03-10
澳大利亚新英格兰大学	e-publications@ UNE	920	无	Un-defined	2008-08-07
澳大利亚新南威尔士大学	UNSW@ ADFA	3893	有	Un-stated	2009-03-10
澳大利亚阳光海岸大学	Coast Research Database	2685	无	Un-defined	2008-08-07

续表

高校名称	机构库名称/参与项目	规模 (items)	OAI 注册	保存政策定义状况	统计时间
澳大利亚西悉尼大学	UWS Digital Theses	1854	无	Un-stated	2008-05-15
	UWS Research Repository	5677	有	Un-defined	2009-03-10

统计结果显示：在13个大学的19个OA仓储中，不论数据库规模大小，都没有明确定义其资源的长期保存政策。界定状态都集中在Un-stated与Un-defined两种类型，处于Un-stated状态的11个，处于Un-defined状态的8个，在OAI注册的OA仓储仅占42%。成员高校中有的大学建造了不止1个OA仓储，有的大学还参加了其他数字项目，如中央昆士兰大学、拉筹伯大学、巴拉瑞特大学、纽卡斯尔大学和旋宾科技大学还是“澳大利亚数字论文项目”（Australian Digital Theses Program，ADT）① 的成员机构。

上述统计表明，OA仓储的发展速度与其长期保存政策的制定状况的反差十分明显，机构库建设项目只关注OA仓储的构建与发展，而对其资源的长期保存问题不重视，这对OA仓储的可持续发展必将造成不利的影响。

5.1.3 OA仓储的具体资源保存政策的对比分析

在OA仓储中也有一些明确定义了长期保存政策的机构，通过OpenDOAR的Preservation Policy Tool可以查询到这些OA仓储长期保存方面的具体政策。本书选取已定义长期保存政策的3个较具代表性的OA仓储，对比分析其OA资源长期保存政策的各方面规定（见表5-3）。它们是美国华盛顿研究图书馆联盟的ALADIN Research Commons、英国诺丁汉大学的Nottingham Eprints和澳大利亚格里菲斯大学的Griffith Research Online。

① Australian Digital Theses Program [EB/OL]. [2009-05-31]. http://adt.caul.edu.au/.

表 5-3 国外三个代表性机构库保存政策的对比

OA 仓储名称 政策关注点	ALADIN Research Commons	Nottingham Eprints	Griffith Research Online
保存的时限	无限期保存	无限期保存	无限期保存
持续的可获得性和可读性	无声明	在有需要时迁移到新的文件格式，如有可能，对没有或不能迁移的数据进行仿真处理	在有需要时迁移到新的文件格式，但不能保证一些特殊格式的文件的可读性
元数据的保存	遵循 OAI-PMH 协议	遵循 OAI-PMH 协议	遵循 OAI-PMH 协议
与其他机构合作保存	与合作伙伴多备份保存数据	与合作伙伴传递和迁移文件格式，保存元数据	无声明
数据更改	无声明	不允许已有的记录被更改，必要时会在原始数据旁附上勘误表	无声明
原始数据的保存	在著作权所有者要求下数据将被移除	原始数据流将被完整保存，并附加到任何升级格式中；在特殊情况下数据记录才会被移除	原始数据流将被完整保存，并附加到任何升级格式中；但在著作权所有者要求下数据将被移除
被撤销数据的保存	被撤销数据的标识符或统一资源定位符仍被永久保存；被撤销数据的元数据不能再查询	被撤销的数据没有被删除，只是从公众视线里移走了。被撤销数据的 URL 记录仍被长久保存	被撤销数据的 URL 记录仍被长久保存

续表

政策关注点 \ OA 仓储名称	ALADIN Research Commons	Nottingham Eprints	Griffith Research Online
OA 仓储关闭的应对政策	假使 OA 仓储关闭，数据库将转移至其他合适的存储机构	假使 OA 仓储关闭，数据库将转移至其他合适的存储机构	无声明

在上述三个 OA 仓储的长期保存政策中，比较受关注的方面有资源保存的时限、资源持续的可获得性和可读性、元数据的保存、原始数据与被撤销数据的保存、是否于其他机构合作保存等。其中英国诺丁汉大学的 Nottingham Eprints 的长期保存政策相对比较全面，它对于数字资源保存的长期性、完整性和可利用性都制定了具体的政策：倡导机构资源永久保存；重视原始数据、被撤销数据、元数据的保存，并保存数据更改情况；通过迁移与仿真技术支持资源可持续利用；并有与其他机构合作保存的政策和针对 OA 仓储关闭风险的应对政策。

5.1.4 OA 资源长期保存政策的发展路向

OA 资源长期保存政策是人们为了实现 OA 资源长期存取的目标而制定的方针、原则、策略和措施。目前，OA 资源的长期保存政策还很不完善，相对而言，现行的数字资源保存政策大多明确了数字资源长期保存的原则、规范和标准，制定了数字资源长期存取的具体行动计划，OA 资源的长期保存政策可以借鉴其有利的部分并结合自身特点加以调整完善。从总体上来说，OA 资源长期保存政策应朝着以下三个方面发展。

5.1.4.1 以 OA 资源的可持续利用为长期保存的目标

保证 OA 资源的可持续利用也是获取科研人员对 OA 仓储信任度吸引其参与自我存档的重要因素。成功的 OA 仓储应该不仅能够将研究者提供的科研文献长期保存于此，它还必须在存缴、组织和保存转移等方面的政策和技术上为长期保存提供具体支持①。因此，不少 OA 仓储的长期保存政策中在资源的保存时限方面都倡导无限期保存，并声明将通过迁移和仿真技术确保资源持续的可获得性和可读性，使科研人员更有动力将研究成果存储在 OA 仓储中。而关于 OA 仓储的信任度问题，研究图书馆集团（Research Library Group，RLG）和美国国家档案与记录管理委员会（US National Archives and Records Administration，NARA）在 2005 年公布的《认证可信任数字仓储的审核清单草案》（Audit Checklist for the Certification of a Trusted Digital Repository, Draft for Public Comment）②和其 2008 年修正与扩展版《可信任数字仓储审核与鉴定：标准与清单》（Trustworthy Repositories Audit & Certification：Criteria and Checklist）③ 中，都将资源的可持续利用看作决定一个数字机构库是否能被鉴定为一个可信赖的数字信息收集场所的主要因素之一。

5.1.4.2 在保存内容上重视 OA 资源的选择与评价

OA 资源类型十分复杂，不仅保存研究人员的论文资料，还保存科研过程的其他记录，如教学课件、实验数据与报告等，而长期保存问题又涉及技术应用、资金支持、数字权益保护等诸多问题，所以其数字保存过程中的选择和评价工作是必不可少的，在制定 OA 资源长期保存政策过程中应确保优先保存最有价值的数字资产的长期可获得。在资源的选择上，可以学习数字

① 张晓林．机构知识库的政策、功能和支撑机制分析［J］．图书情报工作，2008（1）：25.

② Joanne K, Patricia H, Janet Eke, Thomas G. H. Using the Audit Checklist for the Certification of a Trusted Digital Repository as a Framework for Evaluating Repository Software Applications［J/OL］. D-Lib Magazine, 2006（12）. http：//www. dlib. org/dlib/december06/kaczmarek/12kaczmarek. html.

③ Trustworthy Repositories Audit & Certification（TRAC）：Criteria and Checklist［EB/OL］.［2009-05-31］. http：//www. crl. edu/content. asp? l1 = 13&l2 = 58&l3 = 162&l4 = 91.

资源保存和数字资源评估领域的一些政策与方法①。如在如何选择需要长期保存的数字资源方面，数字保存联盟（Digital Preservation Coalition，DPC）开发的数字资源长期保存选择工具（Decision Tree for Selection of Digital Materials for Long-term Retention）② 就很有借鉴性，它采用互动式的评估方式，在数字资源版本与内容选择、保存责任与权利、保存技术与费用、文件与元数据保存四个方面均制定了一系列评价细则，并在选项旁附有一些建议。中国高等教育文献保障系统（China Academic Library & Information System，CALIS）数字资源评估指标体系中关于数字资源的可持续发展的五条评估标准③，即数字资源在馆藏资源中的比例、可永久获取的数字资源在馆藏中的比例、长期保存数字资源的费用、公平使用与存档方法评价也值得参考。

5.1.4.3 在保存方式上鼓励合作保存与多备份保存

促进学术自由交流是 OA 运动发起的主要目的，许多 OA 项目由多个机构共同建设，机构合作不仅有利于资源的保存，也有利于资源共享与促进跨机构的学术合作。合作保存有利于明确各机构的保存任务和责任，协调在于不同组织和利益相关者之间的关系，制定统一的行为标准，还可降低保存的成本与风险。如英国的“机构资源存取计划”（Focus on Access to Institutional Resources Programme，FAIR）④ 的实施涉及 OA 运动的技术、法律、文化等各个方面，其发展策略和经验比较具有借鉴意义。此外，“多备份资源保存项目”（Lots of Copies Keeps Stuff Safe，LOCKSS）也可以作为保存 OA 资源的一个较实际的运行模式。虽然 LOCKSS 发起的初衷是为了实现商业电子资源

① 范媛静，宛玲．国外数字资源长期保存政策扫描［J］．数字图书馆论坛，2006（4）：5-8.

② Preservation Management of Digital Materials：The Handbook［EB/OL］．［2009-05-31］．http：//www. dpconline. org/graphics/handbook/.

③ 肖珑，李浩凌，徐成．CALIS 数字资源评估指标体系及其应用指南［J］．大学图书馆学报，2008（3）：6.

④ 袁红梅，乔冬梅．开放存取：英国 FAIR 计划的实践与启示［J］．图书情报知识，2007（7）：92-95.

的收集与保存，但随着科研环境的变化以及学术交流模式的发展，OA 资源的组织与利用在科研活动中的作用日益显现，LOCKSS 也开始在系统结构设计及功能实现上支持对 OA 资源的采集、保存与使用①。

5.2 数字保存机构合作政策

数字资源包括两种形式的资源，一种是将实物进行数字化所产生的信息资源，称为“数字化资源”；另一种是其产生之时便只有虚拟的版本或者形式的资源，称为“原生数字资源”。随着现代技术的发展，“数字化资源”是有选择性地产生，而“原生数字资源”成为数字时代信息的主要来源，它不仅包括最初产生之时的电子邮件、数字化文件或者表格，还包括电子书、录音唱片、电影、科学数据集、社会科学档案、病人的健康数据等。公共数字文化资源，顾名思义，是指公共文化机构在其运行、管理和服务过程中收集的、开发的数字资源。公共文化机构，广义上讲，包括所有能够提供公共文化相关服务的机构。狭义上讲，主要包括公共图书馆、公共档案馆、公共博物馆、公共美术馆四大类机构；除此以外，国外还包括一些文化中心（culture center）、音乐演出场地（music venue）、教堂、数字媒体企业等。公共数字文化资源具有多重属性，主要包括：公共性、平等性、虚拟性等。具有公共性的数字文化资源属于国家和全民所有，其使用权归公众所有，服务于公众；具有平等性的数字文化资源必须是面向大众的，不管对象的性别年龄，从事何种职业，处于怎样的社会地位，都平等地享有使用的权利；具有虚拟性的公共数字文化资源是指其文化服务内容是以虚拟形式存在的，可以虚拟方式获取的文化资源。

---

① 吴振新，李春旺，郭家义．LOCKSS 数字资源长期保存策略［J］．现代图书情报技术，2006（2）：36.

在“合作与共赢”成为国际环境的主流下，一份有关国际化讨论的研究报告显示，最热门的主题与信息因素相关，尤其是各领域关于信息基础设施整合政策的行为问题。结合日益成熟的网络技术，文化领域的合作保存逐渐被提上各国日程。国外对于公共数字文化资源长期保存以及长期合作保存有很多基于现实的设想与基于实证研究的论断。欧盟的 Lorcan Dempsey 曾这样阐述长期保存的重要性：“图书馆、档案馆、博物馆等都是保存人类文化记忆和知识记录的重要机构，其收藏的内容包括全人类、全社会、所有机构的历史记录，个人的人生轨迹记载以及科学文化遗产等资源。这些资源是祖先遗留给我们的宝贵遗产，也必将是我们对后代最有价值的馈赠。这些机构的使用者包括小孩、老人、学者、商人、观光者和学习者，他们的使用行为反过来又生成新的遗产资源”①。美国 NDIIPP（National Digital Information Infrastructure and Preservation Program）推出的项目书中提到“网络环境下，随着各公共文化机构纷纷将各自的文献或文化资源加工转化为数字资源，对公共数字文化资源的保存就如同 1800 年国会图书馆成立之初保存文献记录一样重要”②。关于合作保存，各国学者也具有普遍共识。研究者曾在美国博物馆和图书馆服务协会关于图书馆、博物馆与学校合作的相关报告中提到“合作可以使博物馆和图书馆提升它们在公众中的地位、改善其现有的服务和项目并更好地满足越来越多的多样化用户的需求，特别是那些未能得到充分服务的用户。”③“资源的提供者——尤其是图书馆、档案馆和博物馆团体

① Dempsey L. Scientific, Industrial, and Cultural Heritage: A Shared Approach [EB/OL]. [2013-09-22]. http://www.ariadne.ac.uk/issue22/dempsey/.

② Reich V, Rosenthal D. Distributed Digital Preservation: Private LOCKSS Networks as Business, Social, and Technical Frameworks [J]. LIBRARY TRENDS, 2009, 57 (3): 461-475.

③ Institute of Museum and Library. Charting the landscape, mapping new paths museums, libraries, and K-12 learning [M]. Washington, DC: Institute of Museum and Library Services, 2005: 6-8.

(LAMs)，必须行动起来，将其单一资源获取点扩展到更宽广的分享空间去。”①

5.2.1 公共数字文化资源保存的机构合作模式

近年来，包括图书馆、博物馆在内的国外各类提供数字资源服务的公共文化机构均积极进行着多种合作模式的实践。各公共文化机构通过联盟、加盟、整合等合作方式积极提升服务效能，以期达成共同愿景，更好地完成机构的使命。其中，图书馆是合作中“出镜率”最高的机构，与其他各类信息机构探索合作模式，包括横向合作、纵向整合、多向合作、主题合作等。在这些合作中，公共图书馆或者占据着“领导者”的地位，或者扮演着“好伙伴”的角色。

5.2.1.1 “主导-参与”合作模式

“主导-参与”模式成为公共文化机构数字资源合作保存主流模式之一。其合作方式主要以某一大型公共文化机构作为主导方，其他公共文化服务机构、非营利性机构或者营利性机构作为合作方参与。对国外已有合作案例的分析中发现，以国家图书馆、国家档案馆、国家美术馆、某信息协会或者这四个机构任意结合作为主导方，其他信息服务提供机构为合作方的合作模式较为多见，如图 5-2 所示。

美国 NDIIPP 是“主导-参与”模式的范例。NDIIPP 是美国国会图书馆成立的数字信息基础架构与长期保存项目，该项目建立了保存特定学科资源的联合保存网络，通过多备份资源保存（Lots of Copies Keep Stuff Safe, LOCKSS）网络，使全球范围内的机构能够分布式地协作保存与商业、社会

① Zorich D, Waibel G, Erway R. Beyond the silos of the LAMs: collaboration among libraries, archives and museums 2008 [R]. [2013-10-25]. http://www.ala.org/nmrt/sites/ala.org.nmrt/files/content/oversightgroups/comm/schres/endnotesvol3no1/2lamcollaboration.pdf.

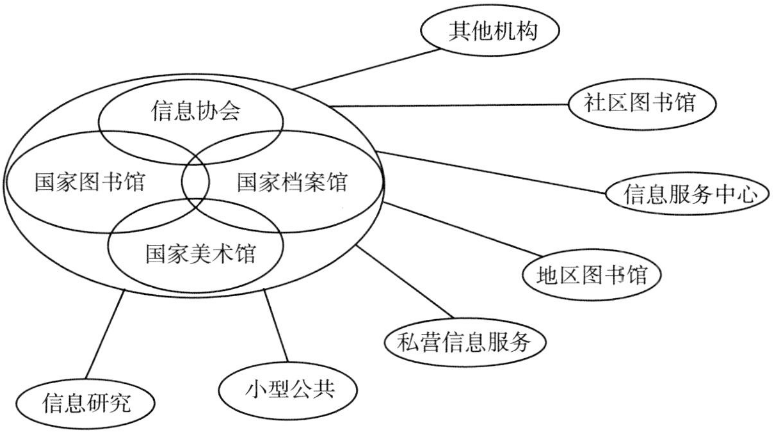

图 5-2 “主导-参与”合作模式机构间关系图

和技术相关的信息资源①。经过合作伙伴认可，国会图书馆在采访后确定数字保存的意愿和资源保存的优先顺序，并确定哪些资源属于特殊资源，即确定“最重要”的资源和“最危险”的资源。国会图书馆提供资源优先级评估的服务并帮助所建设领域的相关机构投身到特殊类型资源建设中，促成合作保存的实现。同时，通过国会图书馆与各合作机构间建立的信任关系和已取得的显著的合作效益，吸引其他机构竞相效仿国会图书馆的模式，从而吸引更多机构、社会资源加入其中，以此保持资源保障体系的活力。迄今为止，美国国会图书馆已经吸收了 45 个州、25 个国家参与该项目，超过 320 个数字资源长期保存合作伙伴，并且分阶段、大范围收集和保存高质量的数字资源，侧重点在于公共政策、教育和满足研究文化遗产群体的需求②。NDIIPP 项目中，众部门共同参与，以网站、电子图书、电子期刊、数字电

① Reich V, Rosenthal D. Distributed Digital Preservation: Private LOCKSS Networks as Business, Social, and Technical Frameworks [J]. Library Trends, 2009, 57 (3): 461-475.

② Library of Congress. About. What is Digital Preservation? [EB/OL]. [2019-08-12]. http://www.digitalpreservation.gov/about/.

视等作为保存对象，合作建立一个职责明确的合作网络和保存机构。2010 年 7 月，该项目推出了国家数字管理联盟（NDSA），使得 NDIIPP 的工作得以向更多机构延展与推广①。

除此以外，欧盟于 1999 年在其第五框架项目（FP5）下的信息社会技术项目推出"数字文化目录保存"（Preservation of Digital Cultural Content）子项目，该项目融合了图书馆、档案馆和博物馆的传统文件，传统文件数字化资源以及原生数字资源，并致力于合理组织、整合，保证可获取这些资源；德国推出 NESTOR 项目，该项目由德国国家图书馆牵头，通过融合本国图书馆、档案馆、博物馆、出版社、文化部门间的数字资源，而且与英国数字保存联盟（DPC）和澳大利亚 PADI 项目建立了联系与合作，以期达到保存全球人类知识记忆的目的②；英国成立了英国博物馆、图书馆及档案馆理事会（Museums，Libraries & Archives Council，MLA）来推动三馆资源整合相关项目的实施，其组建的目标是促进博物馆、图书馆和档案馆三馆资源的融合，为用户提供可持续的综合服务，在激励创新的同时更好地推进英国文化生活的全面和平衡③。

5.2.1.2 "机构-机构"联盟模式

机构与机构之间的联盟模式，在某些专业领域的联盟建设中已经有很好的实践。例如，美国联机图书馆中心 OCLC 是目前世界上最大的提供文献信息服务的机构之一。依托已有联盟建设的基础与经验，如今各国探索出多种机构间的联盟模式，主要包括：多方公共文化机构之间的联盟；商业机构与

---

① National Digital Information Infrastructure and Preservation Program [EB/OL]. [2013-10-29]. http://en.wikipedia.org/wiki/National_Digital_Information_Infrastructure_and_Preservation_Program (2013/10/18).

② 潘菊英，刘可静．国外数字资源长期保存和长效利用研究进展［J］. 图书馆，2011 (5): 72-76.

③ Museums, Libraries and Archives Council. About us [EB/OL]. [2013-10-18]. http://www.inspiringlearningforall.gov.uk/aboutUs.html.

公共文化机构的联盟；高等院校、商业机构与公共文化机构的多方联盟等方式，如图 5-3 所示。

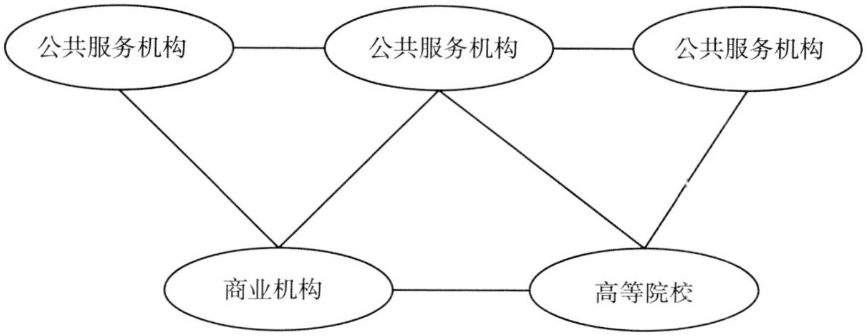

图 5-3 “机构-机构”联盟模式机构间关系图

公共文化机构之间的联盟典型代表之一是欧洲的 NEDLIB 合作项目。NEDLIB，是 Networked European Deposit Library 的缩写，目标在于为欧洲各国范围内的电子出版物存储系统建立共同的框架与基本工具；定位于解决欧洲参与各国国家图书馆数字资源保存的技术问题①。该项目由荷兰国家图书馆主导，吸纳了英国 CEDARS 项目和澳大利亚 PANDORA 项目所采用的开放存档信息系统模型。该项目有 8 个国家图书馆②、荷兰国家档案馆、两个信息交流技术（ICT）组织——葡萄牙 INESC 组织、德国的 CSC Ploenzke AG 组织和三个主要出版商——荷兰的 Elsevier 和 Kluwer Academic、德国的 Springer-Verlag 共同参与。

商业机构与公共文化机构成功合作的代表之一是美国的史密森尼博物馆联合体与 Flickr 图片分享网站的合作项目。在 Web2.0 的环境下，Flickr 同盟

① van der Werf-Davelaar T. Long-term Preservation of Electronic Publications: The NEDLIB project [EB/OL]. [2013-10-24]. http://www.dlib.org/dlib/september99/vanderwerf/09vanderwerf.html.

② 这八个国家图书馆分属：荷兰、法国、挪威、芬兰、德国、葡萄牙、瑞士、意大利。

创建了专门分享图片资源的论坛，史密森尼博物馆联合体成为其主要会员之一。史密森尼博物馆本身是世界上最大的博物馆与研究机构的复合体，包括19个博物馆和美术馆、国家动物园以及9个研究机构；其合作机构之间互相独立，实体的艺术品并非集中统一进行管理；数字图片由Smithsonian Photographic Services（SPS）（该机构管理SmithsonianImages. com网站）进行统一管理，图片的主要来源有博物馆藏品、机构大事记图片以及各类主题图片。SPS的职能之一是在图片长期保存过程中对这些图片进行描述、保存以及找寻保存过程存在的主要问题，最终满足多领域对于可用图片资源大规模的需求。为了实现史密森尼与Flickr合作试点计划（Smithsonian Flickr pilot project）的目标，史密森尼博物馆联合体做了诸多努力，包括：（1）于2001年成立了Smithsonian Photography Initiative（SPI），该机构是一个基于网络的计划部门，其主要使命是通过他们的机构增加公共参与的史密森尼图片收藏。（2）成立了专门的核心团队，团队成员分别来自图书馆、档案馆、博物馆联合体，中心计划部门SPI以及信息指导办公室（Office of the Chief Information Office，OCIO）的人员，这些团员突破原先职能与任务，采取联合方式进行合作。（3）2008年2月项目实施以来，史密森尼博物馆联合体已经上传2000张联合体机构内所收藏的数字图片到Flickr上，其中2008年6月统一上传900张，剩下1100张图片以每周上传固定张数的方式进行。2008年6月参与上传相关图片的机构有：Anacostia团体博物馆，美国艺术档案馆，民众生活文化遗产中心，国家邮政博物馆，史密森尼档案机构，史密森尼机构博物馆；2009年5月份，这些机构又有增加，包括：自然史国家博物馆，国家美术馆，史密森尼天体物理观测台①。

5.2.1.3 “合并-立新”重组模式

重组模式的构建有赖于较多的资金投入，适用于运行机制与内部结构都

① Kalfatovic M, Kapsalis E, Spiess K, et al. Smithsonian Team Flickr: a library, archives, and museums collaboration in web 2.0 space [J]. Archival Science, 2008, 8 (4): 267-277.

颇为相似的两个或多个机构，才能够更好地实现机构、人员的整合，如图5-4所示。这方面比较成功的代表是加拿大的国家图书与档案馆。2004年，加拿大将国家图书馆与国家档案馆的馆藏、服务、人员重新整合组织成为一个大型知识机构——加拿大图书档案馆（Library and Archives Canada，LAC）。LAC负责保存了加拿大的数字遗产并为用户提供访问，所保存的数字遗产包括出版物、档案记录、声音和视听材料、照片、艺术品以及电子文档等，它同时也是加拿大政府及相关机构的可持续记忆存储机构①。根据2004年出台的《加拿大图书档案馆法令》（Library and Archives of Canada Act），整合后机构的主要目标在于保存加拿大的文献遗产以造福后代，在获取、保存和传递知识的机构合作中发挥主导作用，并为加拿大历届政府存档。

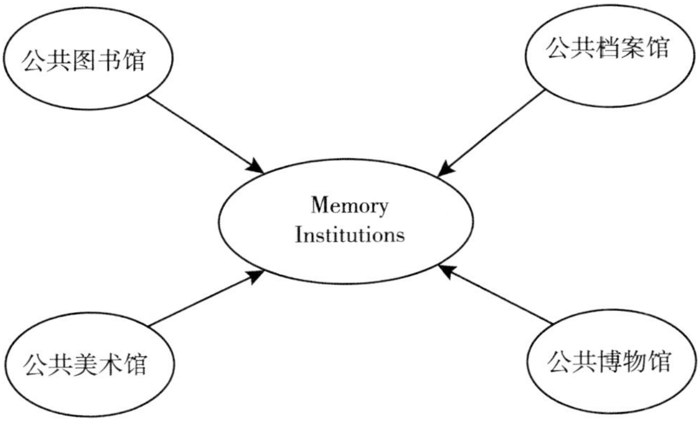

图5-4 “合并-立新”重组模式机构间关系图

除此以外，挪威根据国家1999—2000年的第22号《知识与经验之源——基于信息技术的社会档案馆、图书馆和博物馆》（the white paper: Sources of knowledge and experience Archives, libraries and museums in a society based on information technology）制定了发展公共图书档案馆、博物馆三个部

① Library and Archives Canada. About us [EB/OL]. [2013-10-29]. http://www.bac-lac.gc.ca/eng/about-us/Pages/about-us.aspx.

门的战略。2003 年 1 月，挪威公共图书馆、博物馆管理局、国家研究、文献、学术及专业图书馆办公室三个部门正式合并为挪威档案馆、图书馆和博物馆管理局，简称 ABM-utvikling。ABM-utvikling 不仅致力于加强三个部门之间的合作，同时也关注图书馆、档案馆、博物馆各部门自身的需求和问题。ABM-utvikling 在“加强相关技术的使用并制定统一的标准；从技术和制度角度为数字长期保存过程中遇到的问题提供解决方案；选择符合用户需求的内容；内容揭示和用户交互”四个方面作出了卓有成效的努力。它通过挪威文化网将博物馆网、档案馆网、图书馆网和艺术馆网的资源和服务整合起来，为用户提供公共数字文化资源的“一站式”信息服务。三馆的合并促使决策者对原本各自规模较小的图书馆、档案馆、博物馆各部门受公众的关注度提高，极大地推动了公共数字文化资源的保存和利用进程，促进其国家公共文化事业的发展①。

5.2.2 公共数字文化机构合作下的资源保存模式

随着大数据时代的来临，数以万计局域网内的信息与万维网上产生的所有信息被全部容纳到原生数字资源的概念中。在这种背景下，“应该如何管理，又该怎样存储”成为摆在信息服务机构面前日益严峻的问题。作为单一能够提供信息的服务机构，数字图书馆对于馆内数字资源的管理与保存都已有相对成熟的研究并成功地深入到实践中。例如，美国加利福尼亚州数字图书馆（California Digital Library，即 CDL）主要利用其数字资源管理系统为用户提供包括特色馆藏资源在内的各类型数字资源整个生命周期内全方位的服务②。这为公共数字文化资源机构的整合提供了良好的借鉴。在此基础上，国外对于数字文化资源机构的合作各出奇招。各国本着各机构能够发挥所长的理念，分别从管理方、存储方和存储内容等方面探索合作的模式。

---

① Østby J B. The new cross-sectorial agency in Norway for archives, libraries and museums: plans and perspectives [J]. LIBER Quarterly, 2003, 13 (3/4): 190-200.

② CDL ERMS [EB/OL]. [2013-10-24]. http://www.cdlib.org/services/collections/erms/.

在对国外相关模式探索文献的分析与实践案例分析的基础上，本书将国外公共数字文化资源合作保存的模式总结为三大类：集中管理—集中存储基础上的全方位或专题合作，如图 5-5 所示；集中指导—分布存储基础上的全方位或专题合作；分散存储—集中整合基础上的全方位或专题合作。

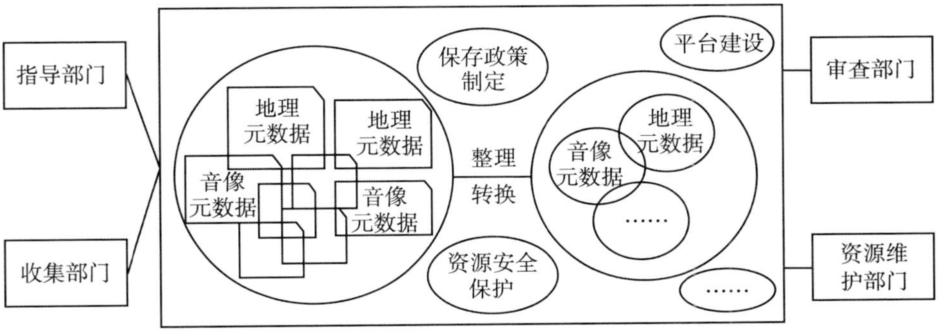

图 5-5　“集中管理—集中存储”基本模式示意图（以 LAC 为例）

5.2.2.1　“集中管理—集中存储”

无论是“集中管理—集中存储”的多元性保存合作还是专门领域的保存合作，其对于合作机构的组织严密性与技术成熟性要求非常高。加拿大的 LAC 和德国的 NESTOR 项目是典型的“集中管理—集中存储”全方位合作保存模式。加拿大的 LAC 对于加拿大国别范围内的，能够称为数字遗产的资源进行统一整合；德国的 NESTOR 项目由德国图书馆牵头的合作内容包括数字期刊、多媒体对象、保存政策、科学活动产生的科研数据和原始数据的研究等在内的全方位数字资源保存行为的合作①。澳大利亚的 PANDORA 网络资源档案数字保存项目是“集中管理—集中存储”专门性合作的范例。该项

① Dobratz S, Schoger A. Nestor - Development position of the expert network on the long-running archiving of digital resources in Germany [J]. Zeitschrift Fur Bibliothekswesen Und Bibliographie, 2005, 52 (3-4): 151-162.

目由10家机构负责，其中7家是公共图书馆，另外有一家档案馆、一家美术馆以及一家政府机构。由澳大利亚国家图书馆主导，有选择性地专门针对澳大利亚的联机出版物或网站进行相关信息采集，并对这些资源的集合进行合作保存，其内容涵盖文化、社会、历史、政治、澳大利亚社会活动和澳大利亚人智力表达的各类材料①。

这里要特别提一下加拿大的LAC。LAC的保存内容不仅包括最初在法令中所明确规定的文献类数字资源，还包括数字图片、数字艺术品、数字音频、数字视频、数字录音、地理信息学、数字技术和建筑图纸、广播数据内容等。加拿大的国家图书馆和档案馆在合并的过程中采取了一系列的有益的措施，更好地实现人员、资源和服务的“融合”。例如，创建无缝一站式搜索工具——Fed Search，方便同时获取前国家图书馆、前国家档案馆、各种数据库、解释性文件、在线展品和其他网络资源。Fed Search是LAC关于图书馆、档案馆、网络资源服务集成的最具代表性的可视化策略②。

5.2.2.2 “集中指导—分布存储”

目前，“集中指导—分布存储”的保存模式，在国外大多出现在“机构—机构”联盟合作中。主要代表有美国的LOCKSS项目和欧洲的NEDLIB项目等。美国的LOCKSS项目采取了全局性指导与分布式存储的合作模式。该项目由美国斯坦福大学图书馆发起并组织实施，斯坦福大学图书馆通过LOCKSS网络对开源的并且采取P2P方式采集的数据进行统一的管理，但是种类各异的相关资源皆是分布式存储于各图书馆及出版商等地理位置分散的

① Pandora Overview [EB/OL]. [2013-10-22]. http://pandora.nla.gov.au/overview.html.

② Bak G, Armstrong P. Points of convergence: seamless long-term access to digital publications and archival records at library and archives Canada [J]. Archival Science, 2008, 8(4): 279-293.

计算机服务器上①。欧洲的 NEDLIB 项目是“集中指导—分布存储”专题合作的代表，其合作主要协商利用开放存档信息系统模型，通过建立电子出版物存储系统开发共享的基础设施、功能设计标准框架等工作，共同寻求保存和利用关于数字出版物的解决方法。其中，荷兰国家图书馆起到了主要的指导与示范的作用：该馆通过一系列数字资源保存实验仿真、经验指南汇集和系统搭建的方法，为其他合作方提供指导；其他图书馆分别负责呈交合作保存技术的经验以及参与探讨保存政策标准等内容，如图 5-6 所示。

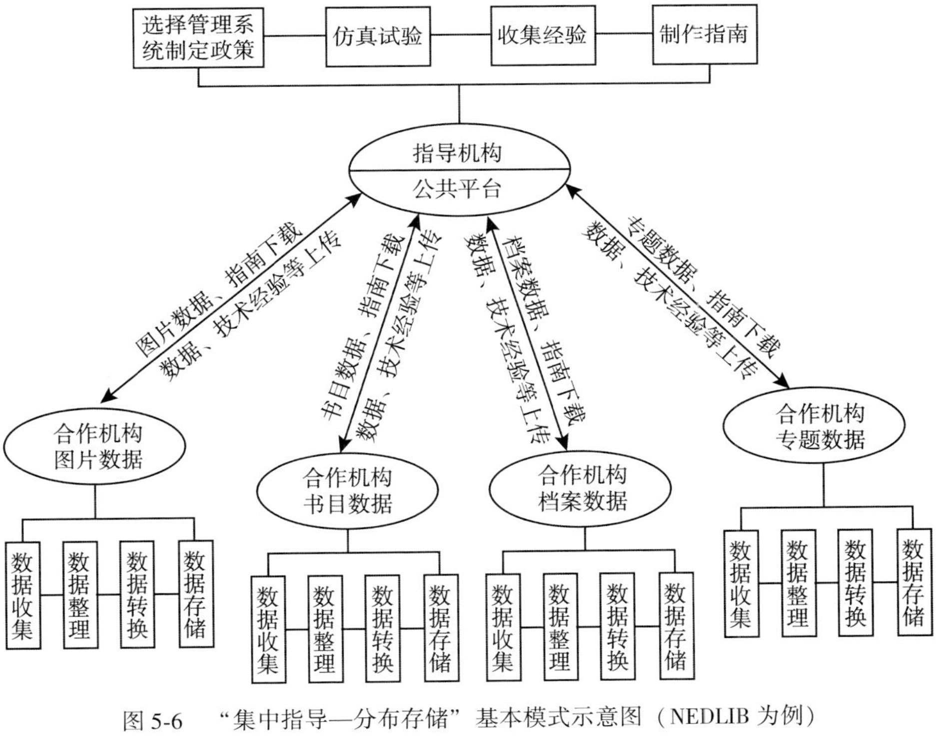

图 5-6 “集中指导—分布存储”基本模式示意图（NEDLIB 为例）

① What is LOCKSS? [EB/OL]. [2013-10-24]. http://www.lockss.org/about/what-is-lockss/.

5.2.2.3 “分散存储—集中整合”

“分散存储—集中整合”的合作保存模式，主要出现在一些较为松散的“机构—机构”的联盟合作中。这些联盟合作的主要侧重点在于多方收集信息资源，通过规范的数据集中整合流程保证资源保存形式的一致性，便于更新以及为用户集中揭示资源。

Europeana 欧洲数字图书馆计划是“分散存储—集中整合”全方位数字资源与专题资源合作并存的典范，如图 5-7 所示。Europeana 欧洲数字图书馆计划侧重于在欧洲图书馆、档案馆和博物馆中保存所有欧洲文明相关的收藏品。Europeana 的发展汇集多领域多个机构和组织的努力，不仅包括个人（例如，Giedre Asin Marco，是一位自由职业者）、小型文化组织（例如，NALIS 基金会等）、高校（例如，眼睛电影学院等），而且有较大的公共或专业文化机构或者联盟（例如，国际图联，欧洲广播联盟，芬兰、葡萄牙等各个国家的图书馆等）参与①。其合作的内容涵盖了基础元数据的提供、发展策略的提出和具体技术问题的解决等全方位的合作。同时，该馆还鼓励机构参与其馆内的特色资源专题的建设，在专题资源上创建多方共建机会②。该合作项目通过几个专题网站揭示数字资源，包括：（1）欧洲数位图书馆专业网站（Europeana Profeesional）。这是一个专门针对参与欧洲数字图书馆项目的，联系文化遗产人员和技术人员的网站。其中的资源主要是技术信息、元数据标准和案例分析。（2）欧洲数字图书馆门户网站（The Europeana portal）。通过该门户网站可以搜索到欧洲范围内，博物馆、图书馆、档案馆和艺术馆等机构的数字资源。（3）虚拟展品（Virtual Exhibitions），展示收藏品的特色集锦；（4）1914—1918 专题资源（The Europeana 1914—1918），该专题资源是关于第一次世界大战期间社会团体贡献的内容的汇集；（5）1989

① Europeana partners [EB/OL]. [2013-11-01]. http://pro. europeana. eu/web/guest/about/partners.

② Europeana. About us/Who we are [EB/OL]. [2013-11-03]. http://pro. europeana. eu/web/guest/about.

专题（The Europeana 1989），收集东欧剧变（the fall of the Iron Curtain）中的历史事件和大事记，并重建在线的波罗的海之路（the Baltic Way）。

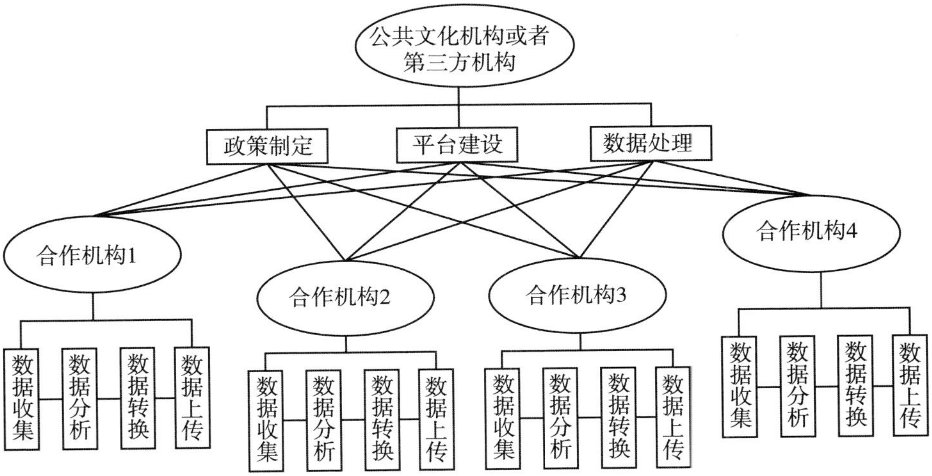

图 5-7 “分散存储—集中整合”基本模式示意图（以 Europeana 为例）

5.2.3 国外公共数字文化资源合作保存的特点

5.2.3.1 图书馆发挥着主导作用

在对国外合作保存已有案例的研究中发现，大多数成功实现多机构合作保存计划或者正在实行的相关计划离不开公共图书馆或者高校图书馆的主导。鉴于图书馆的功能或者已有合作经验，其在合作保存过程中，或者是统领全局的策划者，或者是计划实施的责任方，或者二者兼之。这不仅推动了图书馆功能的扩展，也有利于各机构能够步调一致地共同践行公共服务精神。

5.2.3.2 合作保存主体的多元化

合作保存主体没有界限或者规定，其范围从横向到纵向充斥着社会各阶层、各领域的机构、组织或者个人的身影；横向来看，虽然公共文化机构往往是倡导者，是组织者，是主要实践者，但是政府机构、大型企业、非营利组织、各式协会甚至个人都是合作保存的参与方之一，都是合作保存得以实现必不可少的因素；纵向来看，合作保存已经打破了固有的国家界限，各国都在积极寻求同周边国家的合作；同时国家内部的地域范围也在积极探索合作保存甚至是创造资源相互整合的机遇。

5.2.3.3 合作保存对象的同级化

合作保存的对象虽然没有阶级阶层之分，但是从目前已有合作保存的案例来看，全方位合作主要是同级之间的合作，层级间的合作主要还是以某一专题或专项的合作为主。这也是由公共服务机构合作能力与其主要服务内容决定的。某一国家级的公共服务机构参与国家级合作项目时往往着眼于整个国家，固然需要与各个地域以某一专项为主的合作，然而其与其他国家级公共服务机构合作能更好地实现宏观资源的掌控与管理。

5.2.3.4 合作保存内容的趋同化

国外各国数字资源的合作保存内容在 20 世纪末零星出现的时候，并没有倡导过合作保存的内容应该包括哪些数字资源，如何保存，仅有的几个项目在合作保存过程中内容侧重点不尽相同。经过多年的实践，随着合作保存技术的不断完善，数字资源合作保存的内容更加丰富和多面，但是对于各国的项目来说，尤其是对“一站式”服务的追求，近些年来对整合的资源内容追求却是趋同的。

5.2.3.5 合作保存形式的多样化

国外各国数字资源的合作保存形式与合作保存内容恰好相反，日渐趋向多样化。根据不同情况，各国合作保存形式并不囿于国家层面，从国家范围内的合作保存到国家与国家间的合作保存，以及国家公共服务机构的整合各国都做了大胆的尝试。

5.3 我国数字信息长期保存政策的制定

5.3.1 争取政府支持

欧洲委员会于 2001 年 11 月起资助了电子资源保存与存取网（The Electronic Resource Preservation and Access Network，ERPANET）项目，旨在建立对文化遗产与科学信息进行长期保存的可扩展的欧洲联盟，建立保存文化遗产和科学数字对象领域的虚拟数据交换中心和知识存储库。该项目由来自英国、荷兰、意大利和瑞士的博物馆、图书馆、档案馆、信息交流技术和软件行业、研究机构、政府组织以及商业机构等合作进行①。

2005 年 5 月，美国国会图书馆和自然科学基金会合作向 10 所大学颁发了 300 万美元的奖金以表彰其在数字信息长期管理领域的先锋研究，这是它们合作资助的第一个数字保存项目的成果。1994 年底，美国保护与存取委员会（Commission on Preservation and Access，CPA）与美国研究图书馆组织（RLG）组建了一个数字信息档案化特别工作组，负责调研与推荐能确保"数字式电子格式文件未来连续存取"的方法②。该工作组发布的最终报告设想了一个国家数字档案系统，指出数字档案馆与数字图书馆在长期存在数字信息这一方面有着明显的不同。报告总结出一系列委员会与研究图书馆团体需要采取的措施，包括：向全国现有的或建设中的数字档案馆征求方案，在一个合作项目中为挑选的合作伙伴提供服务，以保证早期数字化时期的信息资源在一个时期的可用性；保证为发展数字档案馆的资金与赞助商的公开竞争，尤其要消除数字信息保存的法律及经济障碍；在档案保存的技术应用

① About ERPANET [EB/OL]. [2008-01-11]. http：//www. erpanet. org/about. php.

② Gregory W. Lawrence, William R. Kehoe. Risk Management of Digital Information：A File Moment Investigation [EB/OL]. [2008-01-11]. http：//www. clir. org/pubs/reports/pub93/contents. html.

在服务方面，培育实际的实践和示范项目；为设计和发展国家信息基础结构，积极致力于国家政策效力方面，保证信息的长寿是一个明确目标；为发展有效的自动防止故障性结构（fail-safe），资助一个合法的研究机构进行白皮书的准备；组织好来自不同学科领域的专业社团的代表，以引出关于特定信息的创建与经费来源的创造性建议；在相应的机构和个人中建立一个作为数字档案馆的数字信息集合的标准、准则和结构的目录；为协调美国数字保存的创始计划与其他国家的类似项目，确定一个执行协调任务的行政机构；确定当前最好的实践和费用水准基点，包括：设计归档系统、巨量的有文化价值的数字信息集合，描述和管理数字信息的要求标准，有文化价值的数字信息的迁移通道（migration paths）。①

英国联合信息系统委员会（JISC）2000—2006年资助了“数字保存与记录管理”（Digital Preservation and Records Management，DPRM）项目，项目的目标有：确定与英国高等教育相关的数字信息资源的长期保存策略并监督其实施，提出以英国为主的各种媒体的数字资源保护和记录管理相关的建议、政策与策略，支持并联合资助世界范围内数字保存领域的适当的机构间的合作，对JISC就数字保存与记录管理提供咨询，管理JISC的电子与纸质记录②。

澳大利亚国家的“保存对数字信息的存取”（Preserving Access to Digital Information，PADI）创始计划网站列举了世界各国关于数字信息资源保存的政策、策略与指南③。

我国已经开展的各项文化记忆项目积累了丰富的实践经验，储备了丰富

① Preserving Digital Information Report of the Task Force on Archiving of Digital Information [EB/OL]. [2008-01-11]. http://www.rlg.org/legacy/ftpd/pub/archtf/final-report.pdf.

② Digital preservation and records management programme [EB/OL]. [2008-01-11]. http://www.jisc.ac.uk/whatwedo/programmes/programme_preservation.aspx.

③ Policies, Strategies & Guidelines [EB/OL]. [2008-01-11]. http://www.nla.gov.au/padi/format/policy.html.

的文化资源，并在技术上进行了必要的探索，为在国家层面系统实施文化记忆项目、开展数字信息长期保存项目奠定了基础。分析国外数字信息保存政策，笔者认为最重要的是，结合我国具体实际，由政府统一协调、统筹规划，做好顶层设计。

数字资源长期保存是对整个国家科学研究、民族文化遗产的全面保存，在国家层面进行统筹规划、宏观管理与指导是项目实施的必要基础。一方面，要由国家文化行政主管部门牵头，协调相关部门，共同制定我国数字资源长期保存的总体规划，对项目的统筹管理可充分发挥并利用我国的制度优势，建立由上到下的层级项目管理体系。同时，中央财政应为国家数字资源长期保存的实施提供必备的资金、政策等各方面的支持，尤其是在项目建设初期，应以政府投入为主，在项目建设相对稳定或成熟后再积极吸纳社会力量参与建设。另一方面，要做好与已有数字资源长期保存项目的衔接，在继续做好国内已有的数字资源长期保存项目、体现地域及行业特色的基础上，在统一规划的框架下，将这些项目的丰富资源纳入国家层面的数字资源长期保存建设，避免资源重复建设，还应加强与已有的重大文化工程的合作，包括文化共享工程、中华古籍保护计划、民国文献保护计划、数字图书馆推广工程等，充分借鉴并利用这些工程实施中积累的经验、技术、资源等，集合成熟力量实现对我国数字文化信息资源的保存与利用。

5.3.2 明确数字信息资源保存的相关主体

数字资源长期保存是一项复杂而系统性的工作，建立和完善数字资源长期保存责任体系和合作机制势在必行。明确数字资源长期保存责任体系的责任主体及其责任范围，建立良好的合作模式是开展数字资源长期保存的前提。

联合国教科文组织 2003 年颁布的《保护数字遗产宪章》① 明确指出会

---

① Report By The Director-General On a Revised Draft On The Preservation Of The Digital Heritag [EB/OL]. [2014-02-20]. http://unesdoc.unesco.org/images/0012/001296/129679e.pdf.

员国制定一个或者几个机构负责协调数字遗产的保护工作，鼓励硬件和软件的开发者、数字资料的创制者、出版商、出品人、发行人以及其他私营部门的合作伙伴与国家图书馆、档案馆、博物馆和其他公共遗产组织通力合作，加强相关的机构和专业协会之间交流经验、共享知识。数字遗产的保存还需要政府部门、相关企业和遗产机构进行不断的努力。LeFurgy① 结合美国国会图书馆 NDIIPP 项目指出数字资源长期保存的主体包括图书馆、档案馆和政府机构等。国际数字资源保存联盟（IIPC）② 通过对保存主体的调查发现，现有的数字资源保存主体中 50%是国家图书馆、10%为高校图书馆、其他类型图书馆占 8%、国家档案馆占 3%、内容提供商为 3%、其余的 26%是研究机构和政府组织。从保存的角色划分上看，Lavoie③ 将数字信息保存分为生产者、保存者、保存用户、决策者和投资者，并将其划分为拥有数字资源产权的所有者，提供服务以确保数字信息长期存取者，以及数字资源长期保存的受益者三个利益团体。当前数字信息资源长期保存的主体主要有以下几种：

（1）国家图书馆

保存人类文献资源一直是图书馆的重要职责，国家图书馆尤其如此。澳大利亚网络信息保存研究工作者为代表的学者认为，作为传统文献保存机构的图书馆、档案馆应当负有保存网络信息的重要责任。2002 年 6 月 27 日，国际图联在其与国际出版社协会发表的《永久保存世界记忆：关于保存数字化信息的联合声明》（IFLA/ IPA Preserving the Memory of the World in Perpetuity：A Joint Statement on Archiving and Preserving Digital Information）中

---

① LeFurgy M. Building preservation partnerships：The Library of Congress National digital information infrastructure and preservation program [J]. Library Trends. 2005，54（1）：163-172.

② Grotke A. IIPC Membership Report [R]. Canberra：IIPC General Assembly Meeting，2008；周毅．论网络信息存档权及其生成 [J]. 中国图书馆学报，2011，37（1）：102-108.

③ Lavoie B F. The Incentives to Preserve Digital Materials ：Roles，Scenarios，And Economic Decisi0n-Making [EB/OL]. [2014-02-20]. http：//www. oclc. org/research/projects/digipres/incentives-dp. pdf.

也指出，“出版机构承诺短期保存他们出版的数字形式的出版物，而图书馆则应通过与出版机构的协商，承担起长期保存这类出版物的责任”。“各国的国家图书馆是获取和保存各国这类形式出版物的最佳场所，实际上许多的国家图书馆也正在从事这项工作，国家图书馆与其他一些主要图书馆和图书馆组织应该担负起长期保存数字信息的主要责任。”①

澳大利亚国家图书馆早在 1996 年就制定了《澳大利亚电子出版物的国家策略》，当时的重点是放在光盘文献上，随后启动了著名的 PANDORA 数字保存项目，目前已经建设成用户可以直接访问的国家联机出版物知识库。澳大利亚国家图书馆认识到长期存储因特网上重要的联机出版物远非单个图书馆可以完成的，因此联合了 7 家州级图书馆，形成了分布式的保存网络——国家模型。PANDORA 站点成为其重要的组成部分。

美国国会图书馆已开始收集同时代的数字形式的文献。2003 年初国会图书馆通过了国家数字信息基础设施和保存规划（National Digital Information Infrastructure and Preservation Infrastructure，简称 NDIIPP），获得 1 亿美元来发展、设计和实现国家的数字资源长期保存基础结构。

荷兰国家图书馆早在 1994 年就将保存电子出版物作为其重要职能之一。1998 年参加了欧洲国家图书馆合作项目 NEDLIB，积极研究相关机制。与 IBM 公司合作，从 2001 年起开始建立电子出版物存储系统 e-deposit，最新系统于 2003 年 1 月启用。1999 年与荷兰出版协会达成了关于存储联机和脱机出版物的一个总协议，为国家图书馆开展存储电子出版物活动奠定了基础。2002 年 8 月和 2003 年 5 月，分别与 Elsevier Science 公司和 Kluwer 公司正式签署长期保存其联机期刊和电子图书的协议，接受该公司缴送的 1500 种超过 7TB 的电子期刊。这是一种典型的建立国家存档的行为，最大程度地保障了国家的公共利益②。

---

① 永久保存世界记忆：关于保存数字化信息的联合声明［EB/OL］. http：//www. ifla. org/V/press/ifla-ipa02-cn. pdf.

② 王志庚，赫守真 . 网络文献保存的实践和课题［J］. 国家图书馆学刊，2004（2）：23-29.

英国、法国、加拿大等国的国家图书馆，以及一些专业性公共图书馆，如美国医学图书馆等也都在其数字图书馆建设中不同程度地开展了数字资源的长期保存活动。

（2）高校图书馆

数字图书馆应用的数字资源，有大量来自网络上的海量数字资源，而其中最具保存价值的应当是学术性资源。而这些资源通常来源于和应用于高校，所以高校图书馆应成为长期保存活动中不可忽视的主力。比较有典型代表意义的有以下图书馆。

加州大学建设了世界著名的加州数字图书馆（California Digital Library, CDL）。CDL 已实施 e-Scholarship 计划①，使其成为全校数字资源保存中心。在该计划中，CDL 在各学院图书馆、研究机构、实验室以及博物馆建有节点，为用户提供本地化专门的保存服务，同时依据 CDL 分布式系统结构支持公共保存需要。该系统保存的内容包括其员工所创造的数据集、预印本以及其学院图书馆不收藏的资料。

麻省理工学院图书馆与美国惠普公司合作，于 2002 年底建立并正式启动了新型多媒体数字图书馆系统 Dspace，这是一个获取、传播和保存该校智力产出的数字图书馆。该系统具备处理该校教师和研究人员每年完成的总计 1 万多份数字化科研成果的能力。该校的员工按照 Dspace 提供的提交页面可直接与图书馆工作人员联系，将自己的成果数字化并长期存储在该系统中；最终用户可以通过它访问和查询图书馆收藏的论文；而研究单位可以对本单位的数字化科研产出进行统一地管理和使用。该图书馆已运用 Dspace 概念发展了研究图书馆 Dspace 联盟。

英国剑桥大学图书馆与该校计算机服务中心合作，加入了 Dspace 联盟启动项目，正在建立 Dspace@ Cambrige 存储库。该项目从 2002 年底开始，计划到 2005 年建成。此系统将存储剑桥大学图书馆自己数字化的资料和该

---

① CDL e-Scholarship [EB/OL]. [2008-01-11]. http：//www. cdlib. org/programs/escholarship. html.

校其他机构创造的数字资源。该馆还参加了已经结项的“数字档案卷曲典范”(curl exemplars in digital archives，简称 cedars) 等长期保存项目①。

此外还有哈佛大学、斯坦福大学等大学的图书馆开展了数字资源长期保存的活动。哈佛大学有 100 来个图书馆，每个图书馆都有责任选择需要保存的资源。斯坦福大学图书馆建立了一个长期保存自产和外购数字资源的数字知识库，还开发了数字典藏的“多备份资源保存”(Lots of Copies Keep Stuff Safe，LOCKSS) 系统，致力于解决电子期刊的保存和利用的相关技术问题等②。

(3) 出版商等数字信息资源的生产者

以美国数字信息归档特别工作组为代表的学者强调避免有价值的数字信息丢失的第一道防线应该是网络信息的形成者、提供者与拥有者的责任上，数字信息只有在其产生的环境里加以保存和维护才是最经济的③。

在数字环境下，出版商也开始涉足保存领域，而且在保存方面起到关键作用。对于数字资源，出版商通常仅提供给各订购者对数字资源的使用权。在这种情况下，出版商无疑就需要承担对数字资源的维护任务。但是否提供长期保存，并没有普遍的做法。目前有不少数据库商提供若干年的回溯数据，在合同期内他们必须要保证这些资源的可使用性，如 Elsevier，EI，IEEE 等公司都保证用户可以回溯检索其一定时期的出版物，这种保证是其商业动作的一部分，具有一定的保存意义，但还不能说是一种长期保存行为。面对订购方越来越重视数字资源长期存取的发展趋势，不少出版商开始寻求可靠的第三方承担长期保存的责任。也有的出版商应要求给予订购方对所购资源的永久使用权，实施了一种长期保存的行为。

---

① cedars Homepage [EB/OL]. [2008-01-11]. http://www.leeds.ac.uk/cedars.

② 宛玲. 国外数字资源长期保存的最新发展及对我国的启示 [J]. 中国图书馆学报，2004 (2)：22-26.

③ Johan Mannerheim. The WWW and Our Digital Heritage-the New Preservation Tasks of the Library Community. 66th IFLA Council and General Conference Proceedings，2000 [EB/OL]. [2008-01-11]. http://www.ifla.org/IV/ifla66/papers/158-157e.htm.

2002年国际图联（IFLA）和国家出版者协会（IPA）共同发布《IFLA/IPA：永久保存世界记忆——关于数字信息存档与保存的联合声明》①。声明指出：保存数字信息成为图书馆和出版机构日益紧迫的工作，图书馆有长期保存所藏文献的传统，并抢救了物质形态文献中所存储的许多信息。因此保存数字信息的责任更多地落在了图书馆的肩上，信息收集者和出版机构有责任保存数字信息，但行动较为分散，缺乏经费投入。出版者承诺短期保存他们出版的数字形式的出版物，而图书馆则应通过与出版机构的协商，承担起长期保存出版物的责任。Hodge② 认为出版者应该参与数字信息长期保存标准的建设中，如果数字信息在生产过程中就注重格式、标准和元数据的统一，就会方便数字信息的存取和共享。在出版商的实际保存活动现状的研究中，赵俊玲③通过网站调查和内容分析的方法调查了99家数据库商的数字保存行为，调查发现数据库商具有一定的数字保存意识，近一半的数据库商开展的数字保存活动，而在自己保存、授权使用者保存和委托第三方保存三种模式中，第三种模式最适应当前数据库商的运行模式。

（4）非营利信息机构

并非所有大学甚至包括一些著名大学都提供长期保存服务，许多出版商既不承诺进行长期保存，也没有选择第三方实施或授权于订购方，而目前社会上又没有一种提供这种服务的机制，因而许多数字资源找不到长期保存的归宿。在这种背景下，一些非营利机构开始了有益的尝试。最有名的有美国的OCLC和RLG，它们正为其成员单位开展长期保存成员单位数据的服务。

---

① IFLA I P A. Preserving the Memory of the World in Perpetuity：a joint statement on the archiving and preserving of digital information [EB/OL]. [2014-02-20]. http：//www. ifla. org/V/press/ifla-ipa02. html.

② Hodge G M. Best Practices for Digital Archiving：an Information Life Cycle Approach. D-Lib Magazine，2000，6（1）[J/OL]. [2014-02-20]. http：//www. dlib. org/dlib/january00/01hodge. html.

③ 赵俊玲，马环，宛玲．国外数据库商的数字保存行为研究 [J]. 图书馆建设，2011（6）：24-27.

5.3.3 数字信息资源合作保存

5.3.3.1 组织模式

现行的数字资源长期保存主要采用三种组织模式，分别是机构独立组织模式、合作保存模式以及第三方授权保存模式。其中合作保存模式是当前数字信息保存的发展趋势，并呈现出多种合作形态，从合作主体来看，可以分为保存方之间的合作，保存方与其他机构之间的合作以及第三方合作模式。

由于经费、技术等条件的限制，单个数字信息保存方单凭自己的能力无法实现数字信息的全面保存，采用联合的保存方式，实现保存平台和信息资源的共享式是当前保存的重要策略。伍进平①将保存方合作分为集中分布式合作、平等分布式合作和高度分布式合作，分别从合作背景、合作管理、保存方式、合作经费和合作特点五个方面比较三种合作保存模式的不同，并指出我国在保存方合作中缺乏长期的保存体系和计划等相关问题。赵俊玲②通过分析澳大利亚 pandora 项目指出数字信息归档系统最有效和可行的办法是构建一个分散的而不是集中的框架来收集信息对象，保存长期完整性，保证未来的使用，这种分散的框架有助于将保存任务赋予那些对数字对象非常关注，并且能深入理解数字信息价值的机构。郎玉林③认为数字信息长期保存是图书馆联盟深化联合的重要活动，也是图书馆联盟通过运用合作优势提升服务质量、强化核心业务的大势所趋，是更好履行社会责任的内在要求。图书馆应依托联盟平台对内激励联盟成员参与力度，利用联盟合作整合资源优化保存结构；对外借助联盟平台推进技术研究并与国际接轨，通过实践完善

① 伍进平．数字资源合作保存研究［D］．郑州：郑州大学，2010：19-42.

② 赵俊玲．澳大利亚网络信息保存项目 PANDORA 及其启示［J］．情报理论与实践，2004（5）：552-554.

③ 郎玉林．数字信息资源长期保存的联盟策略探析［J］．图书馆学研究，2013（6）：60-62.

保存政策及制度，推进数字信息长期保存的良性发展。李卓卓①归纳了在云仓储环境下图书馆联盟数字资源保存的三种合作模式，即数字资源合作保存前置化，存储与保管并重的长期保存，跨系统宽领域的长期保存。并通过建设支持多种移动终端的资源整合和利用平台、构建私有云平台和提供个性化服务来实现。Webb② 总结了数字资源合作保存的优势，包括获取更广泛的专业知识、平摊保存成本、获取相关工具和系统，扩大保存对象，减少投资浪费、共享与出版商达成的协议、共享同一标准等。

保存方与其他机构的合作是整个合作模式研究的重点，其合作机构包括数字出版商、政府、研究性机构和软硬件设备商，以及数字信息生产者个人。赵俊玲③指出新的知识产权法对数字文献的知识产权持肯定的态度，网络信息资源同其他任何出版物一样都受到知识产权的保护。在当前的法律框架下，网络信息归档系统没有权利复制和使用网络信息，也没有权利对原先收藏的网络信息进行格式转换，这就要求与出版者进行广泛的合作协商，在保证他们利益的前提下，保存网络信息资源并提供存取。Hyuckbin Kwon④通过调查发现政府数字信息的保存需要联合图书馆员、档案馆员、档案管理人员、IT 技术人员等相关主体。同时这种联合又面临着一些问题，包括不同的兴趣偏好和专业背景，缺少对问题和价值的共同理解以及语言方面的障碍，其提议建立一个州政府信息保存联盟用以解决在保存合作中出现的问

① 李卓卓，沈妍．云仓储环境下图书馆联盟数字资源长期保存［J］. 图书情报工作，2013（14）：45- 49，113.

② Webb C. Digital preservation-a many layered thing：experience at the national library of Australia［EB/OL］.［2014-02-20］. http：//www. clir. org/pubs/reports/pub107/webb. html.

③ 赵俊玲．澳大利亚网络信息保存项目 PANDORA 及其启示［J］. 情报理论与实践，2004（5）：552-554.

④ Kwon H，Pardo T A，Burke G B. Interorganizational collaboration and community building for the preservation of state government digital information：Lessons from NDIIPP state partnership initiative［J］. Government Information Quarterly，2009（26）：186-192.

题。基于这种模式，国外成立了许多数字保存联盟，DataPASS①（社会科学数据保存联盟）是由美国五个致力于保存社会科学研究机构组成，其中信息的识别、采集和选择是 DataPASS 合作保存最为重要和基础的工作，其合作者可以浏览和下载所有的资源。LOCKSS② 项目致力于解决电子期刊的长期保存问题，通过建立出版商与图书馆、图书馆与图书馆之间的协作平台来解决电子期刊从出版到利用直到长期保存等一系列问题，图书馆按许可协议使用出版商提供的数字化资源，同时出版社通过 LOCKSS 系统与图书馆在许多方面保持合作。Maniatis③ 和 Reich ④分别详细介绍了 LOCKSS 项目的设计原理、运行规则等相关情况。Anderson ⑤总结 NDIIPP 成功的经验认为成立一个国家数字保存联盟来协调图书馆、档案馆、商业公司、科学家、技术服务开发者、研究者、用户之间的关系，进行分布式合作是切实可行组织模式。基于这种保存模式的组织还包括 ADPNet⑥，CLOCKSS⑦，PeDALS⑧等。

---

① Overview of the Project [EB/OL]. [2014-02-20]. http：//www.icpsr.umich.edu/Icpsrweb/DATAPASS/about.jsp.

② Lots of Copies Keep Stuff Safe [EB/OL]. [2014-02-20]. http：//lockss.stanford.edu/.

③ Maniatis P, Roussopoulos M, Giuli T J, et al. The LOCKSS Peer-to-Peer Digital Preservation System [EB/OL]. [2014-02-20]. http：//showit.3gnow.ru/other/DVD-011/_ACM_TransaCti-ons_on_computer_systems_（Vol._23，_No._1，_February_2005）_（2005）(en)（110s）.pdf.

④ Reich V, Rosenthal D S H. Rosenthal. LOCKSS：A Permanent Web Publishing and Access System [EB/OL]. [2014-02-20]. http：//webdoc.sub.gwdg.de/edoc/aw/d-lib/dlib/june01/reich/06reich.html.

⑤ Anderson M, Gallinger M, Potter A. The National Digital Stewardship Alliance Charter：Enabling Collaboration to Archieve National Digital Preservation [EB/OL]. [2014-02-20]. http：//www.cdlib.org/iPres/presentations/AndersonM.pdf.

⑥ About ADPNet [EB/OL]. [2014-02-20]. http：//www.adpn.org/.

⑦ CLOCKSS：A Trusted Community-Governed Archive [EB/OL]. [2014-02-20]. http：//www.clockss.org/clockss/Home.

⑧ Persistent Digital Archives and Library System [EB/OL]. [2014-02-20]. http：//www.pedalspreservation.org/.

第三方合作模式。第三方是指除数字资源生产方、数字资源购买方以外，为数字资源的长期保存提供技术、资金资助和管理的机构或组织。目前对于第三方的研究主要集中在对 Portico① 项目的研究上。Portico 作为第三方的资源保存机构为图书馆和出版商服务，其合作机构包括 900 多家图书馆和 260 多家出版社，囊括了商业性出版商、大学出版社及学协会出版社。通过直接与出版商图书馆签订保存许可协议，Portico 一方面从出版商那里获取源文件，把不同的文件转换成标准的可长期使用的存储格式；另一方面 Portico 为图书馆保存其所采购的数字资源并在突发条件下为其提供数字资源的访问权。在国内外的研究中，对 Portico 项目经验推荐是其研究的重点。国外的 Kirchhoff②、Fenton③、Orphan④，以及国内的宾锋⑤、姚飞⑥、丁艳君⑦等分别对 Portico 的保存模式、工作原理以及功能架构等进行了相关的研究。此外 Morrissey⑧ 分别从期刊保存的标签集以及 XML 语言在其应用两个方面研究 Portico 项目具体的运行机制与工作流。在与其他合作模式的比较中，

---

① Portico [EB/OL]. [2014-02-20]. http://www.portico.co.uk//.

② Kirchhoff A J. Expanding the Preservation Network: Lessons from Portico [J]. Library Trends, 2009, 57 (3): 476-489.

③ Fenton E. Portico: An Electronic Archiving Service [EB/OL]. [2014-02-20]. http://www.ecommons.cornell.edu/handle/1813/3684.

④ Kirchhoff A, Fenton E, Orphan S, et al. Becoming A Certified Trustworthy Digital Repository: the Portico Experience [EB/OL]. [2014-02-20]. http://ifs.tuwien.ac.at/dp/ipres2010/papers/Kirchhoff-35.pdf.

⑤ 宾锋. 电子期刊长期保存模式 LOCKSS 和 Portico 比较研究 [J]. 情报探索, 2009 (5): 63-65.

⑥ 姚飞, 姜爱蓉. 第三方存储 Portico 的技术研究 [J]. 图书馆杂志, 2011 (8): 73-78.

⑦ 丁艳君, 郑建程. Portico: 第三方数字资源长期保存模式初探 [J]. 图书馆工作研究, 2009 (3): 74-78.

⑧ Morrissey S, Meyer J, Bhattarai S, et al. Portico: A Case Study in the Use of XML for the Long-Term Preservation of Digital Artifacts [EB/OL]. [2014-02-20]. http://www.balisage.net/Proceedings/vol6/print/Morrissey01/BalisageVol6-Morrissey01.html.

Reilly ①、孙艳②将 Portico 项目和 LOCKSS 项目进行对比，但侧重点不同。前者主要通过审查的方式来分析二者的差异，而后者主要从组成模式、运作方式、工作原理、可靠性和费用等五个方面比较了 Portico 项目和 LOCKSS 项目的优劣势，并指出后者更适用我国数字信息长期保存项目。此外，荷兰国家图书馆的 e-Depot③ 也是基于第三方的数字保存模式项目，Marcel Ras④、Oltmans⑤⑥ 等分别从保存政策、组织形式、技术以及人员配置等方面来介绍该项目的运行经验，而国内对于 e-Depot 项目的专门研究较少，大多基于项目介绍，内容和形式较为简单。

5.3.3.2 合作主体

(1) 图书馆之间的合作

中国国家图书馆已与英国国家图书馆就交换图书出版信息和书目数据、数字资源永久保存的合作、英方为中方培训西文善本修复人员等议题进行了深入的讨论并达成初步意向。

(2) 图书馆与档案馆之间的合作

德国的数字保存合作项目 kopal 的目标是：对用于数字资源的长期存档

① Reilly B F, Jr. Summary of the test audits of Portico and LOCKSS [EB/OL]. [2014-02-20]. http://docserver.ingentaconnect.com/Deliver/connect/charleston/15254011/v9n3/s20.pdf? expires = 1402366542&id = 78385824&titleid = 75002231&accname = Wuhan + University&checksum = 63A7D86E5EE016285BE61EDC10B357F0.

② 孙艳，马炳厚，王栋．LOCKSS 还是 Portico——谈图书馆电子资源的长期保存[J]. 图书馆建设，2010 (1)：47-49.

③ e-Depot [EB/OL]. [2014-02-20]. http://www.edna.nl/.

④ Ras M. The international e-Depot to guarantee permanent access to scholarly publications [EB/OL]. [2014-02-20]. http://93.63.166.138:8080/Dspace/bitstream/2012/106/3/Ras-Marcel-CH2012—The%20international%20e-Depot%20to%20guarantee%20permanent%20access%20to%20scholarly%20publications_CC.pdf.

⑤ Oltmans E, Van Wijngaarden H. The KB e-Depot digital archiving policy [EB/OL]. [2014-02-20]. http://eprints.rclis.org/9206/1/oltmans_vanwijngaarden_final_web.pdf.

⑥ Oltmans E, Lemmen A. The e-Depot at the National Library of the Netherlands [EB/OL]. [2014-2-20]. http://uksg.metapress.com/content/4rh6yvakxthhkuf1/fulltext.pdf.

系统进行合作创建与运行的测试与执行，该系统将遵循长期保存的国际标准，元数据在 OAIS 框架内。该项目的合作者有：德国国家图书馆（Die Deutsche Bibliothek，DDB），Gottingen State and University Library（SUB Gottingen），IBM Deutschland GmbH and the Gesellschaft fur wissenschaftliche Datenverarbeitung mbH Gottingen（GWDG）①。

美国国会图书馆和澳大利亚、加拿大、丹麦、芬兰、法国、冰岛、意大利、挪威、瑞典以及英国的国家图书馆、因特网档案馆（Internet Archive）一起组建了国际因特网保存联盟（International Internet Preservation Consortium，简称 IIPC），该项目体现了国际图书馆与档案馆之间的数字资源保存合作②。

（3）图书馆与出版社的合作

前文所述的国际图联《永久保存世界记忆：关于保存数字化信息的联合声明》指出，“出版机构和图书馆工作小组将进一步开展有关数字信息保存方面相关的技术、经济和政策问题方面的合作，其中包括在合适的条件下成立与其他相关组织协同工作的统一机构”③。

（4）更广泛的合作

美国 NDIIPP 项目的参与者有 OCLC、因特网档案馆、弗吉尼亚州立大学图书馆、亚利桑那与威斯康星等 5 个州的图书馆联盟、伊利诺伊大学香槟分校图书情报学院、美国国家超级计算应用中心、马里兰大学 Robert H. Smith 商学院、联邦政府机构、公司等。在该项目中，美国最大的两个公共电视内容生产商——教育广播公司（Educational Broadcasting Corporation，EBC）与

① Reinhard Altenhöner. Data for the future: The German project “Co-operative development of a long-term digital information archive”[J]. Library Hi Tech, 2006, 24 (4): 574.

② International Internet Preservation Consortium [EB/OL]. [2008-01-14]. http://www.netpreserve.org/about/index.php.

③ 永久保存世界记忆：关于保存数字化信息的联合声明 [EB/OL]. [2008-01-14]. http://www.ifla.org/V/press/ifla-ipa02-cn.pdf.

WGBH 教育基金会（WGBH Educational Foundation，WGBH）和公共广播服务公司（Public Broadcasting Service，PBS）纽约大学合作，制定一个保存数字形态的公共电视节目的程序、结构与标准。

美国国会图书馆除了与 NDIIIPP 参与机构合作外，在数字信息资源收集与保存领域还和 LOCKSS 等项目合作；其在数字信息保存技术工具和服务领域的合作对象还有：圣地亚哥超级计算中心（San Diego Supercomputer Center）和洛斯阿拉莫斯国家实验室；还与一些联盟开展合作，如 LC 是国际因特网保存联盟（IIPC）的发起者之一，还与数字图书馆联盟（Digital Library Federation，DLF）、美国国家档案与记录管理委员会（National Archives and Records Administration）、英国数字保存联盟（The Digital Preservation Coalition，DPC）等开展广泛合作①。

① Index of Partners [EB/OL]. [2008-01-14]. http://www.digitalpreservation.gov/partners/list.html.

6 数字信息资源长期保存活动中的呈缴制度

6.1 数字出版物法定呈缴国际进展

在数字出版物类型越来越广泛、数量增长越来越迅猛的情况下，将其纳入法定呈缴的客体范围已经受到了国际范围的广泛重视。联合国教科文组织（United Nations Educational, Scientific, and Cultural Organization, UNESCO）在1996年发布了《电子出版物法定呈缴》（The Legal deposit of electronic publications），并在2000年发布了《法定呈缴立法指南（修订版）》（Guidelines for legal deposit legislation）①，对数字出版物法定呈缴的相关规则进行了阐述，力图为各国数字出版物法定呈缴立法与实践的开展提供指导。2012年3月，国际图联发布了《对法定呈缴的声明》（IFLA Statement on Legal Deposit）②，对法定呈缴实施应注意的事项进行了说明，其中涉及有关数字出版物法定呈缴的内容。

经过多年发展，国际上数字出版物法定呈缴的立法与实践领域都已经取

---

① Jules Larivihre. Guidelines for legal deposit legislation [EB/OL]. [2013-08-12]. http://unesdoc.unesco.org/images/0012/001214/121413Eo.pdf.

② IFLA Statement on Legal Deposit [R/OL]. [2013-08-12]. http://www.ifla.org/publications/ifla-statement-on-legal-deposit.

得了一定的进展。2009 年，英国国家图书馆曾经对 34 个主要国家的国家图书馆进行过调研，其中有 26 个（76%）提出已经制定、实施了有关电子呈缴的立法（至少包含了对离线电子出版物的法定呈缴）①。探讨这些国家的主要经验，可以为我国相关制度及政策的制定与实施提供参考借鉴。

6.1.1 欧洲地区

欧洲是世界上互联网普及率最高的地区，随着互联网的普及，数字出版物的增长，对其呈缴保存问题受到了广泛重视。欧盟委员会在 2006 年发布了《关于文化资源的数字化和在线获取及数字保存建议》（Commission Recommendation on the digitisation and online accessibility of cultural material and digital preservation）中，建议成员国就保存网页内容进行立法，授权本国法定保存机构通过网页收割技术措施采集和保存互联网资源②。

为了获取出版商对数字出版物法定呈缴的相关认知和意见，欧盟委员会于 2002 年对欧洲的出版商进行了调研③。在该项研究进行过程中，对于开展调查的出版商的选取是有相应的选择程序，为了确保调查选取的出版商有一定的权威性和代表性，调查了 32 家国家图书馆的图书馆员，让图书馆员列出本国比较重要的数字出版商。通过这种方式获得了 184 家欧洲数字出版商。此后由国家图书馆向出版商发放调查问卷。共回收了来自 15 个国家的 39 家出版商的调查问卷。因此，虽然回收的出版商数量不是非常多，但却比较有代表性，能够反映主流的数字出版商对法定呈缴制度相关问题的认知。

---

① British Library: International Survey on Electronic Legal Deposit [R/OL]. [2013-08-12]. http://cdnl.info/2010/CDNL_2010_-_BL_international_survey_on_e-Legal_Deposit.pdf.

② Commission Recommendation on the digitisation and online accessibility of cultural material and digital preservation [R/OL]. [2013-08-12]. http://ec.europa.eu/information_society/activities/digital_libraries/doc/recommendation/new_recommandation28nov11/en_recommendation.pdf.

③ European Commission. Report on current practices among publishers regarding the deposit of digital publications [R/OL]. [2013-08-12]. http://citeseerx.ist.psu.edu/viewdoc/download?doi=10.1.1.170.6073&rep=rep1&type=pdf.

调研结果为欧洲各国制定、修改法定呈缴规定提供了参考建议。现阶段，众多欧洲国家制定了有关数字出版物法定呈缴的法规，或对已有法律进行修订，以满足数字环境的需求。下文中将对欧洲地区代表性国家的数字出版物法定呈缴立法和相关实践进行探讨。需要说明的是，本书中对欧洲地理区域的划分采用的是狭义的划分方法。

6.1.1.1 北欧地区

北欧地区数字出版物法定呈缴相关立法处于发展的前列，一方面是因为该地区社会经济发展水平较高，互联网普及率高，数字信息资源增长迅速，数据显示，北欧地区五国全部排名在世界前十位①；另一方面由于这些国家本身人口数量不多，本国语种使用人群较少，因此各国非常重视对国家文化信息资源产出的保存，这种意识就反映在了国家对数字出版物法定呈缴的立法行动中。

（1）芬兰

2006 年，芬兰《版权法》16b 节生效，其规定国家图书馆有权对公开的信息网络中的作品制作复本，并将其纳入馆藏中。2008 年 1 月实施的《文化资料保存与存档法》（Act on Preserving and Archiving Cultural Material）中，引用了版权法中的相关规定。该法律将所有类型文化遗产的长期保存整合在一起，覆盖了广泛的数字资源，包括了网络上的内容。

《文化资料保存与存档法》中，对于因特网资源（Internet resources）的界定是：在信息网络中可以获得的资源；其覆盖的范围包括：位于芬兰的服务器的资源；向芬兰公众公开的因特网资源②。

《文化资料保存与存档法》中对因特网资源的法定呈缴的实施方式进行了规定：国家图书馆应收集/收割并存储网络上的资源。信息提供者需要确

---

① Top 50 countries with the highest internet penetration rate [EB/OL]. [2013-08-12]. http://www.internetworldstats.com/top25.htm.

② Country Report FINLAND. Annual report to the IFLA CLM committee [EB/OL]. [2013-08-12]. http://www.ifla.org/files/clm/country-reports-2008/finland-2008.pdf.

保资料收割活动的开展，在由于技术措施使得收割活动难以实行的情况下，由信息提供者负责呈缴资料。在法律的支持下，现阶段芬兰国家图书馆已采取了多种网络信息资源收割方式，以能够将更多的数字出版物资源纳入到国家长期保存体系中。

芬兰的法律中规定由多个图书馆共同承担接收法定呈缴资源的职责，所以在通过呈缴方式获得的数字出版物资源的获取方面，法律规定，芬兰国家图书馆可以在本馆馆舍内或其他呈缴图书馆的馆舍内获取，此外还可以通过多个图书馆之间的内部网络（Intranet）进行获取利用。其他对作品进行数字化复制的方式和对其进一步的传播复制都是被禁止的。

（2）丹麦

在丹麦，有两个国家级图书馆承担着保存文献遗产的职责，分别是位于哥本哈根的皇家图书馆（Royal Library）和位于奥胡斯的国家与大学图书馆(State and University Library)①。2004 年，丹麦制定《出版资料法定呈缴法》(2004 Act on Legal Deposit of Published Material)，自 2005 年 7 月起实施。该法将各种类型的出版物资源都纳入呈缴法规的控制范围。法律规定呈缴的对象包括纸本作品、离线数字出版物和在线出版资料以及广播、电视和电影作品。对于在线出版资料，法律允许国家法定呈缴机构采用相关技术手段对因特网上属于丹麦的内容进行自动收割。当网络资料因技术控制措施而无法进行自动采集时，规定出版物资源的所有人需根据法定呈缴机构的书面通知对资料进行呈缴②。

丹麦皇家图书馆和国家与大学图书馆从 2005 年起开始合作采集互联网资源。在采集过程中，综合采用了快照收割（Snapshot harvesting）、选择性收割（Selective harvesting）和事件收割（Event harvesting）等方式。对于呈

---

① Grethe Jacobsen. Web Archiving: Issues and Problems in Collection Building and Access [EB/OL]. [2013-08-12]. http://liber.library.uu.nl/index.php/lq/article/view/7936/8202.

② Act on Legal Deposit of Published Material [EB/OL]. [2013-08-12]. http://www.kb.dk/en/kb/service/pligtaflevering-ISSN/lov.html.

缴机构收集的资源，丹麦的法律中有严格的限制利用的规定，要求收割存档的内容不能提供公共获取，只能用于研究目的，而且出于保护个人信息的原因，在利用之前还必须得到丹麦资料管理局的授权。

（3）其他北欧国家

在挪威，《法定呈缴法》（Norwegian Legal Deposit Act）中规定的呈缴对象包括离线和在线出版物，将静态和动态的数字出版物都包括了进来。呈缴法中规定，制作或进口 50 份以上的电子出版物需要呈缴两个复本给国家图书馆。其中电子出版物载体类型包括硬盘、软盘、光盘、磁带、盒式磁带以及类似的载体等。对于在线出版物，其定义是“通过在线传输、电讯、电视、数据传播网或类似媒体传播的文献，在不同的情况下，应国家图书馆的要求，应予呈缴”①。从 2005 年开始，挪威国家图书馆对因特网上挪威域名下的文献每年都进行一次全面收割，以反映不同阶段挪威互联网的发展情况。对于挪威在因特网上出版的报纸，挪威国家图书馆每天都会收割一次，此外还采取主题收割的方式深度采集获取相关主题的互联网信息资源。

在瑞典，1993 年制定的《法定呈缴法》（Legal Deposit Act of 1993）仅包含了离线数字出版物的呈缴。2002 年 5 月，瑞典政府颁布了一项行政法令，授权瑞典皇家图书馆收割因特网上的瑞典网站，允许在图书馆建筑内对收割的资源提供公共服务②。

6.1.1.2 西欧地区

（1）法国

法国是世界上最早建立实施出版物法定呈缴制度的国家，在数字出版

---

① ACT No. 32 of 9 June 1989 relating to the Legal Deposit of Generally Available Documents [EB/OL]. [2013-08-12]. http://www.nb.no/fag/for-utgivere-og-trykkeri/pliktavlevering/legal-deposit#Instructions.

② New decree for Kulturarw3 [EB/OL]. [2013-08-12]. http://web.archive.org/web/20020803234652/http://www.kb.se/Info/Pressmed/Arkiv/2002/020605_eng.htm.

物法定呈缴领域，法国也走在了前列。2006年法国议会通过了《信息社会中的版权与相关权法》（droit d'auteur et aux droits voisins dans la société de l'information，DADVSI law），相关条款规定了对网络内容进行呈缴的法律框架。法国国家图书馆（La Bibliothèque nationale de France，BnF）和国家音像资料中心（Institut national de l'Audiovisuel，INA）共同承担了呈缴本图书馆的责任。该法规定：①通过电子途径（electronic channels）向公众传播的任何种类的在线资料皆应依法呈缴；②法国国家图书馆等法定呈缴机构有权采集和保存任何对公众开放的在线资料，采集时应将有关程序通知呈缴义务人；③在线资料的采集可采取自动程序或者与呈缴义务人协商确定的其他方式；凡对资料设置密码或者其他读取限制措施的呈缴义务人不得阻止国家图书馆等法定呈缴机构采集其在线资料；④作者不得阻止国家图书馆等法定呈缴机构将其采集保存的在线资料提供给可信赖的研究人员使用；亦不得阻止国家图书馆使用任何方法以任何介质复制其作品，只要该复制行为符合法律规定，属于采集、保存和查询时所必需。除此之外，法国的《遗产法典》（Code du patrimoine）中对出版物法定呈缴的相关内容也进行了规定，其中要求通过电子途径出版或者向公众传播的各类在线作品的所有人为呈缴义务人，其负有法定义务向国家图书馆等法定呈缴机构缴存作品①。

法国国家图书馆认为，对于网络信息资源，不同于其他类型资料，法律并不需要有太多的特定程序，因为网络法定呈缴主要通过自动收割技术实现。出版者唯一的责任在于因自动收割失效，图书馆发出请求时，出版者应提供获取信息资源的密码和技术信息②。

数字出版物法定呈缴的开展在法国还只有较短的时间，但现在已经成为

① 翟建雄. 欧洲六国网络资源采集和缴存立法评析［J］. 新世纪图书馆，2011（12）：17-21.

② Digital legal deposit：four questions about Web Archiving at the BnF［EB/OL］.［2013-08-12］. http：//www. bnf. fr/en/professionals/digital_legal_deposit/a. digital_legal_deposit_web_archiving. html.

法国国家图书馆的核心使命之一。法国国家图书馆开展数字出版物法定呈缴的指导思想是，现阶段需要尽可能广泛地收集资源，数字呈缴馆藏资源的价值只有在未来才能凸显出来。在法国国家图书馆，对数字信息资源采取了海量收割、选择性和主题抓取、单独的电子呈缴相结合的模式，力求实现对数字信息资源最全面的收集和保存。

（2）英国

英国也是世界上较早建立出版物法定呈缴制度的国家之一。传统上英国法定呈缴的相关内容是在《版权法》中进行规定的，由于制定时间较早，规定的客体只涉及传统载体类型的出版物。2003 年，英国议会制定了《法定呈缴图书馆法》（Legal Deposit Libraries Act）①，对出版物法定呈缴制度的相关内容进行了全面的规范。该法对非印本出版物的法定呈缴仅做了原则性的规定，提出将具体的实施措施交由文化、媒体和体育大臣根据非印本出版物的发展趋势，制定行政规章进行规范。但由于非印本资料的复杂性，在探索对实施法定呈缴规则的过程中，经历了漫长的过程。

在等待规章制定过程中，英国国家图书馆采取了对数字出版物自愿呈缴的方式，对于网络信息资源，选择有研究价值、反映国家文化和历史事件的网站，在取得权利人授权的情况下，进行采集保存。2009 年 12 月，英国独立的咨询机构法定呈缴咨询委员会（Legal Deposit Advisory Panel，LDAP）发布了有关数字出版物法定呈缴的建议报告，供全国范围的利益相关者讨论。其中对离线和缩微出版物的保存提出了 4 种解决方案：①出版商存档；②非控制的自愿协议，图书馆并不积极要求；③自我协调的（Self-Regulated）的自愿协议，同时图书馆积极提出要求；④法律进行规定，LDAP 推荐第 3 种模式。对于在线出版物，提出了 3 种解决方案：①呈缴本图书馆开展基于许可的收割与存档；②呈缴本图书馆开展基于法律规定的收割与存档；③将存

① Legal Deposit Libraries Act [EB/OL]. [2013-08-12]. http://www.legislation.gov.uk/ukpga/2003/28/contents.

档留给市场，LDAP 推荐第 2 种模式①。

在经过广泛调研、征求意见的基础上，2010 年 9 月，英国文化、媒体和体育部会同商业、创新与技能部联合公布了《对非印本作品法定呈缴的咨询报告：指南文件》（Consultation on the Legal Deposit of Non-Print Works）② 和《法定呈缴图书馆（非印本出版物）规章 2011（草案）》［The Legal Deposit Libraries（Non-print Publications）Regulations 2011］③，向英国各界征求意见。关于在线资料的采集和缴存，该条例草案规定：

①对于离线数字出版物，在作品出版一个月内向英国国家图书馆呈缴一个复本，其他呈缴本图书馆如果提出呈缴请求，需要在一年时间内完成呈缴；

②在网络上对公众免费、没有获取障碍的在线资料，由呈缴本图书馆发出书面请求，出版者必须尽快将作品呈缴；

③如果在线作品是收费才提供利用，或者有其他公共获取限制措施，出版者需要在接到呈缴本图书馆呈缴请求之日起 3 个月内呈缴一份复本，除非该请求对呈缴期限另有要求。

经过了多年的研究、调研，英国于 2013 年 4 月通过了《法定呈缴图书馆（非印本作品）规章》［The Legal Deposit Libraries（Non-Print Works）Regulations 2013］，对各类型数字出版物的法定呈缴进行全面规定④，标志着

---

① Department for Culture, Media and Sport. Proposal on the Collection and Preservation of UK Offline and Microform Publications and UK Online Publications [R/OL]. [2013-08-12]. http://webarchive.nationalarchives.gov.uk/+/http://www.culture.gov.uk/images/consultations/Digital_legal_deposit.pdf.

② Department for Culture, Media and Sport. Consultation on the Legal Deposit of Non-Print Works [R/OL]. [2013-08-12]. http://www.culture.gov.uk/images/publications/Impact_assessments-digitallegaldeposit2011.doc.

③ The Legal Deposit Libraries (Non-print Publications) Regulations 2011 [EB/OL]. [2013-08-12]. http://www.culture.gov.uk/images/publications/draft-regulations-legaldeposit-nonprint-publications.pdf.

④ The Legal Deposit Libraries (Non-Print Works) Regulations 2013 [EB/OL]. [2013-08-12]. http://www.legislation.gov.uk/ukdsi/2013/9780111533703/contents.

英国数字出版物法定呈缴立法进入了新的阶段。该规章基本上沿用了草案中相关文本的内容，离线数字出版物的规定与草案完全相同。对于在线作品，呈缴本图书馆与出版商如果有相关协议，则在呈缴本图书馆发出书面的呈缴要求 1 个月内，出版商必须以适合保存的质量格式呈缴作品。如果没有相关协议，呈缴本图书馆对在线作品的呈缴则通过网络收割的方式完成。

（3）荷兰

荷兰是世界上少数没有制定出版物法定呈缴法律法规的国家之一。但同时荷兰又是世界数字出版领域的强国，世界规模最大的科技期刊出版集团 Elsevier 总部就位于荷兰。一直以来，荷兰国家图书馆通过与出版商签订自愿呈缴协议的方式，由出版商向图书馆提交出版物资源，以确保资源的长期保存。这种自愿呈缴的模式在荷兰得到了较好的实施。

1994 年，荷兰国家图书馆在其呈缴政策中，将电子出版物纳入了自愿呈缴馆藏的范围。1996 年，荷兰国家图书馆与出版商开展了小规模的试验，在此期间，与 Elsevier 公司开展了谈判，目的是能够获取 Elsevier 公司的电子期刊。至 2002 年，国家图书馆与 Elsevier 公司签订了具有标志性意义的存档协议，这种安排使荷兰国家图书馆成为国际上科技出版商首要的正式数字资源存储机构。在此之后，众多期刊商做出了同样选择，荷兰国家图书馆已经与世界上主要的国际出版商签订了协议①。

2008 年 2 月，荷兰国家图书馆还与美国专业性的数字信息资源保存机构 Portico 签订了合作协议。Portico 将其当时的 600 余万篇论文的离线电子版本呈缴到荷兰国家图书馆中。在这种方式下，通过专业合作，形成一个强有力、支撑性的网络以安全地保存数字资源。

在荷兰，对于呈缴电子出版物，主要有两种类型的协议：与荷兰出版商协会的通用协议，这与传统的纸本资料的协议基本上相类似；与国际上学术

---

① International Study on the Impact of Copyright Law on Digital Preservation [R/OL]. [2013-08-12]. http://www.digitalpreservation.gov/documents/digital_preservation_final_report2008.pdf.

期刊出版商的单个的协议。协议的主要内容是：出版商同意将其出版物免费呈缴到荷兰国家图书馆，荷兰国家图书馆则对资源的获取进行一定限制，将获取范围限制在图书馆注册用户在馆内的获取利用。

为了促进对接收的自愿呈缴数字出版物的长期、有效保存，荷兰国家图书馆和IBM公司合作开发了e-Deposit系统，在该系统中能够安全地存储大容量的数字资源。通过自愿呈缴方式获得的数字出版物都存储在e-Deposit仓储中，可以实现永久保存。同时e-Depot的目标也是为了保证内容的权威性、可靠性和完整性，确保对数字资源的未来获取。

6.1.1.3 其他欧洲国家

（1）德国

在德国，有关法定呈缴的相关条款在《德国国家图书馆法》(Gesetz uber Die Deutsche Nationalbibliothek）中进行规定。2006年，德国议会对法律进行了修订，将法定呈缴的范围延伸至离线和在线出版物。法律中将呈缴客体对象“载体”（media）定义为“所有在实体格式上传播或以非实体的格式向公众提供获取的文字、图像和声音等形式”①。2008年10月，颁布了《向德国国家图书馆呈缴出版物条例》，对数字出版物法定呈缴过程中的一些具体问题进行了规范。

《德国国家图书馆法》中规定，呈缴人应自作品发行或者提供公众获取之日起一周内自费向国家图书馆呈缴一个复本的完整和最佳状态的非实体格式的作品，该作品应无使用期限限制且适于图书馆长期保存。《向德国国家图书馆呈缴出版物条例》则进一步就在线出版物的性质和呈缴范围做出具体规定②：

---

① Renate Gömpel, Lars G. Svensson. Managing Legal Deposit for Online Publications in Germany [EB/OL]. [2013-08-12]. http://conference.ifla.org/past/ifla77/193-goempel-en.pdf.

② 翟建雄．欧洲六国网络资源采集和缴存立法评析［J］．新世纪图书馆，2011(12)：17-21.

①呈缴义务人应将其在线出版物向国家图书馆缴存其商业版本及可通过商业途径获得的读取工具；

②呈缴对象包括在线出版物的所有组成部分、软件和各种以实物及电子形态存在的读取工具；

③国家图书馆可以将某些类型的网络出版物排除出法定呈缴的范围，如技术程序无法采集和存档或者采集和保存人工成本过高的在线出版物；仅供私人用户群使用的在线资料等，内容定期更新需频繁缴存的在线出版物由国家图书馆决定是否接受。

（2）意大利

意大利议会于2004年4月通过了《关于缴存供公众利用具有文化意义文献的法律》。该法规定：为保存意大利文化和社会生活的记忆，凡属部分或者全部在意大利境内出版和销售的供公众阅读、收听、观看的出版物，不论其制作的技术手段、载体或者传播方式，其制作者、编辑者、印刷者、出版者皆须于出版物首次发行之日起60日内，向国家中央图书馆缴存两件复本，否则将面临最高1500欧元罚款的行政处罚。这些规定实际上已经将在线出版物纳入缴存范围。2006年8月，该法的实施条例《缴存公共文化资料条例》公布，其中就在线出版物的缴存作了专门规定。根据该条例有关定义的解释，“公共利用”（public use）一词即包括通过计算机网络向公众传播作品的行为；而“文件”（documents）一词则是指供公众有偿或者无偿使用的各种模拟和数字介质出版物，其中包括通过移动或者固定网络传输的出版物。

《缴存公共文化资料条例》中规定，缴存协议应确保优先采集下列类型的在线文件：①已入藏的以传统技术和载体制作的藏品的在线续编版；②由大学、科研和文化机构出版发行的在线科学资料；③由政府部门制定并通过网络传播的官方文件；④更新频繁的网站文件或者内容常被其他网站引用的网站资料①。

①　翟建雄．欧洲六国网络资源采集和缴存立法评析［J］．新世纪图书馆，2011（12）：17-21．

(3) 奥地利

奥地利有关出版物法定呈缴制度规定于《出版法》(Mediengesetz)中。根据2009年2月该法的一项修正案，在线出版物被纳入采集和缴存范围。该修正案共3条，从采集、缴送和利用3个方面规定了在线资料的缴存制度①。

①关于主动采集制。授权奥地利国家图书馆对互联网中对公众开放的注册为奥地利国家域名(.at)的网站或者自动链接有奥地利内容的在线资料每年实施4次综合性自动采集；国家图书馆在实施采集行为前应书面告知被采集资料的所有人。

②关于呈缴制。对设有读取控制措施的在线资料或者虽未设有该类措施，但由于技术原因致使国家图书馆无法对其实施采集的，资料所有人应根据国家图书馆的书面请求缴存该资料并同时提交移除技术保护措施的有关资料；但对某些类型的在线资料，国家图书馆可暂缓要求呈缴，主要包括：(a)在现有技术条件下虽经合理努力仍不能满足缴存资料的存储和保护需要的；(b)在线资料的呈缴、采集和保存成本过高，远超出国家图书馆所能承受范围；(c)与已经呈缴的其他载体出版物在内容上一致或者大致一致的在线资料；(d)音像制品和广播节目；(e)与公共利益无关或者无保存价值的非科学、非文化类在线资料。

6.1.2 北美地区

6.1.2.1 美国

在美国，出版物法定呈缴制度是在《版权法》中进行规范的。美国《版权法》第407条“向国会图书馆交存复制件或录音制品”中规定，美国出版的有版权标记的作品的版权或专有出版权的所有者应在该出版之日以后的3

① 翟建雄．欧洲六国网络资源采集和缴存立法评析［J］．新世纪图书馆，2011(12)：17-21.

个月内交存——（1）两册最佳版本的完整复制件；（2）如果该作品是录音作品，则应交存两份最佳版的完整录音制品以及与此种录音制品同时出版的印刷材料或其他视觉可感受到的材料”①。这种法定呈缴制度的施行使美国国会图书馆获得了大量的馆藏资源，为美国国会图书馆成为世界上藏品最丰富的图书馆奠定了基础。

为了适应数字时代的需求，美国数字出版物法定呈缴也对内容作了延伸。2010年1月25日，美国版权局发布了《对仅以在线形式存在的作品的强制呈缴规则》（Rule on Mandatory Deposit of Online-only Works）②，将其纳入美国版权法202.24节中。该规章中提出，长期以来，美国实行的强制呈缴制度使国会图书馆能够有效地进行了馆藏资源的建设，使其成为世界上规模最大的和最富创造力的知识资源仓储，因此没有理由不让强制呈缴制度在数字环境下继续发挥其功能。

对仅以在线形式存在的作品，美国法规的相关条文设定了与传统类型出版物不同的新要求。不需要版权所有者主动呈缴相关作品，只有当版权局发出对这些作品的法定呈缴要求时，才需要进行呈缴。为了保证接收数字出版物资源的连续性，对于电子期刊，不仅需要呈缴提出请求时的那一期，而且需要呈缴所有期。涉及呈缴的作品是2010年1月24日之后创作的作品。当版权局提出对仅以在线形式存在的作品的呈缴要求时，版权所有人应在接收到通知的3个月时间内，完成呈缴行为。

在美国的过渡性法规中，对于“电子连续出版物”（electronic serial）的定义是：“以固定周期或计划以固定周期发布，连续发布的部分有数字或时间顺序的名称，发布之后没有发生变化”。版权局提出这种定义方式将数据库、博客等一些持续变化的信息资源类型排除出了需要进行法定呈缴的领域。

---

① 美国版权法［EB/OL］.［2013-08-12］. http://www.ipr.gov.cn/iprgj/gbhj/mz/mg/flfg/513634_3.shtml.

② Rules and Regulations Mandatory Deposit of Published Electronic Works Available Only Online［EB/OL］.［2013-08-12］. http://www.copyright.gov/fedreg/2010/75fr3863.pdf.

对于呈缴数字出版物资源的获取，美国国会图书馆允许至多 2 位用户在图书馆中同时获取资料，这类似于传统类型的出版物需要呈缴 2 份复本的要求。美国国会图书馆将在安全的网络中通过安全的服务器终端提供获取服务，未经许可图书馆不会将作品在因特网上发布。

6.1.2.2 加拿大

与美国相比，加拿大有关数字出版物法定呈缴的立法更为全面具体。《加拿大图书馆与档案馆法》（Library and Archives of Canada Act）中提出，加拿大图书馆与档案馆的总体目标是获取与保存加拿大的文献遗产，促进这些遗产对加拿大人和对加拿大感兴趣的任何人的获取，通过这些活动促进对加拿大文化、社会和经济发展作出贡献①。2004 年，《加拿大图书馆与档案馆法》将法定呈缴的对象范围延伸至网络出版物资源，其第 10 条“法定呈缴”（legal deposit）对有关问题进行了概括性的规定，提出主管部长可以为法定呈缴的目的制定相关规章，确保非纸本的出版物能够被图书馆员和档案馆员所获取。

2007 年，加拿大制定了《出版物法定呈缴规章》(Legal Deposit of Publications Regulations)，对于数字出版物法定呈缴相关问题进行了更加全面的规定。与一般传统类型出版物要求呈缴 2 份复本的规定不同，考虑到数字出版物的特征，规则规定，对于网络出版物（Online publication），只需要呈缴一份复本②。

在加拿大《出版物法定呈缴规章》中提出，并非所有的在线资料都需要呈缴，只有网络资料具有出版物的形式时才需要进行提交。这些资料的特征是包含了题名、作者、出版日期等内容，并且以公共获取为目的，这主要包括在线图书和期刊。一些类型的网络出版物资源一般情况下是不需要呈缴

① Library and Archives of Canada Act [EB/OL]. [2013-08-12]. http://laws-lois.justice.gc.ca/PDF/L-7.7.pdf.

② Legal Deposit of Publications Regulations [EB/OL]. [2013-08-12]. http://laws-lois.justice.gc.ca/PDF/SOR-2006-337.pdf.

的，除非加拿大图书馆与档案馆发出明确的要求，这些网络出版物类型主要包括：①电子讨论组、邮件列表、电子公告板、电子邮件；②网站，包括门户网站、个人网站、服务站点、内部网络和主要是与其他站点链接的网站；③动态数据库和原始数据（raw data）。对于这些网络信息资源类型，没有统一纳入或排除出法定呈缴范围，而是由国家图书馆的工作人员进行判别，选择是否需要将其纳入法定呈缴的范围①。

加拿大《出版物法定呈缴规章》中规定，对每一份呈缴的出版物，出版者都需要选择获取的方式。如果一份出版物被选定为“开放存取”（Open Access），那么任何人都可以通过因特网浏览、下载和打印出版物。如果被选择为“限制获取”（Restricted Access），出版物则只能在加拿大图书馆与档案馆指定的计算机终端浏览②。

6.1.3 大洋洲及亚洲地区

6.1.3.1 新西兰

新西兰在数字出版物法定呈缴立法方面取得了较为全面的进展。2003年，《新西兰国家图书馆法》（National Library of New Zealand Act 2003）将法定呈缴的范围延伸至以纸本或电子形式（实体格式或在线形式）出版的公共文献中③。《新西兰国家图书馆法》在颁布后，为了促进其中有关法定呈缴条款的有效实施，又先后制定了两份通告要求文件（Notices of Requirement）：《国家图书馆要求通告（图书与连续出版物）》［National

① Canadian Association of Learned Journals. Library and Archives Canada Legal Deposit: Guidelines for Journal Publishers [R/OL]. [2013-08-12]. http://www.calj-acrs.ca/docs/CALJ_LAC.pdf.

② Canadian Association of Learned Journals. Library and Archives Canada Legal Deposit: Guidelines for Journal Publishers [R/OL]. [2013-08-12]. http://www.calj-acrs.ca/docs/CALJ_LAC.pdf.

③ National Library of New Zealand Act 2003 [EB/OL]. [2013-08-12]. http://legislation.govt.nz/act/public/2003/0019/latest/096be8ed8069ade5.pdf.

Library Requirement (Books and Periodicals) Notice 2004], 于2004年7月实施①;《国家图书馆要求通告(电子文献)》[National Library Requirement (Electronic Documents) Notice 2006], 于2006年8月实施②。

新西兰法律中规定, 对于有物理格式载体的出版物, 包括DVD、CD等, 仍由出版者承担呈缴的责任; 对于在线出版物, 则由图书馆来进行复制, 即由其承担收割的责任。如果有限制措施阻碍图书馆收割活动的实施, 那么图书馆有权利要求出版者协助其完成对出版物资源的收割活动。法律规定国家图书馆可以对提交的电子格式文献进行处理、复制、存储和利用, 对呈缴的文献制作3份复制件在馆舍内提供利用, 但不能通过因特网进行传播, 除非它已经被出版商在自己的网站上提供无限制的传播。

新西兰国家图书馆充分意识到提供能够连接新西兰人与文献遗产的高质量服务和项目的重要性, 为了确保能够完成这些服务, 法定呈缴过程发挥着主要的职责③。在新西兰国家图书馆, 积极采取多种策略对网络出版物资源进行采集, 主要包括以下几种方式④:

(1) 对网站上出版物的收割: 对出版物制作1份副本, 在国家图书馆目录中进行描述, 在国家数字遗产存档系统 (National Digital Heritage Archive) 中进行存储和保存。图书馆的馆藏管理部门负责对网站出版物的收割工作。

(2) 对网站的收割: 确定了对网站的选择指南。当一个网站最初选择收割的范围后, 确定收割频率, 开始进行收割。所有收割的网站复本都可以远

---

① National Library Requirement (Books and Periodicals) Notice 2004 [EB/OL]. [2013-08-12]. http://legislation.govt.nz/regulation/public/2004/0129/latest/096be8ed80399074.pdf.

② National Library Requirement (Electronic Documents) Notice 2006 [EB/OL]. [2013-08-12]. http://legislation.govt.nz/regulation/public/2006/0118/latest/096be8ed8028f7ed.pdf.

③ National Library of New Zealand. Legal Deposit Code of Practice [EB/OL]. [2013-08-12]. http://www.natlib.govt.nz/downloads/Legal_Deposit_Code_of_Practice.PDF.

④ Alison Elliott. Electronic legal deposit: the New Zealand experience [EB/OL]. [2013-08-12]. http://conference.ifla.org/past/ifla77/193-elliott-en.pdf.

程获取，在国家图书馆目录中进行了描述。

（3）主题收割（也称为事件收割）：需要确定收割哪些主题的网站，如有关中央和地方政府选举的网站；新西兰主办或参加的重要国内或国际体育赛事等。

（4）全域名收割：新西兰国家图书馆委托国际性网络信息资源采集保存机构——因特网档案馆（Internet Archive）对因特网上新西兰域名的资源进行了收割，至2010年底，已经收割了两次，共采集了10TB资源的内容，计划以后每年固定收割一次。

6.1.3.2 澳大利亚

与美国相类似，澳大利亚的出版物法定呈缴规则是在版权法中进行规定的。《1968年版权法》（Copyright Act 1968）的201条款规定，所有在澳大利亚出版的图书馆资料（library material）都需要向澳大利亚国家图书馆呈缴一份复本①。由于版权法制定时间较早，没有涉及数字出版物的呈缴规定。因此，在澳大利亚联邦层面上还没有相关数字出版物法定呈缴立法的内容。

为了有效收集保存国家的数字文化遗产，澳大利亚国家图书馆通过与出版者和创作者签订自愿协议的方式，获取有物理载体格式的电子出版物。对于网络上可以自由获取的出版物资源，在经过出版者的授权之后，澳大利亚国家图书馆对网络信息资源进行了选择与复制，并将其纳入到了1996年开始实施的“保存和存取澳大利亚的网络信息资源”项目（Preservation and Access Networked Documentary of Australia，PANDORA）中。

澳大利亚的法定呈缴制度未能覆盖数字出版物资源，这种立法的滞后对保存国家文化遗产带来的不利影响受到了学者们的广泛关注。澳大利亚学者认识到，随着非纸本载体和技术越来越多样化，纸本图书馆资料已经不再是社会交流、记录和利用信息的主要机制，对于国家出版遗产而言，电子出版

① Copyright Act 1968 [EB/OL]. [2013-08-12]. http://www.comlaw.gov.au/Details/C2012C00482.

物具有与纸本文献同样的重要性。现有的法定呈缴框架并非技术中立的，法定呈缴的义务还没有覆盖到非纸本出版物的出版者。版权法的其他部分都在进行修订以反映变化了的技术现实，但法定呈缴条款却没有。澳大利亚国家图书馆已经发现与每一个电子资料出版者协商，对于发展全面的国家馆藏而言，会限制收集和保存在线资料的数量①。

一些学者分析了法定呈缴制度缺失对国家图书馆开展数字信息资源保存工作带来的不利影响。其提出，现有的澳大利亚联邦法律不要求出版商向相关收集机构呈缴数字资料，也没有允许收藏机构不经授权为保存目的捕获数字对象，它们同样不支持对数字资料的积极收集工作。现有澳大利亚国家图书馆开展的“保存和存取澳大利亚的网络信息资源”项目等数字信息资源保存项目主要采取了通过取得授权的方式，或者采取的收割方式在法律上也处于灰色地带。采取这些方式一方面成本较高，另一方面是开展的依据不充分。如果要求相关工作人员对非纸本资料积极寻找权利人并协商权利，这种制度一方面会导致重要的文化遗产资料不完整、不充分，另一方面也使得花费了大量本不需要的人力和时间，同时也有可能使收集机构面临潜在的法律风险②。

面对相关规则缺失的状况，澳大利亚研究者在调研和参考国际经验的基础上，提出为了适应数字出版物法定呈缴与保存的实际需要，澳大利亚联邦版权法应作出修订方向③：

（1）将现有的法定呈缴法规延伸至数字资料，包括授权接收呈缴机构

---

① Graham Greenleaf, Abi Paramaguru, Catherine Bond, et al. Legal Deposit's role in the public domain [EB/OL]. [2013-08-12]. http://law.bepress.com/cgi/viewcontent.cgi?article=1113&context=unswwps-flrps08.

② Ingeborg Verheul. Networking for Digital Preservation Current Practice in 15 National Libraries [R/OL]. [2013-08-12]. http://www.ifla.org/files/assets/hq/publications/ifla-publications-series-119.pdf.

③ International Study on the Impact of Copyright Law on Digital Preservation [R/OL]. [2013-08-12]. http://www.digitalpreservation.gov/documents/digital_preservation_final_report2008.pdf.

（主要是澳大利亚国家图书馆）可以主动收割在线资料；

（2）明确允许为保存目的可以对数字馆藏进行格式转换和多版本复制；

（3）要求对图书馆有能力因为保存目的，不受技术保护措施（TPM）的影响。可以制定条例要求将现有的豁免条款延伸至技术保护措施，或者要求法定呈缴的资料不受技术保护措施的控制；

（4）作为图书馆等机构的基本职责，为促进对数字资源的获取，需要在机构馆舍内外，实现对数字馆藏的公共交流，特别是在资料不能被商业获取的情况发生时。

澳大利亚联邦层面也在推动数字出版物法定呈缴立法的制定与实施。2007 年，澳大利亚通信、信息技术与艺术部（Department of Communications, Information Technology and the Arts）发布了《延伸法定呈缴的讨论稿》（2007 Discussion Paper on the Extension of Legal Deposit），希望征求澳大利亚各利益相关者对法定呈缴立法延伸的意见。讨论稿中列举了数字出版物法定呈缴立法主要涉及的 17 个问题，包括法定呈缴延伸应覆盖的范围、法定呈缴资源的管理与保存、法定呈缴资源的利用等问题①。该讨论稿在全国范围引起了广泛的讨论，许多团体、研究机构发布了回复意见，通过讨论听取法定呈缴制度各利益相关者的主张。

2012 年，澳大利亚联邦司法部（Attorney-General's Department）发布了《延伸法定呈缴的咨询文件》（Consultation Paper Extending Legal Deposit）。在咨询文件中，提出对于有物理格式载体的电子出版物（即离线出版物），在实施法定呈缴过程中采用强制提交（mandatory delivery）的方式；对于在线电子出版物，建议采取基于要求的强制提交（mandatory delivery on demand）的方式。这种思路主要是区分了离线电子出版物和在线出版物。版权法中现有的强制呈缴的责任义务可以直接延伸到离线电子出版物。对于在线资料，

① Department of Communications, Information Technology and the Arts 2007 Discussion Paper on the Extension of Legal Deposit [R/OL]. [2013-08-12]. http://www.ag.gov.au/Documents/Final%20Legal%20Deposit%20discussion%20paper%20PDF%20version.PDF.

由于意识到资源的海量性特征，为了便于制度施行，设定了选择性的框架①。

对于在线的电子出版物，基于选择的延伸框架主要设计思路为：①当出版者收到国家图书馆主任（Director-General）发出的通告后，需要将在线资料进行呈缴；②当网络资料受技术保护措施获取控制时，要求出版者提交的资料对于获取是没有阻碍的；③在确定需要纳入呈缴义务的电子资料类型时，需要考虑文化的重要性和收集的优先领域。主要的资料类型包括：学术型电子期刊、电子杂志、生命周期短暂的在线报纸、电子图书、博客、网站和会议录。

需要说明的是，虽然在澳大利亚联邦层面上还没有对数字出版物法定呈缴的相关规定，但在澳大利亚的地方行政机构中，有些州已经有专门的数字出版物法定呈缴立法内容。澳大利亚塔斯马尼亚州《图书馆法》（Libraries Act 1984）中，要求对任何类型的出版物都必须呈缴，因此现阶段塔斯马尼亚州的法定呈缴制度实施过程中已包含了数字出版物资源。澳大利亚北领地地区（Northern Territory）于 2004 年制定了《出版物（法定呈缴）法》[Publications（Legal Deposit）Act 2004]，其中对北领地地区的有关数字出版物法定呈缴的相关问题进行了比较全面的规定，其中涉及对网站等在线出版物资源的呈缴问题。

6.1.3.3 日本

日本有关出版物法定呈缴的规则是在 1948 年颁布的《国立国会图书馆法》中进行规定的。日本出版物法定呈缴制度的最大特点是对呈缴者的经济补偿措施，法律中对补偿的额度有详细规定，但国会图书馆在实际操作中采用了简单化的方法处理，一般是补偿图书销售价格的 50%，再加上呈缴通常

① Attorney-General's Department. Consultation Paper Extending Legal Deposit [R/OL]. [2013-08-12]. http://www.ag.gov.au/Consultations/Documents/ExtendingLegal Deposit/Legal%20Deposit%20Consultation%20Paper%202012.pdf.

需要的邮寄费、包装费等实际支出①。

2000 年，修订的法定呈缴相关条款将法定呈缴的客体延伸至离线电子出版物。但当时对于在线出版物的法定呈缴，日本各界还没有达成一致意见。日本 2004 年，日本“法定呈缴制度咨询委员会”(Legal Deposit System Council）提出，数字出版物法定呈缴涉及信息自由的问题，对于在线出版物，其和法定呈缴的基本原则不相适应。如果通过法律授权对网络出版物进行采集的话，担心会出现版权问题，对言论自由可能会产生影响，因此不主张将法定呈缴的范围延伸至网络出版物。日本国会图书馆应该通过获得授权许可的方式获得网络信息资源主体的授权，在此基础上开展网络信息资源保存的工作②。在没有相关法律的支持下，日本国会图书馆开展了网络存档项目 WARP（Web Archiving Project)，有选择性地收集因特网资源。实施过程中采取了基于主题和事件进行选择的方式，在收集资源之前首先获得版权人的授权许可。

随着对网络出版物资源价值认知的提升，在听取各方意见的基础上，日本的立法也发生了变化。2012 年 6 月，新修订的《国立国会图书馆法》公布施行，主要的变化在数字出版物法定呈缴相关条款中。新的法律中授权国立国会图书馆可以主动收集网络出版物，也可以要求相关责任主体向国立国会图书馆呈缴网络出版物资料③。

6.1.4 国际数字出版物法定呈缴制度发展趋势

从国际发展趋势来看，数字出版物资源的法定呈缴立法已经成为世界上

---

① 李国新．日本图书馆法律体系研究［M］．北京：北京图书馆出版社，2000：192.

② Legal Deposit System Council. Concept of the Acquisition System for the Networked Electronic Publications［R/OL］.［2013-08-12］. http：//www.ndl.go.jp/en/aboutus/deposit_council_book.html.

③ National Diet Library Law［EB/OL］.［2013-08-12］. http：//www.ndl.go.jp/en/aboutus/laws.html.

关注的重要问题。虽然实施数字出版物法定呈缴立法面临着众多难题，但也在一些基本内容方面取得了共识。从国际上的发展经验来看，通过立法扩展呈缴法规的覆盖范围已经成为重要的发展趋势，已经完成立法变化的德国、法国、丹麦、新西兰、加拿大、英国等国家是这种变化的集中体现，一些法律中还没有相关条款的国家（如澳大利亚联邦等），也正在积极研究法定呈缴立法变化如何满足数字出版物呈缴与保存的需要。日本在数年前主张不将网络出版物资源纳入呈缴范围，但现阶段法律已经发生了变化，授予了国会图书馆相关的权利。

从立法进程来看，一些国家采取了循序渐进的方式，不强求一步到位，这样可以减少立法在制定实施过程中的阻力。在积累了相关经验的基础上，再寻求法律的进一步完善与发展。

同时需要认识到的是，法律的制定与实施是与国家社会政治经济的发展密切结合在一起。立法需求的产生是各种社会关系发展的客观结果。在数字出版物法定呈缴领域，同样反映了这样的规律。从世界范围来看，由于受到网络技术、通信技术等条件的限制，数字出版物生产与传播也有地域性特征。如在欧美等发达国家，互联网发展速度快，其数字出版物法定呈缴立法发展较为明显，积累了比较丰富的经验。

我国在推进数字出版物法定呈缴立法工作进程中，在学习借鉴国外经验的同时，需要关注我国的实际情况，考虑我国数字出版物的生产传播特征、我国的法制发展环境等具体因素，这样才能够为我国数字出版物法定呈缴制度的构建提供有针对性的对策建议。

6.2 信息保存权视角的数字出版物法定呈缴制度

6.2.1 权利的一般理论

权利是一个在政治学、法学、哲学等领域频繁出现、广泛应用的概念，同时它又是一个比较难以界定其内涵和外延的复杂概念。不同的学者从各个角度对权利的概念提出自己的命题。

一般而言，对于权利的概念主要有：①利益说：权利是由法律承认的利益；②资格说：权利是由法律赋予权利人从事一定行为的资格；③自由说：权利是主体可以按照自己的意愿开展活动的自由。概括而言，权利是指“为道德、法律或习俗所认定为正当的利益、主张、资格、力量或自由”①。

从历史上看，权利的产生与演进经历了一个漫长的发展过程。随着权利客体的增多，主体的扩展，以致权利的种类逐渐增多，内容逐渐丰富，形成了一个庞大的体系。

一项权利的构成一般都是由权利的主体、客体和内容组成。权利的主体是指享有相应利益的个人或团体；权利的客体是指主体的利益所指向的对象；权利的内容是指权利的主体基于权利客体而享有的利益和应尽的义务。

在权利体系中，从不同的角度可以开展不同的分类，如从权利的存在形态角度，可以分为法定权利、道德权利、习惯权利、现实权利；从权利主体的角度，可以分为个人权利、集体权利、国家权利和人类权利；从权利所体现的社会内容的重要程度角度，可以分为基本权利和一般权利；从权利主体依法实现其意志和利益的方式角度，可以划分为行动权利和接受权利等②。不同类型的权利之间可以发生转化。如在一定时间和范围内，通过长期实践认同的道德权利，经过法律确认赋予其强制性，可以转化为法定权利。

6.2.2 信息权利的兴起

权利的发展过程具有一定的规律性。随着社会、经济、文化等方面的发展会出现新的权利类型。权利产生初期主要规范的对象是实体物，随后对无形权利更加关注，后来又发展到对人格的重视，因此相应地产生了所有权、债权、知识产权、人格权等不同的权利类型。

---

① 夏勇．权利哲学的基本问题［M］．法学研究，2004（3）：3-26.

② 张文显．法理学［M］．3 版．北京：法律出版社，2007：163-167.

信息权利的出现和发展是人类社会发展的产物。在信息社会中，伴随着信息活动的广泛出现，越来越多的利益活动和信息紧密结合在了一起。信息成为社会政治经济生活中的结构性要素，其影响遍及各个领域。在此情况下，因调整规范信息活动的需要而产生了信息权利。

作为法律权利关系客体的事物都需要满足三个最低限度的条件：第一，它对主体必须是有用之物，围绕它可能发生利益纷争，因此需要对之作出权利义务界定；第二，它必须是能够被主体控制的“为我之物”；第三，它必须是在认识上可以与主体相分离的“自在之物”①。作为社会资源重要组成的信息资源，是有用之物，围绕其可以产生利益关系；信息在一定阶段可以为人类所认识了解掌握，并与主体相脱离独立。因此，符合以上基本要求，能够成为权利的规范对象。

李晓辉认为：“信息权利是指以满足一定条件的信息作为权利客体的法律权利类型，它是由多个子权利构成的法律权利束。这些子权利包括：信息财产权、知情权、信息隐私权、信息传播自由权、信息环境权和信息安全权等”②。该界定将信息权利限制在法定权利的范围内，实际上社会生活中存在大量没有被纳入法律规范调整范围内的信息权利。在李晓辉提出的信息权利书中，关注了信息生产、传播和获取过程的权利内容，但是对信息保存权却并未涉及。作为信息生命周期过程中一个重要环节，信息保存活动中的权利被不应有地忽视了。

在信息资源的生产、传播、获取等过程中，已经有比较多的法律法规协调规范信息活动中产生的利益关系，明确信息活动主体的权利和义务，保障权利人的相关信息权利。但是在信息保存环节，对权利主体利益的关注还比较欠缺，存在信息保存权利缺位的状况。

法律的制定和实施是维护主体权利的最有效方式，但在现有相关信息法律的研究中，普遍忽视了信息保存权。据笔者对以“信息法”“信息政策”

---

① 张文显．法哲学范畴研究［M］．北京：中国政法大学出版社，2001：107.

② 李晓辉．信息权利研究［M］．北京：知识产权出版社，2006：32-33.

为名称的研究著作的调研发现，现有研究成果对信息保存活动中权利维护的关注还非常少。在《辞海》中，“信息法”的条目释义是“调整信息生产、处理、分配、使用和保护过程中发生的各种社会关系的总和，主要包括：（1）信息基本法；（2）信息民主法；（3）信息技术法；（4）软件保护法；（5）信息污染防治法；（6）信息化保险法”①。从权威辞书的定义来看，在现有的信息法律体系认知中还没有关注到信息保存的权利。

总体来看，在现有研究成果中，对信息保存权的研究还没有融入主流的信息权利框架体系中。理论研究的缺乏会对实践开展产生影响。为了有效指导信息资源保存活动的开展，需要对信息保存权进行探索研究。

6.2.3 信息保存权的基本内容

（1）信息保存权的内涵

从信息生命周期活动的流程来看，信息保存权的提出就是为信息保存活动的开展提供支持与依据。我国现已有对信息资源保存权的探讨，如宛玲教授提出数字信息资源保存权是“承担保存任务的主体对特定数字资源进行收集、保存、管理，并在一定条件下提供服务的权力”②。虽然其界定的权利客体是数字信息资源范畴，但其思路具有较高的参考价值。

借鉴其思路，本书提出的“信息保存权”是指信息资源保存的主体对信息资源进行收集、存档、管理、处理，在满足一定的条件下提供服务，并确保资源能够提供长期利用的权利。

作为信息生命周期上的一个环节，信息保存活动的参与者类型广泛，数量众多。因此，作为信息保存权的主体，可以是个人，也可以是机构。机构类型是多样的，可以是营利性的公司、企业，也可以是参与国家公共信息资源管理过程中的公共机构。

---

① 辞海编辑委员会．辞海［M］．上海：上海辞书出版社，1999：704.

② 宛玲．数字资源长期保存的管理机制［M］．北京：北京图书馆出版社，2006：29.

信息保存权的客体就是纳入信息资源活动范围内的各种信息资源。这种信息资源一方面是有价值的，具有科技、文化、经济、美学、政治等领域的价值，能够为社会的发展带来益处；另一方面社会现有的发展阶段和科技水平能够获取和处理，能够采取一定的方式对信息资源进行有效的保存管理。

权利的内容主要由三部分组成：权益、权能和权责。“权益是指权利的价值指向，即权利人通过行使权利所要达到的目的和所要获得的利益。权能是权利行使所要借助的手段和实现权利的方法。权责指称权利的有限性，因为任何正当权利都要遵循于他人和社会无害的原则，滥用权利超过一定界限就要承担相应的责任。”① 信息保存权的权益就是信息资源保存主体通过保存、提供利用服务的行为实现一定的经济效益和社会效益；信息保存权的权能就是信息资源保存主体可以对信息资源实施接收、存档、管理、处理，在满足一定的条件下提供服务的活动；信息保存权的权责就是信息资源保存主体需要维护信息资源著作权人等相关权利人的合法权利，遵守法律的有关规定开展信息资源保存活动。

在享有信息保存权的不同类型的主体中，个人或一般机构对自己创作或通过合法途径获取的信息资源自然享有保存的权利，这种权利和财产所有权紧密联系在一起。我国《民法通则》第 71 条规定：“财产所有权是指所有人依法对自己的财产享有占有、使用、收益和处分的权利。”公民或机构通过购买、获赠等方式获得各种载体类型的信息资源，信息资源的所有权就转移给相应的主体。《民法通则》第 75 条规定：“公民的个人财产，包括公民的合法收入、房屋、储蓄、生活用品、文物、图书资料、林木、牲畜和法律允许公民所有的生产资料以及其他合法财产。”从法律条款中可以看到，作为信息资源载体的“图书资料”被明确地列举在内，是所有权的客体。

从对财产所有权的内涵分析来看，“占有就是对财产的实际管理或控制；使用就是权力主体对财产的运用，发挥财产的使用价值；收益就是通过财产

① 李晓辉．知识经济时代的法律发展：范畴，制度与价值研究［D］．长春：吉林大学，2001：18.

的占有、使用等方式取得经济效益；处分是指财产所有人对其财产在事实上和法律上的最终处置”①。作为财产所有权客体的图书资料，公民或一般机构可以依据自己的意愿对其进行处置。公民可以对作为图书资料的财产进行长久保存，子孙后代可以获得财产继承权；同时也可以赠送给其他个人或机构，也可以出售、销毁。这些行为都可以由个人的自由意志支配。这种保存权利是非常灵活的，在不与法律法规相违背的情况下，个人或机构可以自由行使或放弃，没有强制力要求其必须承担保存的义务。

基于探讨出版物法定呈缴制度实施的需要，本书提出的信息保存权主要是指呈缴本图书馆因承担国家信息资源保存任务而应该享有的对出版物资源进行长期保存的权利。在这种情况下，出版物资源的生产方和保存方不一致，为了实现信息资源长期保存的目标，就需要确定呈缴本图书馆的权利，确保其可以有效开展出版物资源的收集、存档、管理、处理、服务等活动。

（2）信息保存权的正当性

正如研究者所指出，“一种利益主张只有通过正当性衡量才能够取得权利之名，并获得法律的制度保障”②。权利的确定也是其正当性被确认的过程。对于呈缴本图书馆的信息保存权的提出，有其正当性基础。

①公共利益的需要。

与权利的概念相类似，公共利益是一个在法律、政治、经济等领域普遍出现、内涵广泛而又比较模糊的术语。对于公共利益的界定是各学科、领域都面临着的一个难题。概括而言，公共利益被认为是“社会中大多数人共享的正当利益，其内容包括：公共安全，公共财富，公共服务，经济、技术、环境卫生等国民经济各领域的发展与秩序，公共伦理道德，社会资源与环境资源的合理保存与公平利用以及社会弱者的利益保障等”③。

---

① 全国人大常委会法制工作委员会民法室．中华人民共和国物权法解读［M］．北京：中国法制出版社，2007：79-80.

② 李晓辉．信息权利研究［M］．北京：知识产权出版社，2006：5.

③ 陈传夫．信息资源知识产权制度研究［M］．长沙：湖南大学出版社，2008：184.

信息保存权利构建的目标，从根本上来看，是为了促进社会资源合理保存行为开展，实现信息资源的长期有效利用。这不仅为个人通过获取信息资源实现全面发展创造了条件，而且为科学研究、国民经济和文化事业的发展提供基础。

Abby Smith 提出，信息资源保存的最终社会价值是确保公众的福利、社会的存续。文化内容的完整和历史持续性是我们社会的一个重要优先考虑领域。正确地保存文化内容应该被视为公共利益的一部分，超越了个人或特定的利益以及所有权。国家信息资源保存活动的开展需要由公共资源和公共政策来保障①。可见，信息保存权的提出具有明显的公共利益成分，具有其合理性。呈缴本图书馆信息保存权的争取、获得不是为了个体机构的利益，而是以国家和社会公共利益为主要着眼点。

②国家职责的要求。

福利国家理论提出国家存在的基本功能之一就是需要为社会提供基本的服务，维护公民的基本权利，为人们带来最大程度的幸福。在现代社会，更加强调政府提供公共服务的职能，看重政府提供高质量公共物品的能力。信息资源的获取利用是公民的一项基本权利。信息资源长期利用的基础是对信息资源进行有效保存。为了保障公民的信息资源长期利用权利，国家需要设立相应的公共信息资源管理机构开展信息资源保存活动，确定其相关的信息资源保存权利，作为一种制度安排保障信息资源保存活动的有效开展。呈缴本图书馆就是这种类型机构的最重要代表。

在信息资源成为财产的情况下，对信息的控制权往往意味着对一定利益的获取可能②。呈缴本图书馆通过接收呈缴的方式获取出版物资源，采取各种措施对信息资源进行有效保存，在一定的条件下为公众提供信息获取利用。呈缴本图书馆承担了信息资源调节利用的平衡器的角色，是保障社会信息资源公平获取利用的重要途径。因此保障呈缴本图书馆获取信息保存权是

① Abby Smith. Valuing Preservation [J]. Library Trends, 2007, 56 (1): 4-25.
② 刘青. 信息法新论 [M]. 北京: 科学出版社, 2008: 2.

国家保障公民信息获取利用权利的重要手段。

③呈缴本图书馆实现职责的必要条件。

信息资源的长期保存是呈缴本图书馆的核心基础业务，是其在信息生命周期活动分工中的职责所在。法国国家图书馆馆长让·埃内提出："对于类似 Google 的公司开展的数字化项目来说，其薄弱环节就是不关心对数字资料的长期保存。这是由它快节奏的本质所决定的，投资回报必须快捷，这是雷打不动的信条。相反，保护文化遗产是有关公共事业部门的基本职责，为此他们享有国家特权，政府应当为它们提供稳定的财政保障，甚或在条件允许的情况下不断地增长这笔财政预算"①。

信息资源保存活动对经费和技术要求非常高。国家为了保障呈缴本图书馆实现信息资源保存的权利，需要进行相应的规划管理，提供必需的经济、法律等方面的保障，通过立法协调不同信息权利之间的冲突，为信息资源长期保存活动的有效运行提供条件支持。呈缴本图书馆为了实现其担负的社会职能，需要获得对相应出版物资源进行接收、存档、管理、处理、提供服务的权力。为了维护呈缴本图书馆信息保存权利的实现，在财政保障之外，国家还需要从法律上进行规范，调节信息资源保存活动中存在矛盾的利益关系，为呈缴本图书馆的活动提供法律支撑，最重要的体现就是法定呈缴制度的相关规则。

④提升保存效果的要求。

权利的相对面是义务，权利与义务是相辅相成的，享有权利的同时必然要承担义务。因此通过法律赋予呈缴本图书馆保存权利的同时，也为其设定了相应的义务。呈缴本图书馆中的出版物资源是国家财产，是一个社会阶段政治、经济、文化的直接反映，有长期利用的价值，需要对其进行长期稳定的保存。呈缴本图书馆在获得信息资源保存权的情况下，就需要制定良好的保存规划措施；配备专门的人力、物力、空间条件；制定良好的管理制度和

① ［法］让-诺埃尔让·埃内．当 Google 向欧洲挑战的时候：为奋起辩护［M］．裴程，译．北京：北京图书馆出版社，2006：69-70.

应急方案等。通过各种有效的措施确保自己保存的信息资源能够长久获取利用，有效提升信息资源的保存效果。

⑤增强社会意识的需要。

从功能上看，法律不仅有规范作用，而且具有告示、教育的功能。法律调整的对象一般都属于迫切需要规范的社会关系领域，法律的制定和实施是宣传相关理念的最好方式。通过对数字出版物法定呈缴制度相关问题的立法规范，以法律的方式赋予呈缴本图书馆以法定保存权，可以促使社会各个领域的公众都能意识到数字出版物法定呈缴的意义和重要性。由于数字出版物生产的便利性，使得更多的主体具备成为呈缴主体的可能。通过法定保存权利的设定，能够使更多的主体具备积极参与数字出版物法定呈缴活动的意识。

6.2.4 信息保存权对数字出版物法定呈缴制度的指导

呈缴本图书馆主要可以通过两种途径获得信息保存权，即通过法律授权而获得的信息保存权（法定信息保存权）；通过合同从出版物资源生产机构获得的信息保存权（议定信息保存权）。这两种信息保存权分别有不同的内涵和价值①。本书从法定呈缴制度的研究需要出发，主要探讨的是法定信息保存权。

（1）法定信息保存权的类型

法定权利指的是“在一定的法律关系中，法律关系的一方对另一方所享有的可以要求做出一定的作为或不作为，并为法律规范所认可的一种资格”②。通过法律规范的权利一般是社会生活中比较重要的权利类型。这种权利得到了国家的认可，权利的实现有比较高的保障。

作为法定权利的信息保存权，现阶段主要包括两种类型：信息资源接收权和为保存目的的复制权。对于呈缴本图书馆而言，信息资源接收权主要是

① 吴钢．论信息保存权［J］．图书馆，2011（4）：4-7，11.

② 林来梵．宪法规范到规范宪法［M］．北京：法律出版社，2001：76.

通过法定呈缴制度实现。通过全面接收一个国家的出版物资源来保存国家的文化遗产。享有这种权利的图书馆必须由国家相关法律法规明确规定，在保障信息资源有效接收的同时不至于给信息资源生产机构带来太大的负担。

信息资源接收权的具体实现形式可以随着信息资源类型的变化而发展。如在数字环境下，对于数字出版物资源如果采用传统出版物的被动接收方式会导致大量有价值的信息资源难以纳入保存体系中。为了适应数字出版物资源的新特征，众多国家已经通过制定、修改法律赋予相应的呈缴本图书馆以主动采集网络信息资源的权利，通过法律法规授予呈缴本图书馆可以主动收割位于互联网上本国域名下的网络资源的权利，使图书馆不经授权许可就能够对网络上可以被公共获取的信息资源实施采集保存。这一方面提高了信息资源采集的效率，便利了保存工作的开展，另一方面也为信息资源保存工作提供了国家法律的支持，使呈缴本图书馆在开展信息资源保存活动过程中避免侵权风险发生。

为保存目的的信息资源复制权是呈缴本图书馆等公共信息管理机构为实现保存人类文化遗产的使命而必须享有的权利。在数字环境下，随着信息载体老化、软硬件格式过时的速度加快，为了实现信息资源的长期有效保存，就需要开展对信息资源的持续复制转换。复制权是著作权人的一项专有权利，呈缴本图书馆享有为保存目的的信息复制权是一种对著作权人专有权的限制。这种权利的获取为图书馆的复制行为提供法律支持，使图书馆相关活动的开展不会面临侵权诉讼的风险。

作为一种法定权利，在其实施过程中就需要有国家强制性力量作为保障，在权利受到侵害后有相应的补偿与救济机制。如在信息保存权领域，当信息生产机构没有按照法律规定要求呈缴出版物资源，造成国家信息资源长期保存体系产生资源遗漏时，就需要强化法律惩处措施的功能，督促相关机构履行自身的法定义务。

（2）法定信息保存权的争取

任何法律的制定、修改都是利益博弈的过程，权利的获得是各种利益相关团体相互妥协平衡的结果。因此法定权利的取得需要进行积极的争取。为了适应数字环境下的新特征，获得相关的信息资源保存权，有效实现信息保存职能，呈缴本图书馆等机构应通过各种途径积极表达自己的信息保存权利主张。通过宣言、声明、示范协议等方式，表达公共机构对信息资源呈缴保存的关注和利益诉求，引起国家、社会对信息资源呈缴保存活动的重视。

在权利争取的过程中，根据法定信息保存权的表现方式，有针对性地表达图书馆界的呼声。通过呈缴法规的制定完善，改进呈缴本图书馆对出版物资源的获取机制，提高资源获取效率；通过版权法规的相关条款的修订，为呈缴本图书馆开展保存活动提供法律支持，避免侵权风险。对出版商的调查显示，他们并不乐意图书馆开展保存复制，但是如果法律允许这些行为，他们也不会完全反对①。因此，通过确定有利于呈缴本图书馆开展相关活动的法规，可以为数字出版物法定呈缴制度的有效实施创造条件。

国际上相关图书馆协会在争取信息保存权的活动中发挥了积极作用。早在 1994 年，美国研究图书馆协会（Association of Research Libraries，ARL）就数字环境下的知识产权保护问题发表了它的 7 条原则声明，其中涉及数字信息资源的保存问题，提出“作为迅速增长的人类知识的保存者，图书馆和存档馆必须充分利用各种信息技术来保存我们的学术和研究传统。同保存其他载体形式的人类知识一样，研究图书馆有责任对电子信息进行存档管理和保存，并继续扮演这个重要的社会角色。因为电子信息的出版商和数据库制造商在某些电子信息失去市场价值后就不再保存它们。因此，在为信息基础设施制定政策框架时，必须包括研究图书馆对电子信息进行存档管理和保存的条文，从而保证这部分资料成为图书馆的永久性馆藏，使公众能够获取这

① Copyright and Licensing for Digital Preservation Project Seminar [R/OL]. [2013-08-20]. http://www.lboro.ac.uk/departments/ls/disresearch/CLDP/DOCUMENTS/Seminar%20Report%20.doc.

些信息资源。要达到这个目标，就需要加强现行版权法中有关图书馆方面的条文，以允许图书馆使用各种信息技术保存电子信息”①。

《国际图联关于在数字环境下版权问题的立场》中，有专门的“保存和维护”一节，提出“图书馆搜集和保存信息。事实上，保存信息和文化的责任属于图书馆和信息行业，版权法不应该阻止图书馆依靠新技术来改进保存资料的技巧。版权法应允许图书馆和档案馆把享有版权的资料转换成数字形式，以实现保存和维护资料的目标。版权法也应该覆盖电子媒介的法定呈缴问题。”② 这些反映了图书馆界对保存问题的明确利益主张。

我国图书馆界对信息保存权的争取也经历了发展过程。2006年，中国图书馆学会第七届一次理事会通过的《中国图书馆学会关于网络环境下著作权问题的声明》中，涉及信息资源保存的内容仅有一句：“图书馆的公共借阅活动、图书馆出于保存目的或为用户学习、研究需要而进行的复制，应该享有合理使用豁免。”③ 这种原则性的条款没有体现出具体、明确的权利诉求，表明当时我国图书馆界对于新环境下信息保存权的争取还没有引起足够重视。

2011—2012年，在我国《著作权法》第3次修订过程中，我国图书馆界更加积极地行动起来，对涉及图书馆的条款发出自己的呼声。其中涉及信息资源保存的建议增加内容包括：“依法享有保存国家和地方文化遗产职能的图书馆、档案馆等可以采集、保存具有历史、科学和文化价值的公开网络资源，权利人明确禁止的除外”；“图书馆、档案馆等为保存目的的可对合法获

① Association of Research Libraries. Intellectual Property: An ARL Statement of Principles [EB/OL]. [2013-08-14]. http://www.arl.org/sc/copyright/ipprinciples.shtml.

② 国际图联关于在数字环境下版权问题的立场（2000）[EB/OL]. [2013-08-14]. http://archive.ifla.org/III/clm/p1/pos-dig-cn.pdf.

③ 中国图书馆学会关于网络环境下著作权问题的声明 [EB/OL]. [2013-08-14]. http://www.weblib.com.cn/xxzl/ShowArticle.asp?ArticleID=226.

得的数字作品进行格式转换"①。

图书馆界通过宣言、声明、书面建议、立法专家建议稿等方式积极宣传信息资源保存的合理性和必要性，促进社会对信息资源保存问题的关注。在国家认识到有效的信息资源保存的价值和意义的情况下，就可能通过立法的形式确定其信息资源保存权利，实现由道德权利向法定权利的转化。

这种权利转化的方式已经有实现的先例。如随着开放存取运动的发展，美国国立卫生研究院（National Institutes of Health，NIH）要求其资助的研究成果提交复本保存于国家医学图书馆的"PubMed Central"（PMC）数字仓储中，以提供公共获取利用。这种要求实现开放存储的政策经历了由自愿到强制的转变，已经得到了国家立法的明确支持。对于美国国家医学图书馆来说，其获得的对研究成果的保存权从一项自愿性的道德权利变成了一项强制性的法定权利，在执行方面有了更多的保障。这对于我国图书馆界推进数字出版物法定呈缴立法具有启发意义。

6.3 我国数字出版物法定呈缴制度构建优化对策

我国是一个具有丰富文献资源的国家。在历史上，中华民族就非常重视典籍功能的发挥，重视对文献信息资源的保存传承。从殷商时期的甲骨文献开始，官府、私人、寺院和书院四大藏书系统开展的文献搜集和保存活动为中华文明的传承和延续作出了不可磨灭的贡献。与之形成鲜明对比的是，与世界上相关国家相比，我国的出版物法定呈缴制度在制度设计和功能发挥等方面都还比较欠缺，尤其是在数字出版物法定呈缴保存领域，现阶段我国在立法和实践领域已经落后。综合考虑现有国际立法和研究现状，以及相关领

① 肖燕．追寻著作权保护与权利限制的平衡——图书馆界对《著作权法》修改草案的建议与期盼［J］．中国图书馆学报，2013（3）：18-24.

域实践进展，需要对我国的数字出版物法定呈缴制度设计提出一些对策建议。

6.3.1 及时跟进数字出版物法定呈缴立法工作

6.3.1.1 我国数字出版物法定呈缴立法现状

在我国，现行涉及数字出版物法定呈缴的法规主要体现在对电子出版物的相关呈缴规定上，主要可以从以下几部法规中找到依据。

2011 年 3 月修订的《出版管理条例》第 22 条规定："出版单位应当按照国家有关规定向国家图书馆、中国版本图书馆和国务院出版行政主管部门免费送交样本"。

2008 年 4 月起施行的《电子出版物管理规定》第 35 条规定："电子出版物出版单位在电子出版物发行前，应当向北京图书馆、中国版本图书馆和新闻出版署免费送交样本"。

2007 年 1 月，新闻出版总署下发《关于加强音像制品和电子出版物样本缴送工作的通知》中，要求出版单位根据相关规定，高度重视样本的缴送工作，样本缴送要及时、完整。音像制品和电子出版物出版发行后，30 日内须向新闻出版总署音像电子出版物样本征集办公室、国家图书馆和中国版本图书馆缴送样本各 1 套，所缴送的样本必须完整，不得有缺失。

新闻出版总署于 2011 年 3 月发布的《关于进一步加强新闻出版总署出版物样本缴送工作的通知》中，要求缴送的品种包含电子出版物，向新闻出版总署、中国版本图书馆缴送音像制品和电子出版物各一份，电子出版物出版 30 日内应缴送样本。该通知中甚至遗漏了国家图书馆这一重要的出版物法定呈缴接收机构。

对以上法规条文进行分析，可以发现我国现行有关数字出版物法定呈缴立法主要存在的问题包括：

立法的级别不高。我国现阶段涉及出版物呈缴的相关法规都是国务院的行政法规或原新闻出版总署的部门规章。从法律法规的位阶上看，与由全国人大制定通过的法律相比，存在着差距，难以引起相关呈缴责任主体的充分重视，其法律效力和执行效果无法与法律相比。

现行法规中仅涉及对离线数字出版物的法定呈缴问题。《电子出版物管理规定》第2条规定："本规定所称电子出版物，是指以数字代码方式将图文声像等信息编辑加工后存储在磁、光、电介质上，通过计算机或者具有类似功能的设备读取使用，用以表达思想、普及知识和积累文化，并可复制发行的大众传播媒体。媒体形态包括软磁盘（FD）、只读光盘（CD-ROM）、交互式光盘（CD-I）、照片光盘（Photo-CD）、高密度只读光盘（DVD-ROM）、集成电路卡（IC Card）和新闻出版总署认定的其他媒体形态。"

由于新闻出版总署（现已合并为国家新闻出版广电总局）没有发布有关文件对"其他媒体形态"进行界定，因此目前要求出版机构呈缴的数字出版物指的是以实体形式出版的离线电子出版物。而与之相对应的，仅以在线形式存在的网络出版物，或者说大量存在的可以公开获取的网络信息资源，都还没有纳入我国数字出版物法定呈缴制度的覆盖范围。这需要在设计数字出版物法定呈缴制度过程中重点关注。

6.3.1.2 我国数字出版物法定呈缴立法方式

国际上法定呈缴立法的主要模式有：单独立法（如英国、丹麦、挪威等）；在著作权法中规定（如美国、澳大利亚等）；在出版法中规定（如奥地利等）；在图书馆法中规定（如德国、加拿大、新西兰等）。在我国，如果要提升法定呈缴规则的法律位阶，在法律层面上将呈缴出版物确认为出版机构的法定义务予以强制实施，也需要考虑从这几种立法模式入手。对于我国数字出版物法定呈缴的立法模式选择问题，需要结合我国实际国情进行具体分析。

著作权法的相关规定能够为法定呈缴活动的开展提供支持。但由于著作权法调整的对象范围非常广泛，涉及社会生活的方方面面，但对图书馆的实际需求并没有过多关注。我国《著作权法》在1990年制定、1991年实施后，在2001年进行了第一次比较大规模的修订，在2010年做了微调。为了适应社会经济、科技、文化发展的需要，我国于2011年全面启动了第三次《著作权法》的修订工作。从现阶段已发布的修订后《著作权法》草案中可以看到，草案条款对图书馆等公益性信息机构开展相关业务活动的需求，关注仍然非常有限，与图书馆相关的合理使用条款没有任何变化，这并不利于图书馆在数字环境下职能的有效发挥。从我国的立法现实情况看，寄希望于从《著作权法》的直接修订中获得对数字出版物法定呈缴的支持还面临着漫长艰巨的任务。

希望对数字出版物法定呈缴实施单独立法的目标也非常难以实现。在我国法治社会的建设实施过程中，对各项法律的需求更加急迫，各个领域都需要制定相关的法律来规范各种社会关系。国家的立法资源成为稀缺资源，大量列入立法规划、需要制定的法律都在排队等候，要想希望全国人大单独为法定呈缴立法还非常困难。

结合我国国情，北京大学信息管理系李国新教授曾提出，“按照目前中国的相关立法形势，将出版物法定呈缴制度纳入著作权法已无可能，出版法的制定短期内难以启动，为呈缴制度单独立法在可以预见的未来难以实现，最具可能性的是将呈缴制度纳入正在制定的《中华人民共和国图书馆法》”①。在李国新教授发表研究成果时，国内积极推进图书馆法的制定，在具体实施过程中，发现为了更便利于有针对性地解决问题，推动立法的早日实现，将立法名称改为了《中华人民共和国公共图书馆法》（以下简称《公共图书馆法》）。

考虑到我国法律法规制定的实际情况，借鉴国外的发展经验，笔者认为比较可行的方式是，在我国正在制定的《公共图书馆法》中对出版物呈缴规则作原则性规定，其中需要涉及对数字出版物法定呈缴内容的规范。这样使

① 李国新．论出版物样本缴送制度改革——围绕图书馆立法的制度设计研究［J］．中国图书馆学报，2007（2）：5-12，32.

我国的法定呈缴规定能够具有相对较高的法律位阶。同时在《公共图书馆法》中设定相关条款:“有关出版物法定呈缴的具体实施办法由国务院另行规定”。这种立法模式在我国很多法律法规制定中已经得到了应用。《信息网络传播保护条例》《计算机软件保护条例》等在制定过程中，采取的都是这种模式。通过单独的出版物法定呈缴条例，详细规定法定呈缴的具体事项，这样综合性的设计能发挥最佳效果。在我们这样一个信息资源丰富、重视信息资源保存的国家，这既符合我们的传统，也契合世界上越来越重视数字出版物法定呈缴制度的发展趋势。

6.3.1.3 图书馆界应积极推动数字出版物法定呈缴立法工作

在我国，数字出版物法定呈缴的立法环境已经初步形成。一方面国际上数字出版物法定呈缴立法的进展为我国相关工作的开展提供了众多借鉴经验，另一方面我国在逐步重视加强文化建设。十七届六中全会发布《中共中央关于深化文化体制改革、推动社会主义文化大发展大繁荣若干重大问题的决定》，提出文化是民族的血脉，是人民的精神家园。文化在综合国力竞争中的地位和作用更加凸显，维护国家文化安全任务更加艰巨，增强国家文化软实力、中华文化国际影响力要求更加紧迫。在推动文化事业大繁荣、大发展的进程中，必然要关注对文化的重要载体——信息资源的长期保存利用问题，而这正是数字出版物法定呈缴制度所要解决的核心问题。

正如李国新教授所指出的，呈缴本制度保障的是社会公共利益，是一项典型的国家公共政策，它的实施不可能完全靠市场调节，不可能依赖个人的、集团的利益驱动，也不能被动地等待相关关系者的自觉①。对于数字出版物法定呈缴立法而言，在相关立法环境显现的情况下，立法活动的开展需要有相应的推动力，积极推动国家立法机构关注相关问题的解决。在数字出版物法定呈缴制度领域，图书馆，尤其是国家图书馆，应承担起推动数字出

---

① 李国新．论出版物样本缴送制度改革——围绕图书馆立法的制度设计研究［J］．中国图书馆学报，2007（2）：5-12，32.

版物法定呈缴立法的工作，为国家相关法规政策的制定提供具体的对策建议。

由于数字出版物法定呈缴制度相对而言还是新兴事物，我国图书馆界对其的认识也还处于起步阶段。在笔者进行一项有关我国图书馆信息资源保存现状与对策的研究过程中，设计了相关调研问卷，通过实地发放问卷、电子邮件发放、网络发放等方式，共获得了来自全国 19 个省/市/自治区、86 家图书馆的 108 位图书馆员的回复。问卷中设计题目，对我国图书馆工作者有关数字出版物法定呈缴相关问题的认知进行了调研，结果如图 6-1 所示①：

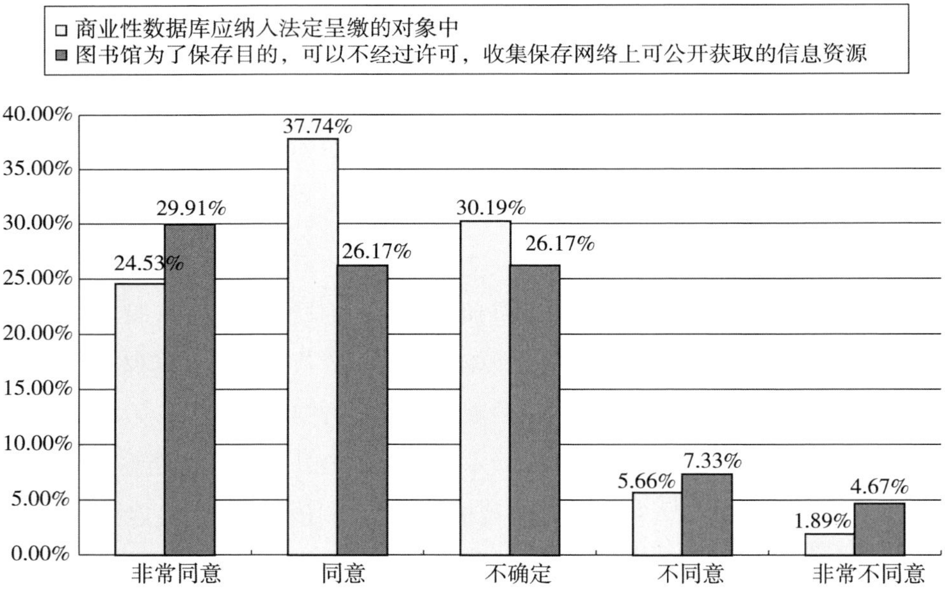

图 6-1 我国图书馆工作者对数字出版物法定呈缴问题的态度

从图 6-1 中数据可以看出，我国图书馆工作者对数字出版物呈缴出现的

① 吴钢．国家信息资源保存制度研究［D］. 武汉：武汉大学，2010：127.

新问题的认知还不明确，对于“图书馆为了保存目的，可以不经过许可，收集保存网络上可公开获取的信息资源”和“商业性数据库应纳入法定呈缴的对象中”两种观点，持不确定态度的人数比例较高，相对而言同意度认知不高。

虽然此项研究工作由于受到众多条件限制，调研对象的数量、分布范围比较有限，不能完全代表我国图书馆界人士的认知，但是其在一定程度上也反映了我国图书馆工作者对数字出版物法定呈缴相关问题的认知还不是很全面。相应地，这种认识的阙如会忽视某些重要的问题，直接影响图书馆界对推动数字出版物法定呈缴相关政策与法规制定工作的开展。

因此，我国图书馆界首先需要提升自身的意识，积极跟踪数字出版物法定呈缴的国际进展，结合我国具体国情，研究数字出版物法定呈缴法规制定过程中所需要解决的各种问题。

法律制定和实施的重要作用一方面体现在规范公众的社会行为方面，另一方面体现在对人们意识的影响方面。图书馆界需要积极在社会上宣传、介绍数字出版物法定呈缴制度的意义、重要性，让社会各界、各种利益相关者群体都能意识到数字出版物法定呈缴制度对于推动国家数字文化遗产保护与传承的重要意义，营造一份有利于法定呈缴制度制定与实施的环境，减少制度的阻力。如日本国立国会图书馆非常重视对法定呈缴的宣传工作，2008 年国立国会图书馆将每年 5 月 25 日定为呈缴日，专门设计呈缴本制度普及标识，发布专门的呈缴口号“让阅读的信念延续到百年之后，国立国会图书馆期待着呈缴本!”“让我的书籍成为大家的书籍，让我的书籍成为未来的书籍!”① 日本的宣传活动的确也起到了相应的作用，2012 年日本法定呈缴立法的变化在一定程度上也是这种活动带来的结果。日本的这种宣传工作值得我国图书馆界借鉴。

---

① 陈瑜，冷熠，罗栋．日本国立国会图书馆的缴送管理研究及启示［J］．图书馆杂志，2011（1）：70-73.

6.3.2 设计合理的数字出版物法定呈缴实施规则

6.3.2.1 确定合理的数字出版物法定呈缴对象范围

由于数字出版物的生产传播途径发生了显著变化，加之资源类型多样，尤其是网络信息资源，质量参差不齐，为了使数字出版物法定呈缴制度的设计更加有效，考虑到国家图书馆等相关呈缴接收机构投入法定呈缴工作中的人力、物力、财力问题，需要确立比较合理的数字出版物法定呈缴的客体范围。

对于离线数字出版物，由于其生产与传播过程与传统类型出版物比较类似，我国现有的法规已将其纳入法定呈缴保存体系中。法规中还需要明确离线数字出版物在法定呈缴过程中需要提交用于信息读取的各种软件工具，去除相应的技术保护措施。

对于没有对应实体载体的网络出版物，我国立法中需要将其纳入法定呈缴的课题范围。对于网络上普遍存在的各类型数字出版物，可以综合采用全域名收割方式和选择性收割方式。在实施选择性收割过程中，从资源本身角度考虑，设立一定的标准，选择能够反映我国一个时代政治经济文化特征、具有相应价值的网络信息资源。否则有价值的信息资源会湮没在大量无序甚至有害的信息中，反而不利于数字信息资源的长期获取与利用。

6.3.2.2 设计多样的数字出版物法定呈缴实施模式

为了促进数字出版物法定呈缴制度的有效实施，需要从低成本、高效率的角度入手，设计具体的实施方式。正如我们在前文中所分析，从国际发展经验来看，数字出版物法定呈缴的具体实施已经主要由两种方式构成：推送模式和拉取模式。我国数字出版物法定呈缴制度在实施过程中，也应该综合采用这两种不同的模式。

（1）对于网络上分布的可以直接获取、没有限制措施的网络出版物资源，呈缴法规应赋予承担保存职能的图书馆可以复制、收割、保存相关网络出版物资源的权利，为图书馆实施相关活动提供法律保障，避免图书馆开展相关的业务产生侵权风险。在实施拉取式的过程中，一方面可以采取全域名收割的模式，在最大范围保存我国的网络信息资源；另一方面可以结合采用选择性收割的方式，对价值较高的网络站点实施频率更高、更深入的资源收割采集工作，确保其内容最大程度地纳入数字信息资源长期保存体系中。

（2）对于离线数字出版物，与传统类型出版物特征比较类似的网络出版物资源或者在网络上有技术或经济措施限制、不能够直接收割获取的网络出版物资源，呈缴法规应要求出版物资源生产者承担起呈缴相关数字出版物的责任。这种呈缴过程可以是根据法规要求相关主体自觉履行义务，也可以是在呈缴本图书馆发出呈缴要求时，积极配合完成法定呈缴流程。

6.3.2.3 应用高效的数字出版物法定呈缴实施工具

与纸本出版物的法定呈缴不同的是，数字出版物法定呈缴的实现更多地与技术进步与革新密切相关。如在数字出版物法定呈缴实施过程中，需要开发应用相应的工具、系统，一方面可以使出版者更加简便地完成呈缴数字出版物的义务，另一方面也易于实现对数字出版物的生命周期管理，促进保存目标的有效实现。

适用于数字出版物法定呈缴的开展模式，可以开发应用的主要实施工具也可以分为两大类：

（1）拉取模式（pull 模式）

在该模式下，主要涉及网络信息资源收割工具的开发应用。通过功能更强大的收割工具，呈缴本图书馆可以自动采集更多、更高质量的网络上可以公开获取的数字出版物资源，将更多的数字信息资源纳入保存范围。

（2）推送模式（push 模式）

在该模式下，主要涉及开发应用提交与保存系统。数字出版物生产者可以借助于提交系统，方便快捷地实现对符合法定呈缴要求的资源提交活动。应用保存系统，以能够安全地存储呈缴的数字出版物资源，促进数字信息资源长期保存与获取利用目标的实现。

随着国际上对数字出版物呈缴保存工作的重视，已经有越来越多的工具被开发出来。我国需要借鉴国际上现阶段比较成熟、应用比较广泛的工具、系统，结合我国的实际做进一步的研发、改进。在这个过程中，呈缴本图书馆要积极与各类型技术机构开展合作，明确表达自身的需求，使相关工具能够最大限度地满足数字出版物法定呈缴与保存业务流程的实施需要。

6.3.3 开发数字出版物法定呈缴制度的多样功能

如果一项制度的设计与实施能够同时实现多样化的功能，其运行就会更加富有效率，从“成本—效益”的视角来看更符合经济规律。数字出版物法定呈缴的最终目的是通过及时有效地将出版物资源纳入稳定、可靠的信息资源保存体系中，提升国家的数字信息资源长期保障能力。在这个基本功能之外，如果能够承担更多功能，则有利于推动数字出版物法定呈缴制度的实施。这些功能可以体现在以下方面。

（1）版权登记

从版权获取角度来看，版权虽然是基于创作完成自动取得的，但通过在指定机构对权利人作品进行登记，能够确认版权人的身份，有助于解决因版权归属造成的纠纷，为解决版权纠纷提供初步证据；有利于作品的许可、转让，维护作者等权利主体和作品使用者的合法权益①。尤其是在数字出版物权利主体更加难以辨识的情况下，对作品进行权利登记的需求会逐渐上升。

我国现阶段承担版权登记功能的机构比较多样化，各省、自治区、直辖市版权局，中国版权保护中心都履行着相应职能。如果能够将数字出版物法定呈缴与版权登记相结合，权利人在将作品呈缴到国家图书馆等机构之后，就能获得版权登记，相当于是对权利人一种变相的补偿措施。这将会调动出版者提交资源的积极性，提升数字出版物法定呈缴实施的效果。当然，该目标的实现过程中需要国家图书馆与出版管理部门进行有效合作。

---

① 版权登记［EB/OL］.［2013-08-25］. http：//baike. baidu. com/view/779065. htm.

（2）信息揭示

出版物法定呈缴制度的重要功能就是为国家书目的编制打下基础，表征一个国家某阶段的信息资源产出情况。在数字环境下，可以应用新的技术平台与手段，借助永久标识符等新出现的信息管理方式的应用，对呈缴数字出版物资源进行更有效的揭示。实现这种报道功能可以提升数字出版物的可视度，进而为提升出版者的效益作出贡献。

我国台湾地区学者在研究数字出版物法定呈缴制度，在对数字出版商进行访谈的过程中，有数字出版商提出：图书馆是否可以考虑提供所有呈缴电子资源的目录与目次，当使用者真正需要阅读全文时可转而链接到数字出版商自建的数字阅读平台，虽然这样的途径未必是数字出版营利的主要来源，但对于数字出版商而言，法定呈缴将会有另外的附加价值，不再只是出版商单方面的贡献，也比较能够鼓励其配合①。可见，数字出版商也已经关注了数字出版物法定呈缴对其资源进行揭示的功能实现，希望呈缴本图书馆实施相关工作。

（3）信息反馈

法定呈缴制度的最终目标是保障信息资源的获取利用。国家图书馆对于接收呈缴的数字出版物的利用情况，也可以开展有效的管理。在欧盟委员会发布的《现阶段出版商的数字出版物法定呈缴实践调研报告》中，在总计39家出版商中，有26家出版商提出希望图书馆向其提供出版物的有关利用统计数据。这些统计数据主要包括：出版物被浏览量、被浏览的出版物数量、用户数、浏览和下载的数量、每次浏览持续的时间、每次利用的检索式等②。

这些统计信息直接表征了用户的信息偏好及信息行为，可以为出版商产

① 林巧敏．国家图书馆电子资源法定送存制度之研究［J］．大学图书馆，2008，12（2）：79-105.

② European Commission. Report on current practices among publishers regarding the deposit of digital publications ［R/OL］．［2013-08-12］. http：//citeseerx. ist. psu. edu/viewdoc/download？ doi = 10. 1. 1. 170. 6073&rep = rep1&type = pdf.

品的改进与营销推广等提供参考。因此，国家图书馆需要比较详细地记录、统计相关呈缴出版物资源的利用信息，将用户信息向出版者进行反馈，有助于其了解用户需求的满足状况，可以为出版者改进自身相关业务提供指导，对其效益的提升产生积极影响。

6.3.4 合作开展数字出版物呈缴与保存活动

在数字信息资源长期保存活动开展过程中，需要有大量的经费、人力、物力投入，单个机构越来越难以单独承担，合作成为数字出版物长期保存的发展趋势。如 Hideki Takeuchi 认为在数字资源成为图书馆服务主流的情况下，保存问题变得更加复杂，没有一个单独的国家图书馆能够解决它，因此国家图书馆要建立联合的保存项目，确定每一个参与者的职责和责任，促进合作的开展①。Maggie Jones 等人提出没有一个单独的机构能够独立解决数字保存面临的所有挑战和问题。数字保存联盟建立的原则就是：不同部门之间的深度合作是非常重要的，在数字资源生命周期不同阶段应有广泛的关键参与者②。

由于数字出版物法定呈缴活动与数字信息资源保存紧密相联，不可分割，因此在实施数字出版物法定呈缴及保存过程中，同样需要通过有效的合作方式，促进其有效实施与开展。

在我国，合作实施数字出版物法定呈缴更有其积极意义。由于我国传统上承担接收法定呈缴出版物职能的机构不仅有国家图书馆，而且还包括中国版本图书馆、国家新闻出版总署。从现阶段的实施情况来看，新闻出版总署样书室收缴的图书样本主要用于审读功能，并不对样书进行长期保存，无法建立长期稳定的信息资源保存体系。中国版本图书馆和国家图书馆都强调自

---

① Hideki Takeuchi. Preservation strategies of national libraries in the digital age: case of the Library of Congress [J]. Journal of Information Science and Technology Association, 2007, 57 (11): 526-530.

② Maggie Jones, Najla Semple. UK digital preservation needs assessment: where we go from here [EB/OL]. [2013-08-25]. http://www.ariadne.ac.uk/issue48/semple-jones.

己作为“全国总书库”的职能，认为需要保障自己接收呈缴出版物的权利。在传统的纸本环境下，多头呈缴可能给出版机构带来的更多的是负担加重，而在数字环境下，尤其是对于网络出版物资源的呈缴与保存而言，多个法定呈缴机构之间可以积极开展合作，通过分工协调，提升制度实施的效率。这种合作分工主要体现在对不同类型数字出版物资源进行不同保存级别的设定、对网络信息资源进行分工采集收割等方面。

正如前文所述，对于数字信息资源的长期保存实施而言，更加重视的是承担机构的保存能力。在我国，国家图书馆可以和具备保存数字信息资源能力的图书馆等相关机构积极开展合作。除国家图书馆外，中国科学院国家科学图书馆、中国科技信息研究所等国家级信息管理机构，北京大学图书馆、清华大学图书馆等高校图书馆等，都具有比较雄厚的技术实力和基础设施，在数字信息资源保存领域积累了丰富经验。法律应允许国家图书馆开展合作保存项目，允许呈缴本图书馆选择特定的合作机构参与到呈缴数字出版物资源的长期保存活动实施过程中。

呈缴本图书馆与出版商的合作情况也是决定法定呈缴能否有效实施的重要因素。欧洲国家图书馆馆长联席会议代表委员会、欧洲出版商联合会发布的《发展与建立电子出版物自愿呈缴计划的声明》提出，不断更新的出版物对于大规模的采集和存档提出了特别的难题，出版商和呈缴本图书馆应该意识到确保在线出版物在其商业性生命周期之外存档和保存，确保其能够被长期利用的重要性，图书馆和出版社需要合作探索问题，测试呈缴和存档程序①。

呈缴本图书馆还需要与其他各种机构开展有效的合作。如与技术公司合作，设计开发相应的工具与系统，这在前文中已经有所论述。呈缴本图书馆可以与国家域名管理机构开展合作，便利于在网络信息资源收割过程中获取

① Conference of European National Librarians, Federation of European Publishers. Statement on the Development and Establishment of Voluntary Deposit Schemes for Electronic Publications [R/OL]. [2013-08-12]. http://ec.europa.eu/information_society/activities/digital_libraries/doc/consultations/replies/fep_a302619-1.pdf.

相关主体的信息。如丹麦《出版资料法定呈缴法》中规定，负责管理互联网中丹麦域名的机构应根据法定呈缴机构的请求，向其提供域名名录的电子复本以及域名注册者的相关信息①。

在开展数字出版物法定呈缴过程中，由于涉及众多专业知识，呈缴本图书馆还可以积极地与学科领域的专家开展合作。如法国国家图书馆在实施对网络信息资源采集过程中，不同机构的研究者和专家（如大学、研究所等）等也参与到资源选择的过程中。在开展主题领域或基于事件的因特网资源选择过程中，如网络活动主义（Web activism）、在线文学（online literature）、可持续发展与绿色网络（green Web），利用了研究者的专业知识，为图书馆的网络信息资源采集活动提供指导和参考②。这种方式可以在我国国家图书馆等机构实施网络信息资源选择式采集过程中得到应用。

6.3.5 合理平衡不同信息权利主体的利益关系

（1）利益平衡的基础

法律是保障利益实现的最佳方式，与法律规范内容相关的各权利主体都希望立法能够更加关注自身的利益。因此法律的制定过程就成为博弈与妥协的艺术。利益平衡是任何立法活动开展的着眼点。一项法律的制定能否取得成功，是否可以得到长期有效的施行，需要看其是否对立法活动中所涉及利益相关者的利益进行了有效的考量。

在数字出版物法定呈缴实施过程中，涉及出版物生产者、呈缴本图书馆和信息利用者等多种信息权利主体，不同的权利主体对数字出版物法定呈缴制度有不同的利益诉求。在出版物法定呈缴制定实施的问题上，图书馆界争取信息保存权，并非在追逐自身的利益。图书馆代表的是信息资源利用者的

① Act on Legal Deposit of Published Material [EB/OL]. [2013-08-12]. http://www.kb.dk/en/kb/service/pligtaflevering-ISSN/lov.html.

② Peter Stirling, Gildas Illien, Pascal Sanz, et al. The State of e-legal deposit in France: Looking back at five years of putting new legislation into practice and envisioning the future [EB/OL]. [2013-08-15]. http://conference.ifla.org/past/ifla77/193-stirling-en.pdf.

利益，为的是保障子孙后代信息资源长期获取利用权利的实现。法律中为图书馆设定相关的豁免条款，能够为图书馆职责的有效履行提供制度保障，就是平衡数字信息资源领域的长期利益和短期利益的具体措施。

虽然不同的信息主体有不同的利益诉求，但集中在促进国家文化遗产保存、实现信息资源的长期获取这一点上，不同主体的利益需求又能够得到融合统一。正如国家社会科学基金重点项目“中国出版史”的最终研究成果中所总结，从本质上讲，出版具有两种基本功能，一是文化知识的传播功能，另一是文化知识的积累功能①。出版功能的完全实现需要借助于法定呈缴制度功能的发挥，这也是数字出版物法定呈缴通过相应的规则设计能够协调不同主体利益的基础。

（2）利益平衡的实现方式

从出版者的利益角度考虑，最直接的方式是为其提供一定的补助。借鉴日本的经验，李国新教授提出，为了促进出版物法定呈缴制度的有效实施，全面保存国家的出版遗产，国家应该设立专门的出版物呈缴补偿金，支付给出版机构②。数字出版物在制作过程中有大量的人力、财力投入，成本高昂，对数字出版物，笔者认为可以对产品价格划定一定的基线，价格超出的出版物给予一定的经济补偿。

呈缴本图书馆在享有信息保存权利的同时，也需要履行相应的义务，如信息告知义务，使出版者能够及时了解自己呈缴信息资源的状况。如《加拿大图书馆与档案馆法》第10（1）条规定，出版者自己承担呈缴出版物复本的成本，图书馆员需要告知其接收情况③。此外呈缴本图书馆还需要切实承担数字信息资源长期有效保存的义务，成为出版者稳定的信息资源存档对象，使出版者不再担心对自己数字出版物的保存工作。

为了降低呈缴本图书馆信息资源利用对出版者的影响，可以设定一个延

---

① 肖东发．中国出版通史（1）［M］．北京：中国书籍出版社，2008：3.

② 李国新．中国图书馆法治若干问题研究［D］．北京：北京大学，2005：75-78.

③ Library and Archives of Canada Act ［EB/OL］．［2013-08-12］．http://laws-lois. justice. gc. ca/PDF/L-7. 7. pdf.

迟的时间段，规定数字出版物呈缴后一定时间再提供获取利用。《发展与建立电子出版物自愿呈缴计划的声明》中提出，为了商业、经济或技术方面的原因，可以协商一个比较靠后的时间段，在该时间段之后完成数字出版物的提交①。时间段的设置目的是避免给出版商的经济利益产生影响。

在我国现有的出版管理体制下，通过有关措施，可以更加便利于法定呈缴制度的实施。国家出版管理部门应将出版机构的法定呈缴执行情况与书号审批、优秀出版机构评选等方面相结合，作为重要的评估指标，使出版机构感受到与自身利益的密切相关性，调动其参与法定呈缴的积极性。

在数字出版物法定呈缴立法制定过程中，为了更充分地听取不同利益团体的建议，一些国家成立了专门的咨询委员会。如英国的法定呈缴咨询委员会是一个独立的咨询委员会，委员的构成体现了利益平衡的原则：5 位成员来自呈缴本图书馆；5 位来自出版机构和贸易协会；5 位是独立成员②。在日本成立了专门的法定呈缴制度咨询委员会（Legal Deposit System Council），对有效管理和改进法定呈缴制度提出建议。我国在制定实施数字出版物法定呈缴相关立法过程中，可以借鉴国外经验，成立专门的有关法定呈缴的咨询委员会。成员由来自图书馆界、出版界、教育界等领域的人员组成，代表各方利益，积极听取来自不同领域利益相关者的意见，反映在立法成果中，以求立法效果的最优化。

---

① Conference of European National Librarians, Federation of European Publishers. Statement on the Development and Establishment of Voluntary Deposit Schemes for Electronic Publications [R/OL]. [2013-08-12]. http://ec.europa.eu/information_society/activities/digital_libraries/doc/consultations/replies/fep_a302619-1.pdf.

② Department for Culture, Media and Sport. Proposal on the Collection and Preservation of UK Offline and Microform Publications and UK Online Publications [R/OL]. [2013-08-12]. http://webarchive.nationalarchives.gov.uk/+/http://www.culture.gov.uk/images/consultations/Digital_legal_deposit.pdf.

7　不同类型数字信息资源的长期保存

7.1　个人数字信息的长期保存

个人数字信息保存（personal digital archiving），或者说个人数字存档、个人数字记忆保存，顾名思义，就是通过各种方式、方法保存与个人有关的数字信息。与机构性的数字信息保存不同的是，个人数字信息保存的主体更强调个人，特别是普通公众，其保存的对象也更倾向于个人而非机构创造、收集或策划的数字资料①。随着越来越多的个人信息以数字格式产生，个人数字信息保存的必要性也越来越凸显。

7.1.1　树立公众个人数字信息保存意识

在美国，数字信息保存对于图书馆、档案馆等社会公共文化机构来说早已非常熟悉，并且在这方面也取得了相当大的成就。但是对于世界上最大的数字信息拥有者群体——普通公众来说，数字信息保存特别是个人数字信息保存却是一个非常陌生的话题。许多公众根本不知道什么是个人数字信息保

① Hawkins, Donald T. Personal archiving: preserving our digital heritage [M]. Medford, NJ: Information Today, 2013.

存或者为什么要进行个人数字信保存①。为了树立起公众的个人数字信息保存意识，美国国会图书馆从两个方面进行了着手。

7.1.1.1 让公众了解个人数字信息的重要性

个人数字信息在个人记忆的构建和历史文化的传承中起着重要的作用。对个人而言，个人数字信息作为个人活动的数字化记录，其内容涉及个人生活的方方面面，对今后的生活、工作、学习肯定会产生相当大的影响。对社会而言，个人数字信息是社会集体记忆的重要组成部分，保存个人数字信息，就是保存人类文明。此外，个人数字信息在某些社会、历史研究中也扮演着至关重要的作用，如充实历史和还原细节②。美国国会图书馆通过各种方式和途径向公众宣传个人数字信息的重要性：在其网站上提供有关个人数字信息保存重要性的文本及视频资料；通过各种社交媒体，如 Facebook、Twitter、电子邮件、博客等工具向公众进行宣传；通过邀请数字信息保存专家、档案管理员等来馆举办讲座；通过在线测验来让公众了解和检测自己对个人数字信息保存的认识程度等③。

7.1.1.2 让公众了解个人数字信息的脆弱性

美国国会图书馆发现，许多公众对个人数字信息的脆弱性并不知晓，以至于许多人的个人数字信息面临着丢失的危险④。为了提高公众对个人数字信息脆弱性的认识、树立其个人数字信息保存意识，国会图书馆采用了两种不同的方式：一方面，进行正面宣传，通过各种科普式宣传手段来进行。如

① Perspectives on Personal Digital Archiving 2013 [EB/OL]. [2014-04-24]. http://www.digitalpreservation.gov/documents/ebookpdf_march18.pdf.

② 梁广寒．个人数字化记忆的安全保存［J］. 中国档案，2008（8）：64-65.

③ Did you know? Interesting Facts About Digital Media [EB/OL]. [2014-04-26]. http://www.digitalpreservation.gov/personalarchiving/quiz/.

④ The Library of Congress and Personal Digital Archiving [EB/OL]. [2014-04-26]. http://www.digitalpreservation.gov/documents/lc-digital-preservation.pdf? loclr=blogsig.

通过网站、社交媒体、专家讲座等各种方式宣传个人数字信息会因非法操作、技术过时等原因而丢失或不可用，数字存储设备寿命有限①等，让公众对数字信息的脆弱性有一个直观的认识；另一方面，进行反面教育，通过各种素材案例进行。如在图书馆博客、相关刊物、网站上刊登公众由于未进行个人数字信息保存而带来不良后果的案例、邀请一些公众来图书馆现身总结自己的经验教训等②。通过这些反面教育来加深公众对个人数字信息脆弱性的认识。

7.1.2 提供完善的指导信息

通过参与国家数字信息保存项目 NDIIPP，国会图书馆成为美国最早向公众提供个人数字信息保存指导的机构之一。早在 2007 年，国会图书馆就在其网站 digitalpreservation. gov 上面提供了许多个人数字信息保的建议，这在当时是第一个 0。在那个时候，由于人们对个人数字信息的了解重视程度不够，公众很难通过相关渠道获取这方面的信息。经过这几年不断的努力，国会图书馆向公众提供的指导信息越来越完善，内容也越来越丰富。在载体上，提供的信息包括视频、音频、文本、图片、网页、手册、实物、口述等多种载体；在内容上，涉及到个人数字信息保存内容、存储载体选择、保存方法、保存步骤等各个方面。

7.1.2.1 保存内容的指导

(1) 保存范围的指导

保存内容即保存的对象，明确个人数信息保存的内容是公众进行保存实践的前提。人的一生会产生无数的数字信息，截至 2007 年，接近 94% 人类

---

① How Long Will Digital Storage Media Last? [EB/OL]. [2014-04-27]. http://www.digitalpreservation.gov/personalarchiving/documents/media_durability.pdf.

② Personal archiving [EB/OL]. [2014-04-27]. http://blogs.loc.gov/digitalpreservation/category/personal-archiving/.

记忆都是以数字形式存在的①。公众没有能力也不可能把所有的数字信息都进行保存。美国国会图书馆认为公众应该保存的个人数字信息包括：数字照片、数字音频、数字视频、电子邮件、个人数字记录和网站信息六种（如表7-1），并且给出了保存的理由②。

表 7-1 个人数字信息保存内容

保存范围	具体内容
数字照片	自己拍摄、扫描、下载或者其他方式产生的各种格式的照片
数字音频	演讲、会议、演唱的录音材料、音乐等各种格式的音频文件
数字视频	录制的生活片段、视频学习资料、演讲视频等
电子邮件	发送或接收各种电子邮件及电子邮箱账号、密码等
个人数字记录	如简历、学位论文、演示文稿、短信等数字文件，或者文档、信函、地图、家族历史资料的数字拷贝等
网站信息	博客、个人网站、Facebook、Twitter 或其他社交媒体等

（2）信息筛选的指导

在选定了保存范围之后，仍需要对保存的信息进行筛选，特别在个人数字信息比较多而存储设备容量又比较有限的情况下，最保存的信息进行筛选，可以大大减轻保存的成本和工作量。国会图书馆给出的指导标准是选择个人认为最重要的、最有价值的，或者唯一的那部分。例如，多张内容相同的照片，选择质量最好的那张；同样的文档，选择完成稿，丢掉初稿；而对于那些没有利用价值的文件，如多年前的家庭作业、工作日历等，则直接删

① How much information is there in the world? Scientists calculate the world's total technological capacity [EB/OL]. [2014-04-27]. http://phys.org/news/2011-02-world-scientists-total-technological-capacity.html.

② Preserve Your Digital Memories [EB/OL].[2014-04-27]. http://www.digitalpreservation.gov/personalarchiving/documents/PA_All_brochure.pdf.

除掉。

7.1.2.2 存储设备的指导

存储设备的选择关系到个人数字信息保存的成败。一项研究表明，平均每年约有6%的存储在个人电脑中的数据会丢失①，如果没有进行备份或者只采用一种存储设备，那么这些丢失的数据将永远无法找回。国会图书馆通过各种途径向公众介绍包括移动硬盘、优盘、软盘、网络存储在内的各种存储设备的优缺点及使用方法，特别是使用寿命方面，公众可以根据自己的情况自行选择合适的存储设备。鉴于没有百分之百可靠的存储设备，国会图书馆推荐用户使用多种存储设备进行个人数字信息的保存②。例如，使用电脑保存原始文件，然后分别用移动硬盘和网盘保存备份文件，尽可能减少因存储设备损坏带来的风险。

7.1.2.3 保存技术的指导

机构性的数字信息的保存技术包括备份、迁移、转换、异地存储等。美国国会图书馆认为，为了减少各种突发事件带来的损害，个人数字信息保存也应该与机构数字信息保存一样采用多种存储技术来降低保存风险。因此，在指导公众进行个人数字信息保存时，建议公众对保存的数字信息至少备份两次，然后进行异地存储，同时每5~7年转换一次存储设备，将保存的信息迁移到新的存储设备上。对于一些较为珍贵的数字信息，图书馆还推荐了一些专业信息保存者做法，例如专业摄影师保存数字文件时采用的“3-2-1法则”（3-2-1rule），即对保存文件备份3份，至少将2份保存在不同的存储设

---

① A good summary of Backup market research and sources is available from Magnet [EB/OL]. [2014-04-27]. http://www.meganet.net/pdfs/onlinebkresearch.pdf.

② The Library of Congress and Personal Digital Archiving [EB/OL]. [2014-04-26]. http://www.digitalpreservation.gov/documents/lc-digital-preservation.pdf? loclr=blogsig.

备上，1 份保存在与保存者居住地不同的地方①。

7.1.2.4 保存步骤的指导

保存步骤即保存的基本流程，国会图书馆根据其多年的机构数字信息保存经验和公众的个人数字信息保存实践，对其进行提炼和简化，概括出了个人数字信息保存的基本步骤（如图 7-1）。这些基本步骤包括：确定保存信息内容、对保存信息进行组织、对信息进行备份、对保存的信息进行管理。通过提供这些保存步骤，既可以使公众对个人数字信息保存流程有一个清楚的认识，避免在进行保存实践时手足无措，又可以让那些由于担心保存步骤繁琐而畏惧保存的人参与个人数字信息保存②。

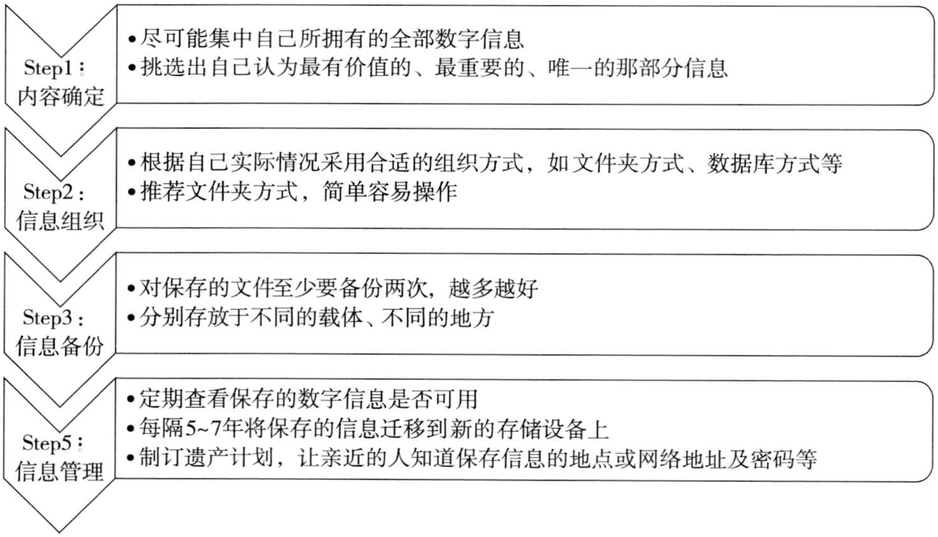

图 7-1 个人数字信息保存基本步骤

① The Library of Congress and Personal Digital Archiving [EB/OL]. [2014-04-26]. http：//www.digitalpreservation.gov/documents/lc-digital-preservation.pdf? loclr=blogsig.

② The Library of Congress and Personal Digital Archiving [EB/OL]. [2014-04-26]. http：//www.digitalpreservation.gov/documents/lc-digital-preservation.pdf? loclr=blogsig.

7.1.3 提供多种指导途径

为了让公众能够更好保存自己的个人数字信息，国会图书馆通过多种途径进行保存方面的指导，包括网络、在馆教育、机构合作、节日活动、会议等。

7.1.3.1 通过网络进行指导

（1）国会图书馆网站

作为 NDIIPP 项目的一部分，国会图书馆网站上设有个人数字信息保存的专题①。公众在这里可以找到有关个人数字信息保存的各种详尽信息，包括个人数字信息保存的意义，保存的内容，存储载体、保存的方法、步骤、新闻等。同时还提供了个人数字信息保存方面的参考咨询及各种资源的链接，公众可以方便地咨询相关问题、下载保存各种文本资料，进行在线测验、观看在线视频、音频。总之，有关个人数字信息保存的各种信息，在这里基本上可以找到。国会图书馆网站是其进行个人数字信息保存的主要途径之一。

（2）社交媒体

据一份 2013 年的调查报告显示：在美国，成人网民约有 73%的人正在使用某种形式的社交媒体，42%的人正在使用多个社交媒体，其中 Facebook 占据着主导地位②。越来越多的人开始通过网络来获取自己所需的信息，国会图书馆非常善于利用社交媒体进行个人数字信息保存的指导，如博客、Twitter、Facebook、iTunes、YouTube 等，个人数字信息保存的有关信息基本上可以通过这些社交媒体来获得。图书馆既可以通过这些社交媒体对公众进

① Personal Archiving [EB/OL]. [2014-04-27]. http://www.digitalpreservation.gov/personalarchiving/.

② 42% of online adults use multiple social networking sites, but Facebook remains the platform of choice [EB/OL]. [2014-04-27]. http://www.pewinternet.org/2013/12/30/social-media-update-2013/.

行保存指导，又可以通过公众的反馈来了解他们需求及保存中遇到的问题，以获得更多的保存经验来改善自己的工作。除此之外，通过这些社交平台，公众之间也可以互相交流，分享自己的经验教训，提高自己的个人数字信息保存实践能力。

7.1.3.2 通过在馆教育进行指导

虽然利用网络进行指导非常便利，但这毕竟是一种被动的指导方式，并不是每个人都会去浏览国会图书馆的网站或使用各种社交工具。最有效的指导方式就是在馆教育，进行面对面的指导，主要通过两种方式（图 7-2）：第一种是图书馆直接对公众进行指导。即国会图书馆自己举办各种活动或者开设培训课程，进行现场指导教育、现场答疑。第二种是国会图书馆进行间接指导。即国会图书馆培训地方图书馆，再由地方图书馆举办活动或开设课程对公众进行指导。一直以来，国会图书馆都在坚持这种指导方式，但是这种方式相对于网络指导而言，其能够指导的人数实在非常有限，特别是通过课程接受指导的人数，每年只有几十人①。

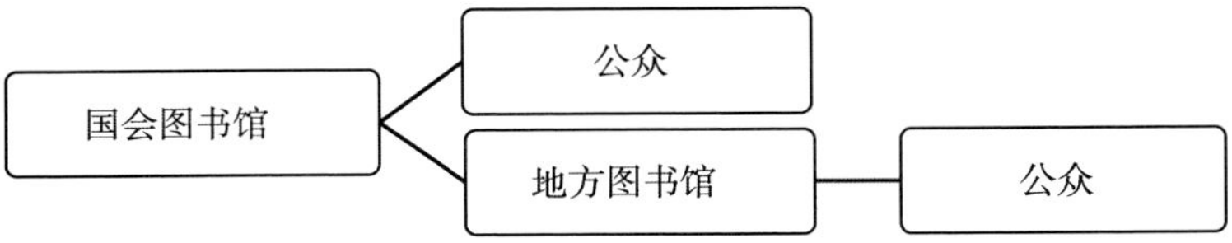

图 7-2　在馆教育指导方式

7.1.3.3 通过机构合作来进行指导

通过机构合作，既可以减轻图书馆的工作压力，又可以提高个人数字信息保存的影响力，吸引更多的人参与个人数字信息保存。目前国会图书馆已

① The Library of Congress and Personal Digital Archiving [EB/OL]. [2014-04-26]. http://www.digitalpreservation.gov/documents/lc-digital-preservation.pdf? loclr=blogsig.

经与美国图书馆协会（American Library Association，ALA）、公共图书馆协会（Public Library Association，PLA）、图书馆馆藏与技术服务协会（Association for Library Collections & Technical Services，ALCTS）、博物馆与图书馆服务研究所（Institute of Museum and Library Services，IMLS）、史密森学会国家非洲裔美国人历史文化博物馆（Smithsonian Institutes National Museum of Africa American History and Culture）等多家机构建立起了合作关系，共同进行个人数字信息保存方面的宣传与指导。例如在史密森学会国家非洲裔美国人历史文化博物馆举办的各种活动中发表个人数字信息保存方面的演讲①；与许多地方图书馆合作，共同进行个人数字信息保存的宣传与教育；与印第安纳州立图书馆和印第安纳州立大学图书馆共同举办个人数字数字信息保存 2014 大会（Personal Digital Archiving 2014 Conference）② 等。

7.1.3.4 通过各种会议进行指导

参与各种学术会议也是图书馆进行个人数字信息保存指导的方式之一。每年国会图书馆都会参与或举办大量学术会议或研讨会，通过学术会议来向公众提供个人数字信息保存的各种信息。如参与一年一度的西南偏南大会（South by Southwest），并主持个人数字信息保存方面的小组会议；在美国图书馆协会每年举办的数字保存周活动中举办相关的网络研讨会；自 2010 年起，国会图书馆每年都与其他图书馆合作举办个人数字信息保存大会，至今已举办 5 届，会议会邀请许多专家学者或数字信息保存者举办讲座并就个人数字保存的相关问题进行探讨，公众可以通过国会图书馆网站或者 YouTube 和 iTunes 观看会议的相关视频、下载相关会议资料。最近一次的个人数字数字信息保存 2014 大会（Personal Digital Archiving 2014 Conference）已于 2014 年 4 月 10 日至 11 日在印第安纳州立图书馆召开，这次会议主要的主要议题

---

① The Library of Congress and Personal Digital Archiving [EB/OL]. [2014-04-26]. http://www.digitalpreservation.gov/documents/lc-digital-preservation.pdf? loclr=blogsig.

② Personal Digital Archiving 2014 Conference [EB/OL]. [2014-04-27]. http://visions.indstate.edu/pda2014/.

是探索个人、公共机构、私营公司参与创作、保存和持续利用我们的日常生活数字记录的交叉点①。

7.1.3.5 通过各种节日活动进行指导

在美国有许多由图书馆界举办并且非常有影响力的节日，像美国图书馆协会举办的保存周（Preservation Week）、国会图书馆举办的国家图书节（National Book Festival）② 等。特别是由美国总统夫妇作为荣誉主持人的国家图书节，每年都会吸引包括作家、体育明星、政府官员在内社会各界人士的参加，2012 年第十二届国家图书节现场参与人数有了 20 多万人③。美国国会图书馆很好地利用了这些机会，例如，每年在国家图书节活动中设立专门的员工柜台，指导用户进行个人数字信息保存；自 2010 年 5 月 10 日起，在每年 5 月 10 日召开个人保存日活动（Personal Archiving Day），公众可以到图书馆咨询或讨论个人数字信息保存的相关问题。

7.1.3.6 通过出版刊物进行指导

为了配合其他指导途径，国会图书馆出版了一些与个人数字信息保存相关的刊物，如《个人数字信息保存视角 2013》（Perspectives on Personal Digital Archiving 2013）、《国会图书馆数字信息保存通讯》（Library of Congress Digital Preservation Newsletter）等。此外，国会图书馆还创作了一些启蒙读本，来向用户解释一些诸如什么是照片元数据、如何进行照片描述之类的较为技术性的问题。这些刊物大多可以从国会图书馆网站下载或者通过电子免费进行订阅。

---

① Personal Digital Archiving 2014 Conference [EB/OL]. [2014-04-27]. http://visions.indstate.edu/pda2014/.

② National Book Festival [EB/OL]. [2014-04-27]. http://www.loc.gov/bookfest/.

③ 吴蜀红. 美国“国家图书节”考察分析 [J]. 图书与情报，2013 (4)：23-28.

7.1.4 结语

个人数字信息保存能力体现着一个人的数字素养①，国会图书馆的最终目标是让个人数字信息保存成为公众的一种习惯、第二天性，成为个人生活的一个寻常部分。虽然国会图书馆在个人数字信息保存指导方面还存在着一些不足，比如指导语言不够多元化、指导途径有待拓宽、影响力有待提升等。但是，我们也应该看到，通过这些年的宣传与指导，越来越多的美国公众开始树立起个人数字信息保存意识，并且参与个人数字信息保存实践。与此同时，国会图书馆仍在不断探索新的途径和方法来改善自己的指导效果、提高个人数字信息保存的影响力。

7.2 档案遗产信息保存新发展

1992年，在联合国教科文组织（UNESCO）和国际档案理事会（ICA）的共同努力下，一个国际性的项目——“世界记忆工程”开始实施。该项目的开展推动了世界各国记忆遗产即文献遗产的保护工作。为了与“世界记忆工程”接轨，为了加强社会各界保护记忆遗产的意识，我国于2000年正式启动“中国档案文献遗产工程”项目，开始形成了一项有计划、有步骤地抢救和保护我国档案文献遗产的专门工作。截至目前，“中国档案文献遗产工程”取得了一些成绩，但仍存在不足，后者影响了我国档案文献遗产保护工程的开展。

7.2.1 “中国档案文献遗产工程”的形成与发展

“中国档案文献遗产工程”有狭义和广义的释义。狭义地理解，它是指我国政府和国家档案局共同制定一系列计划和措施，用以确定、保护、管理

① 吴蜀红．美国“国家图书节”考察分析［J］．图书与情报，2013（4）：23-28.

和利用入选《中国档案文献遗产名录》（以下简称《名录》）资格的档案文献遗产；广义地理解，它是指通过国家统一部署的保护档案文献遗产的文化工程，主要包括国家档案局发起的“中国档案文献遗产工程”“国家重点档案抢救工程”等档案遗产保护工程和文化部组织的“中华再造善本工程”“中华古籍特藏保护计划”等图书遗产保护工程①。基于后者的阐释，“中国档案文献遗产工程”其实是一项全国范围内整个文化事业系统共同参与和努力的一项保护我国记忆遗产的重要事业。

1995 年，由国家档案局负责牵头组织、以时任国家档案局副局长、中央档案馆副馆长郭树银为主席的中国世界记忆工程委员会成立。

2000 年，国家档案局正式启动“中国档案文献遗产工程”，并于同年成立了“中国档案文献遗产工程”课题组，将其作为软科学加以研究。随后，该课题组还制定出《中国档案文献遗产工程总计划》（讨论稿），用以指导“中国档案文献遗产工程”的具体实施。

2001 年 2 月，国家档案局再次牵头组织并成立了“中国档案文献遗产工程”领导小组，由时任国家档案局局长、中央档案馆馆长毛福民担任组长，四位副局长担任副组长。2006 年至今，由现国家档案局局长、中央档案馆馆长杨冬权接任“中国档案文献遗产工程”领导小组组长。

2001 年 5 月，为推动“中国档案文献遗产工程”项目的全面开展，国家档案局在北京召开了“世界记忆工程”暨“中国档案文献遗产工程”申报工作座谈会。与会代表听取了“世界记忆工程”和“中国档案文献遗产工程”的有关情况，讨论了即将出台的《中国档案文献遗产工程总计划》。会议不仅认为“中国档案文献遗产工程”是一项非常有意义的、具有开创性的项目，而且要求全国各级各类档案局（馆）充分认识和明确“中国档案文献遗产工程”的目的和意义。此外，会议还对中国档案文献遗产申报组织工作、申报范围以及申报材料的准备等提出了具体要求，研究部署了首批申报

① 周耀林．“世界记忆工程”背景下《中国档案文献遗产工程》的政策审视与推进［C］//中国档案学会 2010 学会论文集．北京：中国档案出版社，2010：435-443.

工作①。

2001 年 11 月，由季羡林先生任名誉主任的“中国档案文献遗产工程”国家咨询委员会正式成立。该委员会主要成员包括知名的文献、档案、古籍、史学界专家。该委员会的成立更为有效地确保了对各地申报的档案文献的准确评估，同时也提高了入选《中国档案文献遗产名录》的档案文献的权威性。

此后至今，我国档案文献遗产工程开始了正式的申报、评审、批准等程序性工作。2002 年 3 月，国家档案局组织召开了“中国档案文献遗产工程”国家咨询委员会评审会，评定通过 48 件（组）档案文献第一批入选《名录》；2003 年 10 月，35 件（组）文献遗产入选第二批《名录》；2010 年 2 月，30 件（组）档案文献入选第三批《名录》。今年 3 月，第四批档案文献已经上报，目前正在评审过程中。

“中国档案文献遗产工程”在提出拯救、保护具有国家级文化价值的珍贵档案文献的具体办法的同时，也为中国档案文献遗产向世界记忆工程申报《世界记忆名录》打下了基础②。更多珍贵的档案文献被列入《世界记忆名录》，将有利于我国珍贵的档案文献遗产得到更广泛的关注和更全面的保护。

7.2.2 中国档案文献遗产名录的分析

自“世界记忆工程”在中国落地生根后，“中国档案文献遗产工程”也取得了巨大的成就。截至目前，我国共有 113 件（组）档案文献遗产入选《名录》。为了更全面了解这些档案遗产，有必要对《名录》进行深入的分析和了解。

---

① 刘芸.“中国档案文献遗产工程”简介［EB/OL］.［2014-02-21］. http://np.fj-archives.org.cn/Csmyx/danganyichan/908.html.

② 毛福民. 关于成立中国文献遗产工程委员会的提案［N］. 中国档案报，2012-03-09（2）.

7.2.2.1　《名录》收录遗产的时间组成

我国已公布的三批档案文献遗产形成时间跨度较大，其中包括周、汉、唐、西夏、元、明、清代及民国时期的档案文献，还包括中华人民共和国成立后的革命档案。入选《名录》的档案文献中，年代最早的是目前发现的西周早期的利簋，记载的史实证实了周武王于甲子日灭商一事，为商周断代提供了不可代替的实物标本，也为西周铜器断代的研究提供了重要依据。另外，收入的四川省凉山彝族自治州毕摩文献没有具体的年代记载，它长期以来一直在历时性的书写传承与现时性的口头演述中发展，并依托毕摩师承教育中的"诗教传统"和民间仪式生活中的口头传播而得以世代相承，最早形成于奴隶社会时期①。最近的档案遗产是建国后的国家档案——周恩来总理修改的中印总理联合声明草案和周恩来总理在亚非会议全体会议上的补充发言手稿。《名录》收录的档案遗产的时间组成详见图 7-3。

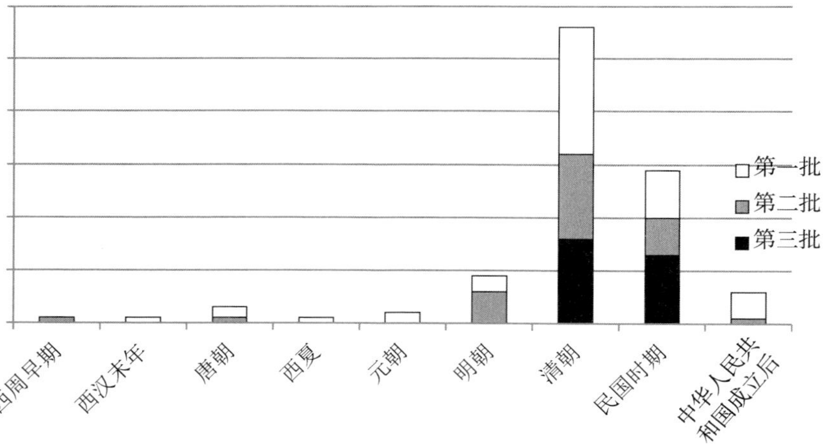

图 7-3　《名录收录》遗产的时间组成

① 毕摩文献［EB/OL］.［2014-02-22］. http：//baike. so. com/doc/46732. html.

如图 7-3 所示，图表横坐标代表我国各个朝代或时期，纵坐标表示各朝代入选名录》的档案文献遗产件（组）数。从图 7-3 中可见，入选《名录》的档案遗产的形成时间跨度有 3100 多年，纵横我国多个朝代，其中清朝时期的档案文献最为丰富，民国时期的文献位居第二，分别达 56 件（组）和 29 件（组），且三批入选数量较为平均。而元朝之前的档案文献较为稀少，第三批入选的档案文献几乎形成于清朝之后。

7.2.2.2 《名录》收录遗产的地域分布

分析《名录》可以发现我国东西南北各地都有文献遗产入选，横跨 26 个省、直辖市、自治区，涵盖汉、满、藏、纳西、水、彝、蒙古、维吾尔族及早期西域民族等几个主要的民族，见图 7-4。这种广泛的地域分布，一方面体现了我国文明发展的多区域、多民族共同进步的格局，另一方面也说明了中华文明历史本身具有的文化交融、荣辱与共的历史面貌①。

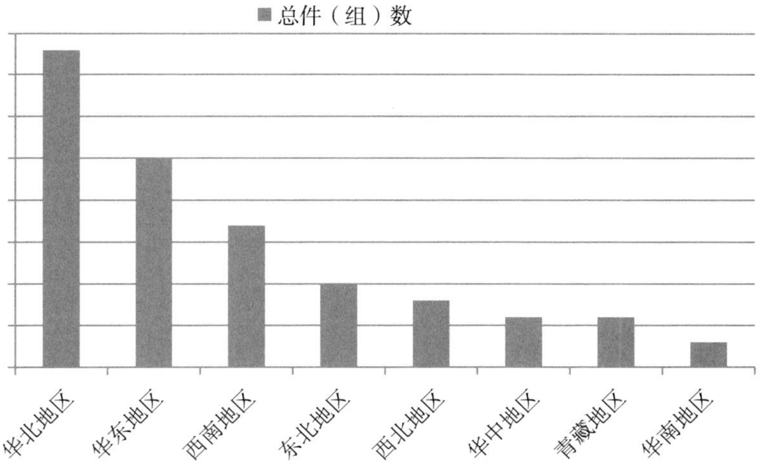

图 7-4 中国档案文献遗产的地域分布

① 彭远明．保护与利用我国档案文献遗产的问题与对策［N］．中国文物报，2006-09-22（5）．

从图 7-4 中看到，入选《名录》的 113 件（组）档案文献，尽管各个地区均有分布，但仍然呈现出不均匀的状态。我国华北和华东地区分别入选 37 件（组）和 26 件（组），而华南地区入选者稀少，仅 3 件（组）档案遗产入选。同时，如果以遗产所在行政区域进行统计，这种不平衡的分布更为清晰，见表 7-2。

表 7-2　　中国档案文献遗产地域分布（单位：件（组））

地区名	数量分布	总量
华北	北京：22；内蒙古：4；河北：3；天津：3；山西：3；山东：2	37
华东	江苏：14；浙江：7；上海：3；安徽：2	26
西南	四川：8；云南：5；贵州：2；重庆：1	16
东北	辽宁：4；黑龙江：4；吉林：2	10
西北	新疆：3；甘肃：2；陕西：2；宁夏：1	8
华中	湖北：3；湖南：2；江西：1	6
青藏	西藏：4；青海：2	6
华南	广东：2；广西：1	3

如表 7-2 所示，各省（直辖市）入选《名录》的总数分布差异较大。华北地区内北京市入选《名录》的档案文献遗产最多，达 22 件（组），占整个华北地区入选总数的 59%，同时占全部入选遗产的 19. 5%；华东地区内收入《名录》的档案文献以江苏为最多（14 件（组）），也占到该地区总数的一半以上，并且占入选《名录》文献遗产总数的 12. 4%。而重庆、宁夏、广西等地仅有 1 件（组）档案文献遗产入选，不到入选总数的 1%。

7. 2. 2. 3　《名录》收录遗产的载体组成

档案文献的载体形式多种多样，从入选《中国档案文献遗产名录》的档案文献来看，其使用的载体材料涉及金属类、木质类、纸质类、丝质类、缩微品类、声像类等 6 大类，包括以早期简牍、金书铁券、缂丝、照片、影片、底片、图纸、邮票等记录和真实反映历史原貌的档案文献，见表 7-3。尽管档案载体多样，但从表 7-3 中可以明显看出《名录》中的档案文献大多还是以各种纸张形成的历史文献，入选的 113 件（组）档案文献中仅 12 件（组）为非纸质档案，约占总量的 10%。

表 7-3　**中国档案文献遗产的载体组成分析**

载体类型	档案文献名目	总数(件/组)
简牍	尹湾汉墓简牍中的西汉郡级档案文书、《般若波罗蜜多经八千颂》档案文献（木刻经版）、清初满文木牌	3
金石	明代“金书铁券”、利簋（青铜器）、唐代“谨封”铜印档案文献（青铜）、湘鄂赣省工农兵银行发行的货币票券（货币）	4
声像	《京张路工摄影》、钱塘江桥工程档案（照片）、孙中山葬礼纪录电影原始文献	3
缩微品	钱塘江桥工程档案（底片）	1
缣帛	清初世袭罔替诰命（五彩缂丝）	1
纸质	《宇妥·元丹贡布八大秘诀》手写本、清代玉牒（线装古书） 清代《八省运河泉源水利情形总图》（折叠式图纸） 清代吉林公文邮递实寄邮件（实寄封、将军火票、排单等邮品） 清代吉林打牲乌拉捕贡山界与江界全图、广州中山纪念堂建筑设计图纸、钱塘江桥工程档案（图纸） 大明混一图（地图） 史家祖宗画像及传记、题跋 锦屏文书（部分石质、布质）等	>100

7.2.2.4　《名录》收录遗产的收藏机构

由于收入《名录》的档案文献是经由各地申报而来，因此这些档案的收藏机构也遍布全国各种档案文献管理机构。笔者通过对选入《名录》的 113 件（组档案文献进行调查发现，保存在国家级档案馆、各省、自治区、直辖市档案馆以及各市、县级档案馆的档案文献数量占大多数，其他档案文献分别收藏于国家图书馆、国家博物馆、文物考古研究所、艺术研究所、文化研究所等，见表7-4。

表7-4　　**中国档案文献遗产的收藏机构**

收藏机构	档案文献名目	总数(件\组)
中央档案馆	中华人民共和国开国大典档案	1
中国第一历史档案馆	清代金榜；清代秘密立储档案； 大明混一图；清初满文木牌； 清代庄妃册文	5
中国第二历史档案馆	孙中山手迹——“博爱”题词； 民国时期筹备三峡工程专题档案；	2
外交部档案馆	周恩来总理修改的中印总理联合声明草案； 周恩来总理在亚非会议全体会议上的补充发言手稿	2
解放军档案馆	长征史料	1
各省、市、地方档案馆	清代《八省运河泉源水利情形总图》 (山东汶上县档案馆）等	79
中国现代文学馆	老舍著《四世同堂》手稿	1
中国国家图书馆	《永乐大典》	1
中国国家博物馆	利簋；林则徐、邓廷桢、怡良合奏虎门销烟完竣折； 清宣统皇帝溥仪退位诏书；大清国致荷兰国书； 英国国王乔治三世致乾隆皇帝信	5
中国电影资料馆	孙中山葬礼纪录电影原始文献	1
中国艺术研究院图书馆	冼星海《黄河大合唱》手稿；民间音乐家阿炳6首乐曲原始录音	2

续表

收藏机构	档案文献名目	总数(件\组)
中国中医科学院图书馆	《新刊黄帝内经》	1
各省、市、地方博物馆	尹湾汉墓简牍中的西汉郡级档案文书（连云港市博物馆）； “日升昌”票号、银号档案文献（平遥县日升昌票号博物馆）	2
医院	《宇妥·元丹贡布八大秘诀》手写本（四川省甘孜藏族自治州德格藏医院）	1
经院	《般若波罗蜜多经八千颂》档案文献（中国四川省甘孜藏族自治州德格印经院）	1
文物考古研究所	西夏文佛经《吉祥遍至口和本续》（宁夏回族自治区文物考古研究所）	1
文化研究所	纳西族东巴古籍（云南省社会科学院东巴文化研究所）	1
合作机构1（档案馆+档案馆）	清代玉牒（中国第一历史档案馆+辽宁省档案馆）	1
合作机构2（图书馆+档案馆）	《共产党宣言》中文首译本（中国国家图书馆+上海市档案馆）	1
合作机构3（图书馆+博物馆）	焉耆——龟兹文献（中国国家图书馆+新疆博物馆）	1
合作机构4（档案馆+纪念馆）	侵华日军南京大屠杀相关专题档案（五组）（中国第二历史档案馆+南京市档案馆+侵华日军南京大屠杀遇难同胞纪念馆）	1
合作机构5（图书馆+博物院+档案馆）	清代样式雷图档（中国国家图书馆+中国故宫博物院+中国第一历史档案馆）	1

通过进一步统计，三批入选《名录》的113项档案文献遗产中有一家档

案馆独立申报的档案遗产达 90 项，占总数的 79.6%；图书馆、博物馆、文学馆、文物考古研究所、艺术研究所、文化研究所、电影资料馆等独立申报 18 项，占总数的 15.9%；两家及以上单位联合申报 5 项，见图 7-5。由此可见，“中国档案文献遗产工程”并不是一项局限于档案系统的事业，而是一项包括图书馆、博物馆在内的各个文化事业信息机构共同关注的事业①。

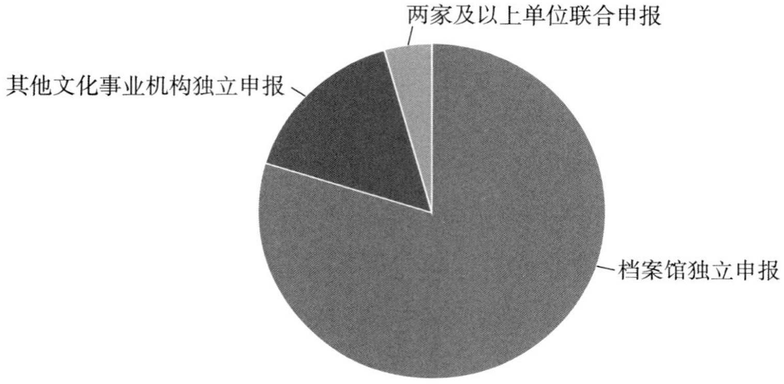

图 7-5　档案文献遗产申报机构组成

通过对《名录》的分析不难发现，我国档案文献遗产工程具有时间跨度大、地域分布广、载体形式多、收藏机构复杂的特点。除此之外，《名录》中的档案文献遗产还具有内容丰富、形成文字种类多等特点，例如文献中存有汉文、蒙文、满文及东巴文等多种文字形式，其内容既有独立成册，也有合并成册的；文献涉及的领域宽泛，军事、政治、经济、宗教、民俗等方面的内容都有入选②。这种分布的特点为其保护和管理工作提出了更高的要求。

当然，上述分析是基于狭义的档案文献遗产工程角度的分析。如果从广

① 本刊通讯员. 世界记忆工程及其在中国的进展［J］. 国家图书馆学刊，2004（2）：86-90.

② 马翀. 濒危档案文献遗产保护策略研究［D］. 北京：中国人民大学，2008：65-66.

义的角度分析，我国档案文献遗产工程设计的时间跨度更大、地域更广、载体形式更多、收藏机构更为广泛、保管形式更为多样、仍然以《名录》的编制为例，我国已经形成了世界级、国家级、省级三级目录体系。这种目录体系的划分，不仅印证了我国悠久的历史，也反映了我国文献遗产保护的多层次性，凸显了“中国档案文献遗产工程”的成效。

7.2.3 中国档案文献遗产工程的成绩与不足

7.2.3.1 中国档案文献遗产工程的成绩

“中国档案文献遗产工程”的开展，不仅有助于弘扬和保护我国优秀的民族文献遗产，而且使得档案文献遗产保护受到更多的关注，取得了有目共睹的成绩。具体说来，中国档案文献遗产工程取得的成绩主要表现在：

第一，档案文献遗产保护意识得到了极大的提升。自“中国档案文献遗产工程”实施以来，各地对档案文献遗产的态度有所改变，不再是一味地“重藏轻用”，而是积极地进行对档案文献遗产及其保护的宣传。在保存好档案文献遗产的前提下，优秀档案文献遗产得以展览展示。这种展览展示主要包括如下两条途径：第一，档案局（馆）内部的常规展览，即定期设置小规模陈列室进行展示，便于进馆人员的参观、了解；第二，联合馆藏的流动展览，即面向社会、与大众进行交流，通过到各地巡展让大众近距离认识和了解我国档案文献遗产。档案文献遗产展览展示产生广泛的社会影响，让公众了解我国档案文献遗产的形态特征、内容价值，从而更加主动地保护档案文献遗产。

第二，档案文献遗产保护政策得以系统地形成。目前看来，我国不仅形成了专门的与世界记忆工程接轨的《中国档案文献工程》政策，而且带动了各种层次的档案文献名录的递进式发展，包括地方档案文献遗产名录的形成。系统化的档案文献遗产名录政策覆盖面较广，形成了以档案馆为主，图书馆、博物馆、文学馆、文物考古研究所、艺术研究所、文化研究所、电影资料馆等文化事业机构踊跃参加的局面（见前文图7-2-3）。同时，我国档案文献工程政策的延续性较强，从20世纪90年代至今，其入选标准与流程并未发生改变。

第三，档案文献遗产的保护和抢救制度逐渐健全。据了解，绝大多数地级市及以上的新建档案馆设立了专门的档案保护—修复部门，并制定了相关的保护制度和保护修复技术规范。通过制度和规范的推动，我国档案文献保护日趋乐观。根据国家档案局2003年的国家重点档案抢救情况统计结果，全国范围内，需要抢救的档案文献遗产量在50%以上的地区有北京市、河北省、吉林省、上海市、江苏省、浙江省、福建省、江西省、广东省、甘肃省档案馆①。经过“十五”“十一五”期间开展的国家重点档案保护与抢救工程以及此后连续至今的推进，我国档案文献遗产的保护形势走上了良性循环向上的局面。

第四，以机构为单位的档案文献情况不断了解。在申报《中国档案文献遗产名录》过程中，各个档案文献遗产收藏机构都进行了系统的检查，熟悉了馆藏，了解了情况，设计了方案，对于推动本机构档案文献的管理与保护起到了很好的作用。

第五，档案文献遗产保护成果不断涌现。这些成果不仅包括各种学术专著、论文、研究报告，还形成了专门的奖励成果。通过统计2004—2013年度国家档案局优秀科技成果奖发现，所有成果中与档案保护相关的奖励数量达61项，占奖励总数（330项）的18%；同时与保护相关的61项奖励成果中有3项关于档案文献遗产的保护，9项关于重点档案的抢救与修复。

总而言之，在世界记忆工程的带动下，“中国档案文献遗产工程”成效显著，为今后我国档案文献的科学化保护打下了坚实的基础。

7.2.3.2 中国档案文献遗产工程的不足

尽管“中国档案文献遗产工程”取得了不俗的成绩，但由于国家档案文

① 唐跃进．我国档案文献遗产保护的思考［J］．档案学通讯，2007（5）：31-34.

献遗产工程实施的时间不长，还存在着不足，主要体现在：

第一，档案文献遗产保护总体状况尚且不明，也未能量化度量。究其原因，是缺乏调查与分析，也缺乏调查分析的量表。目前，文物界和图书馆界对文物、古籍进行了系统化、科学化的调查，然而，档案部门还缺乏这样的调查。目前看来，针对档案文献遗产还未进行全面、系统的调研工作，无论是对档案信息内容的完整性还是档案载体的损坏程度等方面的调查都缺乏数据说明。同时，通过每年国家档案局获取的档案修复信息的统计数据，一般只能了解到全国范围内需要保护和修复的档案总量、当年已修复的档案数量（卷），而对于档案文献遗产损坏程度（包括内容完整度、字迹清晰度、外形破损度等）都缺乏具体的数据。这表明，尽管各个机构对自己的档案文献遗产情况比较了解，但从全国范围看，因为缺乏量度标准以及全局范围内的统计分析，情况是不甚清晰的。这种情况给国家制定、完善档案文献遗产保护的宏观政策带来了不便。

第二，档案文献遗产保护政策执行力欠佳，且政策覆盖面存在缺失。我国档案文献遗产保护政策主要由国家档案局以及国家咨询委员会制定，缺乏图书馆、博物馆、文化馆等文化事业单位的广泛参与。同时，入选《名录》的机构以档案馆为主，存在多个机构合作申报的情况，存在因条块管理导致政策执行不力的情况。此外，档案文献遗产评定过程中，在一些价值、内容相近的重要遗产的评选中因缺乏适用的微观指标和标准而易产生争议①。另外，关于档案文献遗产保护的立法、私人收藏、经费投入等方面，以及档案文献遗产工程竣工的标准，国家投入的验收与减产政策，都还没有专门的政策制度规约，这些缺失将阻碍我国档案文献遗产工程的发展②。

第三，我国档案文献遗产保护的经费投入严重不足。目前我国中央财政用于档案文献遗产保护的经费虽投入较多且逐年有所增加，但由于我国档案

---

① 周耀林．档案文献遗产保护［M］．武汉：武汉大学出版社，2012：259-269.

② 周耀林．我国珍贵档案文献遗产保护工作的推进［J］．档案管理，2006（2）：54-55.

文献遗产数量巨大，相对需要抢救的档案文献遗产而言，当前的保护经费还是非常有限。加之专项保护经费的使用方面，有的单位不能完全做到专款专用，时有挪用款项的情形发生，致使入选《名录》的档案文献遗产的保护条件无法得到实质性改善。此外，由于经费不足，我国尚且有不少珍贵的少数民族档案文献因无法进馆而散落在民间，有的甚至已流向国外。

第四，档案文献保护规模小，专业人才队伍建设严重滞后。教育部高等学校档案学专业教学指导委员会将档案保护列为本专业的必修课程，全国30余所高校开始了该课程。从事档案保护研究方向的硕士点、博士点学校不足十所，每年培养的人才十分有限，远远落后于档案保护工作发展的需求。一些基层单位档案馆由于档案文献遗产保护人才的缺乏，对档案文献的修复只能聘请外部专业人员进行①。

第五，我国档案文献遗产工程的信息化建设滞后。目前，“中国档案文献遗产工程”还没有建立门户网站，因此入选《名录》的珍贵档案大多无法看到。从网页上浏览可以看到，仅有少许珍贵的档案文献能够在所属机构的网站上浏览，从全局看，全国的“中国档案文献遗产工程”以及《名录》呈现出严重的碎片化现象。归根结底，由于人力、财力和各地重视程度不同等方面的原因，我国档案文献遗产的数字化、信息化程度普遍不高，影响了数字档案信息的整合，也导致了档案信息服务与当代的要求存在差距。

7.2.4 中国档案文献遗产工程的推进建议

“世界记忆工程”背景下，面对我国不容乐观的档案文献遗产保护现状，如何保持和拓展我国档案文献遗产工程现有的成绩，克服不足，是当前档案文献遗产保护工作需要深入思考的问题。为推进“中国档案文献遗产工程”，保护优秀的记忆遗产，笔者认为，当务之急是需要抓紧如下重点工作：

（1）加强档案遗产及其保护工作的调查评估

---

① 饶邦安．国家档案局召开“世界记忆工程”暨“中国档案文献遗产工程”申报工作座谈会［N］．中国档案报，2001-05-17（1）．

开始着手调查之前，需要确定调查机构和人员，结合当地实情，建立专门调查机构，按分级负责的原则，因地制宜地开展本地区的档案文献遗产调研工作。调研时，重点是调查其来源、特征、主题内容、保管现状、保护需求等。为便于统计，需要设计好调查数据库，并预设调查的数据表，尽量能够量化。针对当前量化尚且缺乏标准的现状，可以参考已有的档案文献遗产保护标准，并制定相应的可供操作的标准。例如，调查档案遗产破损情况时，可参照《估计特藏破损定级标准》（WH/T22—2006）进行评估；调查档案文献保存环境温湿度及光照度时，可根据《档案库房建筑设计规范》（JGJ25—2000）的要求进行评估等。这些评估是对调查数据的统计分析，也是制定档案文献遗产保护方案的基本依据。与此同时，需要制定动态的评估方案，让档案文献遗产保护常规化。

（2）完善档案文献遗产保护的政策、制度与标准

本着保护珍贵档案文献遗产的目的，通过与国际国内的文化政策、文化遗产保护政策接轨，制定新的适用政策，并提升政策执行力，有利于宏观上形成良好的档案文献遗产保护政策。同时，在各个档案文献遗产保管机构，需要结合自己的具体情况，制定自己的档案文献遗产保护制度。与此同时，档案文献遗产领域内，需要制定相关的标准，并严格按照标准执行。由于我国档案文献遗产保护涉及不同的部门，条块分割，难以协调，因此，可结合我国保护档案文献遗产的需要，建设全国性文献保护机构和管理协调中心，或借鉴法国等国的经验，走大部制发展道路，通过文化和旅游部统管档案馆、图书馆、博物馆等文化事业机构①。通过统一的政策调控、切合实际的制度建设和可操作的标准实施，形成包括“中国档案文献遗产工程”前期布置、申报、审批以及工程实施、检查、验收等各个环节相对应的政策②，还包括针对档案文献遗产保护工作的保护技术标准、经费政策等，使我国档案

① 黄浩明．“中国档案文献遗产工程”首项工程竣工［N］．中国档案报，2002-03-14（1）．

② 周耀林．论文化遗产保护视野下的我国档案保护研究［J］．档案学研究，2006（3）：49-53．

文献遗产工程的整个实施过程都有适用的政策保障，为档案文献遗产保护的实施保驾护航。

（3）增加档案文献遗产保护经费的投入

增加档案文献遗产保护的经费投入主要是指除了政府的投入外，还需要企业捐赠、个人认领等多种方式筹集经费。这些经费，除了投入在一些急需抢救的档案文献遗产（尤其是列入《名录》的档案文献遗产）中，还应投入于改善当前一些市、县级保护环境条件较差的档案馆。此外，针对大量收藏在民间或流失海外的档案文献遗产，各级档案馆、图书馆、博物馆和有关文化事业机构应积极参与档案文献遗产的收集和征集工作，通过收购、委托保管或捐献等不同方式将民间收藏和流失海外的古文书、手稿、善本等档案文献藏品纳入收藏和保护的范围，以减少和防止可能发生的损失。

（4）加强档案文献保护人才的培养

为进一步推进“中国档案文献遗产工程”，加强对各个馆藏档案文献遗产的保护，我国需构建的档案文献保护人才培养体系，尤其是在档案文献遗产保护的硕士点、博士点建设方面，采取倾斜政策和试点扶持政策，包括就业政策、安置政策、列入公务员系统等政策，培养一批专业的档案文献遗产保护队伍。同时，建成并充实档案文献遗产保护的人才信息库，加强档案文献遗产保护的国际合作与交流，强化档案文献遗产保护知识与能力，并通过定期和不定期的培训以及与文物保护界的交流提高档案文献保护人才的专业能力。

（5）档案文献保护信息化的推进

从强化档案文献遗产保护意识和宣传珍贵的民族记忆遗产的角度来看，我国亟待建立一个中国档案文献遗产工程门户网站，以公布遗产资源、增强保护意识、促进信息交流，并以此作为中国珍贵档案文献遗产的展示窗口和重要档案文献遗产保护、管理交流的平台①。另外，档案遗产数字化既便于

① 王喜和．中国图书档案文献遗产保护的问题与对策［J］．兰台世界，2007（9）：34-35.

利用，也将有利于遗产原件的保存，因此档案文献遗产的数字化工作应作为一个重要环节纳入“中国档案文献遗产工程”信息化建设，建立珍贵档案文献遗产数据库，加快各地区档案文献遗产的信息化整合。

此外，档案文献遗产保护往往被认为是一项专业性很强的技术工作，因此，需要在技术的研发、应用方面加大力度，尤其是针对不同载体的环境控制技术、预防性保护技术、治疗性保护技术以及修复技术，需要组织不同学科的专家进行攻关，从而为档案文献遗产保护提供护身符。

总之，随着时间的推移、档案文献的老化，保护档案文献的任务越来越重①。“世界记忆工程”为当代全球档案文献遗产保护提供了一种新的制度和机制，开启了中国档案文献遗产保护的新时代。如何利用这个有利的机遇，联合档案界、图书馆界、文物界等文化事业机构的保护力量，唤醒全社会保护记忆遗产的意识，形成一种保护档案文献遗产的合力，不仅是学者需要认真研究的，更是当代我国档案文献遗产保护领域需要付诸实践的。

---

① 龙秀云．档案文献遗产资源的保护及整合策略［J］．城建档案，2010（5）：42-45.

8　案例分析——武汉大学机构知识库建设

作为重要的学术机构，高等学校持续产生海量的学术信息资源，如何对本机构所产生的学术资源进行有效的获取、管理、利用和长期保存，不断促进学术交流和学术传播，是学术界普遍面临的一个重要挑战。自 2002 年《布达佩斯开放获取倡议》中提出通过绿色 OA 实现开放获取以来，世界各国和地区的高校和研究机构纷纷建立机构知识库平台，向互联网开放其机构的知识资源。截至 2023 年 1 月，开放获取知识库 OpenDOAR 收录各类机构知识库达 6016 个①。本节将概述我国机构知识库建设现状，并以武汉大学为例介绍高校机构知识库的建设情况。

8.1　国内机构知识库建设概况

机构知识库是一个大学或研究机构通过网络来收集、保存、管理、检索和利用其学术资源的数据库，其数据具有累积性和长期性，系统具有开放和互操作性，是学术机构长期保存其学术资源的工具②。2002 年，美国麻省理工学院率先建立了机构库——Dspace@ MIT，之后各国高校或科研机构纷纷

---

① OpenDOAR［EB/OL］. https：//v2. sherpa. ac. uk/opendoar/.

② 赵继海 . 机构知识库：数字图书馆发展的新领域［J］. 中国图书馆学报，2006（2）：33-36，50，53.

跟进。截至 2023 年 1 月 31 日，在 OpenDOAR 中用“university”进行检索，可以检索出 1702 个由大学建立并在 OpenDOAR 中注册的机构仓储。

随着开放获取运动的蓬勃发展，我国开始出台相关政策，促进学术资源的开放共享。2013 年 7 月，国家社科基金资助期刊实现开放获取，《国家哲学社会科学学术期刊数据库》面向互联网免费开放①；2014 年 5 月，中科院和国家自然科学基金委发布开放获取政策，得到公共资助的科研论文在发表后把论文最终审定稿存储到相应的知识库中，在发表后 12 个月内实行开放获取②，2015 年 5 月，《国家自然科学基金基础研究知识库》上线③；2015 年底，《国务院办公厅关于优化学术环境的指导意见》④ 在“（十）强化高校和科研院所的保障作用”中提出“推进已发表科研成果在一定期限内存储到开放的公共知识库，实现公共利益最大化”。

国内高校图书馆也纷纷着手建设机构库。2006 年，厦门大学建立中国大陆首个机构知识库；2011 年，CALIS 管理中心和北京大学图书馆开展了中国高校机构知识库建设现状调查，结果显示，有 54 家图书馆建成了机构库，建设中和拟建设的分别有 25 家和 91 家⑤。为了揭示和推广我国高校的学术成果，帮助高校发布、共享和保护已形成的知识、科学和文化遗产的数字化资源，进一步促进学术交流，同年 CALIS 三期设立了“中国高校机构知识库建设及推广项目”，以期在全国建立“分散部署、集中揭示”的全国高校机构知识库。该项目成功开发了一套机构库中心系统和两套本地系统，并在 26

① 国家哲学社会科学学术期刊数据库（NSSD）——国内最大的公益性期刊数据库［EB/OL］. https：//www. nssd. cn/html/1/153/168/index. html? type=470.

② 国家自然科学基金委员会关于受资助项目科研论文实行开放获取的政策声明［EB/OL］. https：//kd. nsfc. gov. cn/statement.

③ 国家自然科学基金基础研究知识库［EB/OL］. https：//ir. nsfc. gov. cn/.

④ 国务院办公厅关于优化学术环境的指导意见［EB/OL］. http：//www. gov. cn/zhengce/content/2016-01/13/content_10591. htm.

⑤ 聂华，韦成府，崔海媛 . CALIS 机构知识库：建设与推广、反思与展望［J］. 中国图书馆学报，2013，39（2）：46-52.

个师范馆和参建馆安装、部署并提供服务①。2016 年，中国高校机构知识库联盟（CHAIR）成立，51 所高校加入联盟，并建立了联盟以推进全国高校机构知识库的建设，推动学术成果的开放获取。

为了解国内高校和科研机构机构库建设和服务现状，笔者 2022 年 4 月对 42 所一流建设高校进行调查，发现仅有 8 所高校的机构知识库能够开放访问。最终笔者选择了中科院机构知识库网格，武汉大学、北京师范大学、北京理工大学、西北工业大学、兰州大学、厦门大学、北京大学医学部和复旦大学上海医学院的机构知识库，展开了调查。

8.1.1 规模与成果类型

从规模来看，中科院的机构知识网络整合了中科院系统 110 多个研究所的成果资源，成果总量超过了 140 万；各高校的机构库规模，从十几万到几十万不等，除与学校规模相关外，机构库规模还取决于收录的成果类型以及成果的回溯时长。

调研的机构知识库收录的成果类型有 20 余种。经同类合并并按照数据量多少主要有：期刊论文、学位论文、会议论文、专利、图书著作、报纸、科技成果（含获奖和转化成果）、项目、音视频资源、演示报告、研究报告、专著章节/文集论文、标准、精品课程、软件、学习讨论集、数据库、电子公告等。部分机构库的成果类型数据如表 8-1。

表 8-1　　**国内部分机构知识库收录成果一览表**

成果类型	中科院	武汉大学	北京师范大学	复旦大学上海医学院	北京理工大学	西北工业大学	北京大学医学部	合计
期刊论文	895057	338538	210219	256612	179894	151394	152847	2184561
学位论文	105158	140354	99286	16691	41025	14104	19699	436317

① 聂华，韦成府，崔海媛．CALIS 机构知识库：建设与推广、反思与展望［J］．中国图书馆学报，2013，39（2）：46-52.

续表

成果类型	中科院	武汉大学	北京师范大学	复旦大学上海医学院	北京理工大学	西北工业大学	北京大学医学部	合计
会议论文	136916	20731	18682	34885	37594	32613	193	281614
专利	113020	8680	3919	5420	14582	23460	254	169335
图书著作	6588	16168	4380	9	111	79	1071	28406
报纸	—	3179	5710	879	2651	60	8	12487
科技成果	5739	—	738	8	1700	16	39	8240
项目	—	4243	—	—	—	2550	41	6834
音视频	—	—	23	—	384	—	1192	1599
演示报告	1419	0	0	0	2	0	147	1568
研究报告	1317	—	62	—	—	1	11	1391
专著章节/文集论文	—	—	—	332	—	369	9	710
标准	—	—	96	—	89	1	—	186
精品课程	—	—	—	—	—	—	39	39
软件	—	—	—	—	—	15	—	15
学习讨论集	—	—	—	—	—	5	—	5
其他	154749	2416	152	—	—	79	5	157401
合计	1419963	534309	343267	314836	278032	224771	175555	3290733
全文	本地	本地+链接	链接	本地+链接	链接	链接	本地+链接	

注：数据采集时间：2022 年 4 月，下同。

虽然机构库的目的之一是永久保存机构的学术成果，但国内机构库以收录公开出版物为主，因版权所限，本地存储的全文基本限制在机构内部使用，如中科院、复旦大学上海医学院；更多的高校采取全文链接的方式提供服务，如北京师范大学、北京理工大学、西北工业大学；还有部分高校提供通过在线表单或电子邮件请求全文的服务渠道，如北京大学医学部、兰州大学。

8.1.2 系统平台及功能

国内机构库建库平台主要包括两种类型。一种是利用开源软件。如CALIS机构库中心系统和北京大学的机构知识库，均基于DSpace进行二次开发。此种方式对机构库承建单位的软件开发能力有一定要求。

另一种则是采用商业化软件。越来越多的高校逐渐趋向于寻求第三方开发平台建设机构知识库，国内先后有多个公司提供机构库系统平台开发服务，其中既有以技术见长的软件公司，如中科维智、西安知先、北京爱琴海、武汉麦达、浙江乐致安、江苏宝和、北京同舟等，也有如超星、维普、万方、同方等以数据见长的资源数据库厂商。其优势在于可实现个性化开发，并解决高校图书馆自身技术缺陷，便于机构库得到长期技术支持①。从我们调研的9个机构库来看，仅有中科院和厦门大学采用DSpace平台，多数机构均采用商业化系统平台。

下表是部分机构库对平台菜单功能调研情况。除首页外，学者、院系（含研究机构）、成果、数据分析（含成果报表、知识图谱、统计分析等）是多数机构库提供的菜单选项；此外，亦有机构库提供文献类型、学位论文、学术出版、最近提交、学科分类/学科建设、顶级期刊、科研项目、帮助、关于我们等菜单选项。可见，国内机构库建设在传统学术成果仓储功能的基础上，一方面更强调院系、学者和重要成果的展示，另一方面则向科研共享平台发展，融入数据分析功能，为科研管理和学科建设提供支撑②。

---

① 徐春，张静．“双一流”建设背景下高校图书馆机构知识库建设现状及发展对策研究［J］．图书馆学研究，2019（3）：31-38，77.

② 姚晓娜．机构知识库在科研评价服务中的应用及实现［J］．数字图书馆论坛，2020（6）：22-27.

表 8-2　　国内部分机构知识库菜单功能一览表

菜单栏目	中科院	武汉大学	北京师范大学	复旦大学上海医学院	北京理工大学	西北工业大学	北京大学医学部	兰州大学	厦门大学
首页	✓	✓	✓	✓	✓	✓	✓	✓	
成果	✓	✓	✓	✓		✓			
院系	✓		✓	✓	✓	✓	✓	✓	✓
学者	✓	✓	✓	✓	✓	✓	✓	✓	
数据分析		✓	✓	✓	✓	✓	✓	✓	
学科分类/学科建设				✓				✓	
关于我们		✓							
帮助						✓			
顶级期刊				✓					
科研项目			✓						
文献类型							✓	✓	
新闻 & 公告								✓	
学位论文			✓						
学术出版			✓						
专集									✓
最近提交									✓

从检索功能来看（见表 8-3），除中科院仅提供初级检索外，其他机构库多提供多种检索方式，高级检索、专业检索、二次检索、布尔逻辑检索、精确/模糊检索等是机构库较为常见的检索方式，部分还可限定检索范围为特定二级机构，或有全文的文献。

表 8-3　　国内部分机构知识库检索功能一览表

检索方式	中科院	武汉大学	北京师范大学	复旦大学上海医学院	北京理工大学	西北工业大学	北京大学医学部	兰州大学	厦门大学
初级检索	✓	✓	✓	✓	✓	✓	✓	✓	✓

续表

检索方式	中科院	武汉大学	北京师范大学	复旦大学上海医学院	北京理工大学	西北工业大学	北京大学医学部	兰州大学	厦门大学
高级检索		✓	✓			✓	✓	✓	✓
专业检索				✓		✓	✓	✓	✓
二次检索		✓				✓		✓	
逻辑检索		✓	✓	✓			✓	✓	
精确/模糊检索		✓	✓				✓	✓	
术语检索									
选择有无全文						✓	✓	✓	
选择数据范围			✓		✓	✓	✓	✓	

检索字段方面，8 个调研机构库共提供 36 个可检索字段，表 8-4 为超过 2 个以上机构库提供的可检字段。其中，题名、作者、全部字段、关键词、刊名、收录库、发表日期是最为常见的检索字段。除表中所列字段外，学位论文类型、项目名称、中图分类、语种、DOI、ISSN/ISBN、通信作者、作者归属二级机构、其他发明人、发布日期等也被个别机构库列为检索字段。

表 8-4 **国内部分机构知识库检索功能一览表**

检索字段	中科院	武汉大学	北京师范大学	复旦大学上海医学院	北京理工大学	西北工业大学	北京大学医学部	兰州大学	厦门大学
题名	✓	✓	✓	✓	✓	✓	✓	✓	✓
作者	✓	✓	✓	✓	✓	✓	✓	✓	✓
全部字段（ALL）	✓	✓		✓	✓	✓	✓	✓	
关键词	✓	✓	✓	✓	✓		✓	✓	

续表

检索字段	中科院	武汉大学	北京师范大学	复旦大学上海医学院	北京理工大学	西北工业大学	北京大学医学部	兰州大学	厦门大学
刊名	/	✓	✓	✓		✓	✓	✓	
收录库	/	✓	✓			✓	✓	✓	
发表日期	/	✓				✓	✓	✓	
摘要	/	✓	✓	✓					
机构	/	✓	✓	✓					
出版者	/					✓	✓	✓	
成果类型	/	✓				✓		✓	
学科门类	/					✓	✓	✓	
基金来源	/		✓				✓	✓	
存缴日期	/					✓	✓	✓	
主题	/		✓						✓
第一作者	/	✓	✓						
文献类型							✓	✓	
学科领域	/						✓	✓	
ORCID	/						✓	✓	
学习讨论厅	/						✓	✓	

针对检索结果提供分面浏览和筛选功能，可以帮助用户快速锁定所需信息。从调研来看，各机构库的分面浏览字段涉及了30多个。其中3个以上机构库设置的分面浏览字段见表8-5。

表8-5　**国内部分机构知识库分面功能一览表**

分面浏览字段	中科院	武汉大学	北京师范大学	复旦大学上海医学院	北京理工大学	西北工业大学	北京大学医学部	兰州大学	厦门大学
成果类型/文献类型	✓	✓	✓	✓	✓	✓	✓	✓	
作者			✓	✓	✓	✓	✓	✓	✓

续表

分面浏览字段	中科院	武汉大学	北京师范大学	复旦大学上海医学院	北京理工大学	西北工业大学	北京大学医学部	兰州大学	厦门大学
语种		✓	✓	✓	✓	✓	✓	✓	
二级机构	✓	✓	✓	✓	✓	✓			
发表日期		✓	✓	✓	✓		✓	✓	
来源数据库		✓	✓	✓			✓	✓	
资助项目			✓		✓	✓	✓	✓	
是否全文		✓	✓	✓		✓		✓	
来源期刊			✓	✓			✓	✓	
资助机构				✓			✓	✓	
第一机构			✓			✓		✓	

8.1.3 政策保障

调研发现（见表8-6），机构库的相关政策涉及提交/存缴、内容、知识产权、保存、元数据使用、全文使用、撤回、隐私、免责等政策，覆盖了从内容提交到数据使用全过程。尤其是北京师范大学和西北工业大学，相关政策较为全面。但仍有半数的机构库在平台上找不到相关政策。此外，从可查到的资料来看，仅北京大学发布了《北京大学机构知识库开放获取政策（试行）》文件，对由北京大学全体教员、研究人员、职员或学生所产生的书籍、期刊论文、会议论文等学术成果的内容、提交、使用、保存、撤回和隐私等方面进行了具体的规定①。其他高校，包括北京师范大学、西北工业大学等校在内，均只是机构知识库的建设方在机构库页面发布了相关政策或声明，没有校行文件的约束力，更没有激励措施，使用户对机构知识库的功能不了解，对版权有疑惑，不愿主动上传文档，导致机构库的建设和推广使用受阻。

① 北京大学机构知识库：关于我们［EB/OL］.［2022-04-22］. https://ir.pku.edu.cn/guide.

表 8-6 国内部分机构知识库相关政策一览表

分面浏览字段	中科院	武汉大学	北京师范大学	复旦大学上海医学院	北京理工大学	西北工业大学	北京大学医学部	兰州大学	厦门大学
提交/存缴政策	/	/	有	/	/	有	/	/	有
内容政策	/	有	有	/	/	有	/	/	有
知识产权政策	/	/	有	/	/	有	/	/	/
保存政策	/	有	有	/	/	有	/	/	有
元数据使用政策	/	/	有	/	/	有	/	/	有
全文使用政策	/	有	有	/	/	有	/	/	有
撤回政策	/	有	有	/	/	有	/	/	/
隐私政策	/	有	有	/	/	有	/	/	/
免责声明	/	有	有	/	/	/	/	/	/

总之，虽然国内高校和科研机构图书馆对机构库建设热情高涨，但实际效果不佳；已经建成并发挥效益的机构知识库数量不多，规模有限。导致机构知识库建设步伐缓慢的主要原因仍然是①：

（1）观念意识。学者对开放获取的理念和意义认知度普遍不高，对机构库的认同和接受程度较低；机构库建设的意义和定位不甚明确，缺乏有效的应用模式和可资借鉴的成功案例；

（2）管理体制：机构库的建设，更大程度上不是技术问题，而是体制、人员和沟通的问题。比如高校内部各管理部门以及院系各自为政的态势；二级机构或学者参与机构库建设的意愿不足或者心存疑虑；以及相关学术资源的版权问题，如学术论文、学位论文等；

① 聂华，韦成府，崔海媛．CALIS 机构知识库：建设与推广、反思与展望［J］．中国图书馆学报，2013，39（2）：46-52.

（3）协同标准：机构库的长期维护和可持续发展需要完备的管理制度和协作规范；平台搭建以及实现互通是很容易解决的事情，难的是持续不断的资源建设，以及如何将资源转化为服务等。

8.2 武汉大学机构知识库建设案例

武汉大学机构库由图书馆承建并纳入学校信息化建设整体体系。具体建设分为两个阶段。一期于 2016 年底由学校信息中心立项，2018 年底上线运行，成功搭建了集成果库、学者库和数据分析于一体的武汉大学学术成果收集、展示和分析的统一平台；二期于 2022 年初启动，响应国家和学校“一数一源”的工作要求，将机构库定位为学校论文和著作信息的数据源单位，着力提升机构库的数据质量，推动数据的全校共享和应用。本节将以二期建设为重点，详细介绍武汉大学机构库的建设实践。

8.2.1 建设背景

2020 年，根据教育部有关文件精神，为进一步规范学校数据管理，提高数据质量，推进数据共享，保障数据安全，发挥数据资源在学校“双一流”建设中的重要作用，学校出台了《武汉大学数据资源管理办法》，明确指出数字资源建设和管理遵循“统筹规划、集约建设、汇聚整合、共享交换、有效应用、保障安全”的原则；数据产生单位应遵循“一数一源”的原则，严格规范数据采集、录入与审核流程，从源头确保数据质量的准确性、完整性、唯一性、一致性和及时性。

2021 年，教育部发布《关于加强新时代教育管理信息化工作的通知》①，提出到 2025 年，数据要实现“一数一源”，数据孤岛得以打通，数据效能充

① 教育部关于加强新时代教育管理信息化工作的通知［EB/OL］. http：//www.moe.gov.cn/srcsite/A16/s3342/202103/t20210322_521669.html.

分发挥。并将“提高教育数据管理水平”列为重点任务，要求各校加强教育数据规范管理、促进教育数据开放共享、强化教育数据质量保障、提升教育数据管理效能。

为此，学校于同年下发了《关于建立完善“一数一源”数据维护长效机制的通知》，提出要明确数据源单位，完善数据标准，构建有效的数据共建、共享与保障体系，确保学校数据资产的唯一性、一致性和可用性，提高数据质量和利用效率，以解决学校信息化目前存在的系统整合不足、数据共享不畅、服务体验不佳等突出问题，提高数据质量，提升学校管理和服务水平。论文和著作成果属于科研数据，理论上应由科研归口管理部门管理，但鉴于论著成果数量庞大且管理复杂，同时考虑到机构知识库良好的基础，学校决定由图书馆作为论文和著作成果的数据源单位，“一数一源”背景下的机构库二期建设由此启动。

8.2.2 建设目标与任务

基于机构库建设的根本使命，结合教育部相关文件精神和学校管理服务需要，武汉大学机构知识库的建设目标和任务确定为四个方面。

（1）完整收录学校智力成果，彰显一流学术

“建立武汉大学优秀成果集中交流展示平台，扩大学校、学者及学术成果的国际影响力”是武大“十三五”规划的内容。机构库结合学校的规划，首先确定的目标就是摸清建校以来累积的各类成果，尤其是论文和著作成果，建立统一的数据库平台，集中发布展示武汉大学学术成果，提升学校的美誉度；同时通过合理的开放获取提高成果的能见度和可获得性，以提升学术影响力。

（2）支持学者成果管理，辅助教学与科研

提供成果认领与提交、成果编辑与管理、成果统计与影响力分析、成果导出与应用等服务，实现论著成果的“一次认领、少量填写、数据通用”，为专家学者申报课题、奖励、职称等提供全面、准确的个人成果数据服务；

并可建立学者主页，上传个人资料，全面展现学者风范，提升个人学术影响力。

（3）助力数据治理融合，推进学术生态建设

基于“一数一源”需求开展数据治理，扩大数据来源，提高数据质量，提高数据的全面性和可靠性；加强数据的作者、机构等字段的清洗和影响力数据的整合，提供细颗粒度、高质量的成果元数据，提高数据机器认领成功率；建立与科研、人事、教务等多个系统的数据交互和共享机制，破除信息孤岛，为职称评聘、年度考核、导师遴选、人才评价、学科建设等各类管理工作提供论著成果基础数据。

（4）推动数据的增值服务，支持管理与决策

基于机构库收录的完整准确的论著成果数据，同时采集并整合 ESI、大学排行等关键指标数据，面向学校及各二级单位可视化、多角度展现本机构历年成果和对标数据，提供深入的数据分析服务，为科研管理和学科建设提供可信数据和决策参考。

8.2.3 建设内容与框架

根据功能和应用，武汉大学机构库可以分为公开页面、学者中心、机构中心、后台管理和数据应用 5 个模块。如图 8-1 所示。

8.2.3.1 公开页面

公开页面即机构库的主页，提供首页、论著成果、专家学者、数据分析等栏目。图 8-2 为机构库首页面。

论著成果栏目收录了武汉大学建校以来的所有论著成果，主要涉及期刊论文、图书著作、著作中的析出文献、会议论文和报纸文章等文献类型，目前包括国立武汉大学（1928—1949，4000 余条）时期的成果、武汉大学（1950—2000，2 万余条）、武汉水利电力大学（1954—2000，3500 余条）、武汉测绘科技大学（1956—2000，1700 余条）、湖北医科大学（1943—

武汉大学机构知识库

公开页面	**首页**	**论著成果**	**专家学者**	**数据分析**
	快捷检索 学术动态 学者推荐 成果推荐 数据概览	成果检索 分面筛选 成果展示 结果处理	学者检索 学者列表 学者主页	成果统计 ESI/Incites 大学排行 公开数据
学者中心	**认领填报**	**成果管理**	**成果利用**	**个人信息管理**
	一键认领 待认领 检索认领 成果填报	状态查询 成果编辑 上传全文 成果公开设置	成果统计 成果导出 引证报告	学者简介 发文机构添加 署名方式添加
机构中心	**成果审核**	**成果代管理**	**成果统计**	**机构管理**
	归属关系审核 补充信息审核 消息管理	成果代认领 成果代提交 成果代编辑	成果展示 统计报表 数据导出	学者管理 机构更名管理
后台管理	**成果管理**	**词典管理**	**用户管理**	**成果统计**
	元数据设置 数据采集管理 数据清洗管理 数据审核 数据编辑	机构词典 学者词典 期刊词典 影响力词典	用户分类管理 权限分级管理	成果概况统计 成果状态统计 操作统计
数据应用	**移动应用**	**数据接口服务**		

图 8-1　武汉大学机构知识库系统架构图

2000，4000 余条）四校合并前的成果，以及合校（2001—　）以来的成果 60 余万条。

为了尽可能全面地收录学校论著成果，同时提高元数据质量，机构库采取购买为主、网络采集为辅的论著成果元数据建设方案。Web of Science 核

图 8-2　武汉大学机构知识库首页面

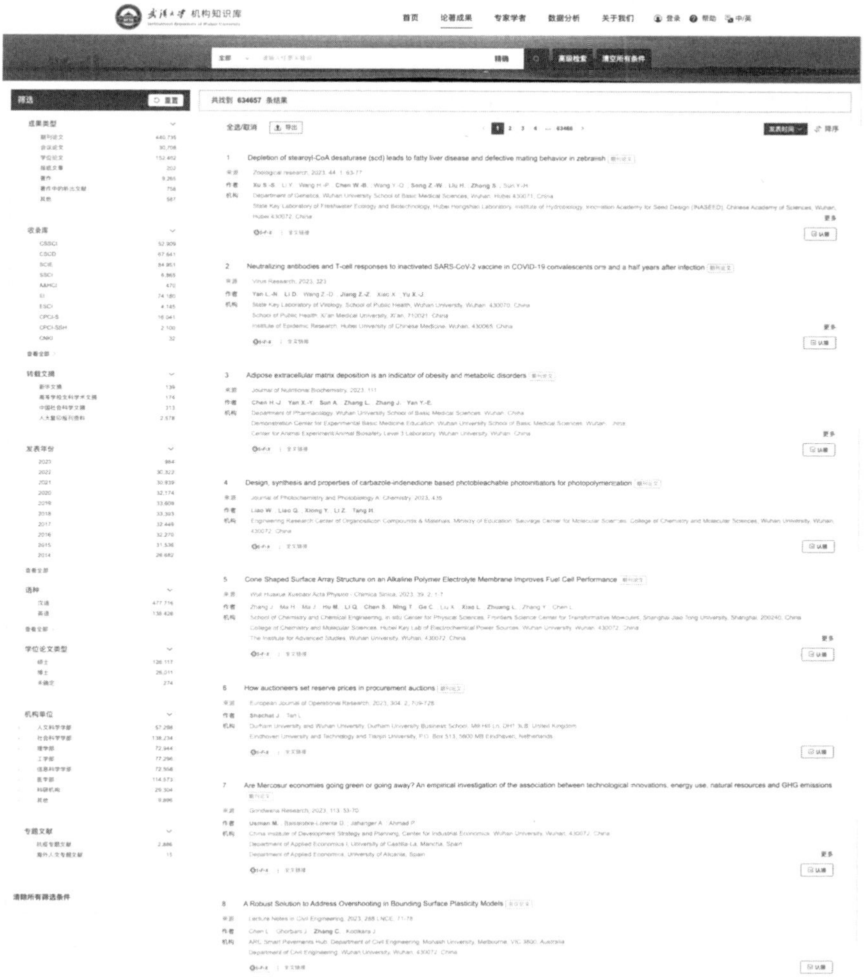

图 8-3 武汉大学机构库——论著成果浏览页面

心合集收录了 SCI、SSCI、A&HCI、CPCI-S、CPCI-SSH、ESCI 等多个国际著名的检索数据库，其元数据在质量和丰富度方面均居外文数据库首位。据统计，我校 76%左右的外文论著被 WOS 平台收录，因此，购买 WOS Expanded API 服务，可以及时、批量、自动获取 WOS 收录的我校成果，数据质量和更新频率均可得到保障；在此基础上，再通过网络获取 EI 和 SCOPUS 收录成果，去重后补充入库；中文期刊论文数据有多个来源，考察的重点是元数据质量，尤其是署名作者与机构对应关系的标注情况，最终选择了维普的数据服务，同时通过网络采集会议论文和报纸文章数据；著作则以武汉大学图书馆建设的珞珈文库（仅收藏本校师生和校友著述）的藏书为基础，数据来源于图书馆集成管理系统中的编目数据。

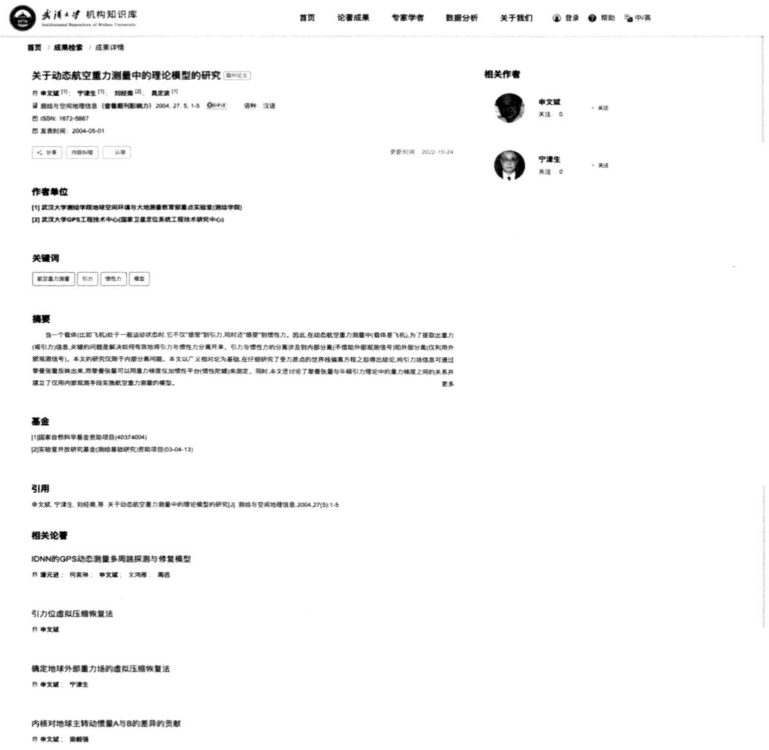

图 8-4 武汉大学机构库——论著成果详情页面

论著成果进行了多重清洗和数据整合。一方面，清洗出第一作者和通信作者，且标识出武大作者和武大机构；另一方面，整合了论著收录、转载、获奖数据，以及来源出版物的影响力数据。成果检索结果页面除提供成果类型、发表年代、语种等常规筛选功能外，还提供机构单位和收录筛选。其中，机构单位按照学校现有二级机构设置，将论著按清洗后的署名机构进行了归类，方便读者按机构浏览成果；收录筛选包括 CSSCI/CSCD、SCIE/SSCI/A&HCI/ESCI、EI、CPCI 收录论文，新华文摘、中国社会科学文摘、高校文科学术文摘等转载论文，以及当期及历史 ESI-TOP 论文，可快速获取高影响力论著成果。此外，还根据需要设置专题成果。例如，抗疫专题文献，持续收录了武汉大学在学术期刊和主流媒体上发表的抗疫文献 3000 篇；海外人文专题文献则收集了 2006 年以来武大学者针对海外人文社会科学各个领域最新研究前沿分析报告 300 余个。

专家学者栏目发布各类学者主页。其中，中国科学院和中国工程院院士、人文社会科学资深教授、国家教学名师等著名学者个人主页由图书馆维护并发布，其他学者则采取自愿原则自主发布。目前已有 400 多位学者发布了个人主页。可以通过姓名、机构检索学者，也可利用荣誉头衔或机构单位选择查看学者信息，如图 8-5 所示。

图 8-5　武汉大学机构库——专家学者浏览页面

个人主页包括个人简介、研究成果和指导论文三个子栏目，以及发文趋势、关键词、合作关系的可视化展示。其中研究成果同样提供了多种分面筛选功能，其中包括了作者署名身份（第一作者、通信作者等）和成果关键词筛选功能。指导论文子栏目则列出了该学者所指导的所有博硕士论文，如图 8-6 所示。

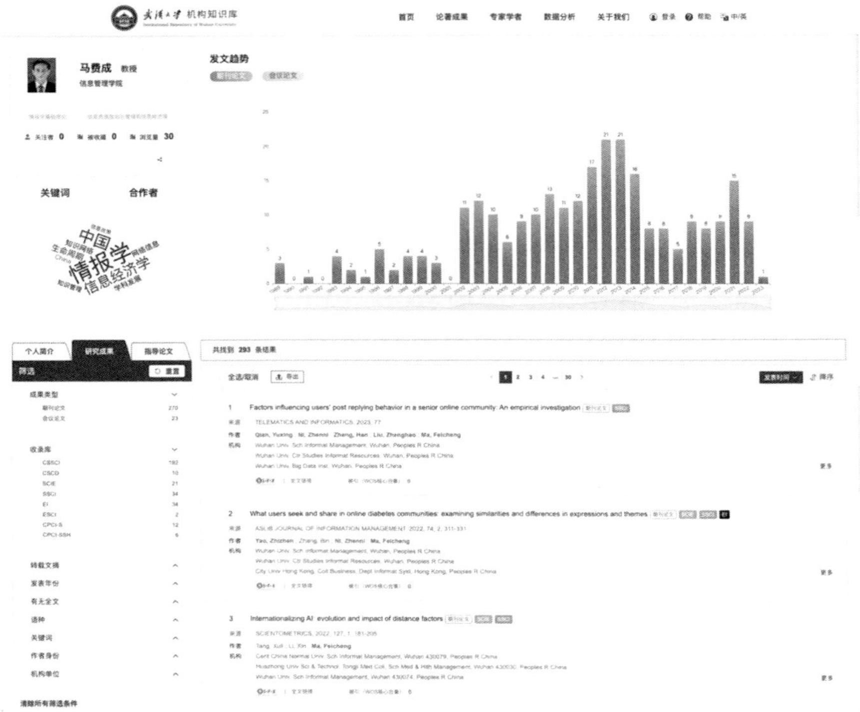

图 8-6　武汉大学机构库——专家学者详情页面

数据分析栏目提供成果统计、ESI/Incites、大学排行和公开数据四类数据的分析。其中成果统计（见图 8-7）基于机构库的论著数据，可实现学校、二级机构、个人多层面的成果统计分析，实现历时分析和院系对比；ESI/Incites（见图 8-8）提供了学校入选和未入选 ESI 的学科分析、TOP 论文分析，并提供横向对比分析功能；大学排行（见图 8-9）提供 US NEWS、QS、THE、ARWU 等世界大学排行榜的历年大学排行数据和学科排行数据，可历时查看和对标比较；公开数据（见图 8-10）收集十所高校的专家团队、科研项目、获奖等公开数据并提供对标分析。

8.2.3.2　学者中心

学者中心提供成果认领/填报、成果管理、成果利用、个人信息编辑等

图 8-7 武汉大学机构库——数据分析之成果统计页面

图 8-8 武汉大学机构库——数据分析之 ESI/InCites 页面

功能，学者通过学校统一身份认证登录后可进入学者中心。论著成果认领/管理流程图详见图 8-11。

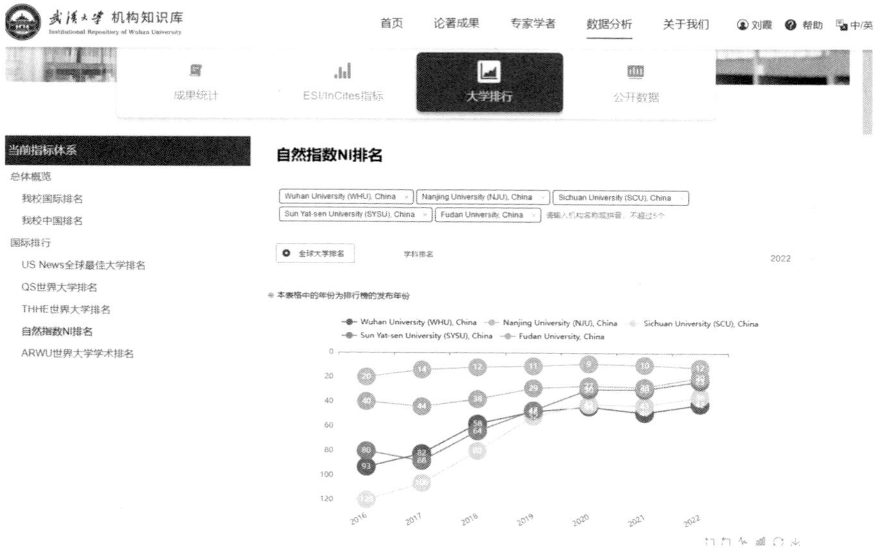

图 8-9　武汉大学机构库——数据分析之大学排行页面

图 8-10　武汉大学机构库——数据分析之公开数据页面

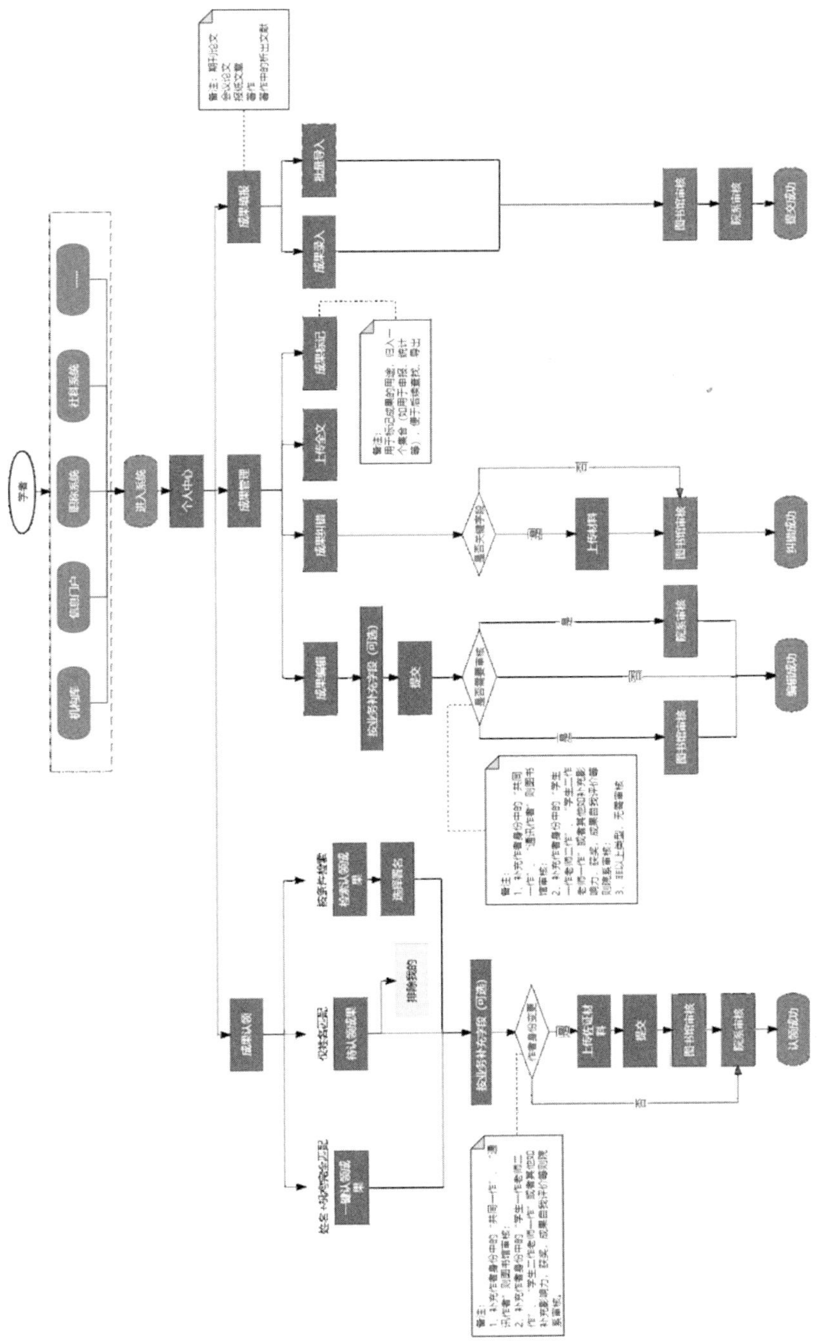

图8-11 论著成果认领/管理流程图

成果认领/提交有四种方式。即“一键认领成果”“待认领成果”“检索认领成果”和成果提交。四种认领方式是递进的，学者可按顺序认领或提交。也可通过设置临时账号委托他人代认领/填报成果。

（1）一键认领成果

学者姓名与人事单位完全匹配上的成果标记进入“一键认领成果”列表，学者可批量确认（见图 8-12）；

图 8-12 学者中心——一键认领成果

（2）待认领成果

仅学者姓名匹配上的成果标记进入“待认领成果”列表。学者可利用“待认领成果”页面左边的“筛选”功能按论著发表时的机构单位、作者署名、年份、语种、收录库等进行成果筛选，然后勾选自己的成果进行单篇或批量认领（见图 8-13）。

（3）检索认领成果

如前面两种方式无法找到自己的成果，学者可进入“检索认领成果”页面直接检索成果。对检索到是自己的成果，点击“认领成果”按钮，选择自己的署名即可（见图 8-14）。

图 8-13　学者中心——待认领成果

图 8-14　学者中心-检索认领成果

（4）成果填报

若有成果通过检索认领也未查询到，学者可在“成果填报”页面进行成果自提交。支持期刊论文、会议论文、报纸文章、著作、著作中析出文献（指会议论文集、专题汇编等著作中独立成篇的文章，不含著作章节等）的自主填报。支持提交成果名称的查重（见图 8-15）。

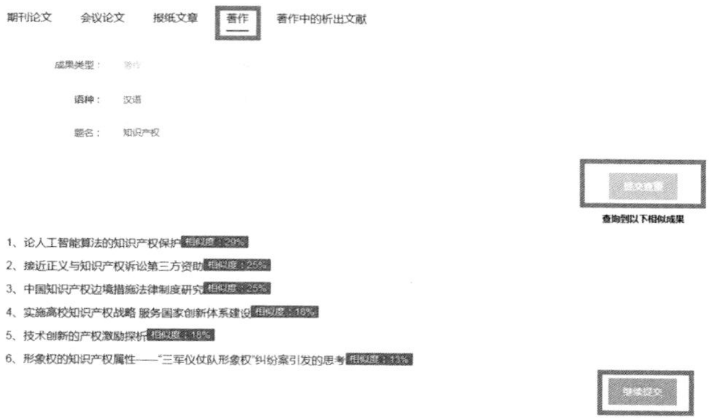

图 8-15 学者中心-成果提交

成果管理页面可查看成果的审核状态，进行成果编辑（见图 8-16）。

图 8-16 学者中心-成果管理

• 审核状态：分为已审核、待审核、审核驳回三种状态。其中论著元数据内容及质量由图书馆审核，成果归属及作者身份由各二级单位科研秘书审核。“已审核成果”显示经个人认领且管理员审核通过的成果，将作为学者论著成果的唯一数据源，通过数据接口共享，并应用于学校科研管理、职称评聘等各类管理决策工作之中。

• 成果编辑：学者可对已审核的成果进行编辑。如补充“作者身份”

（“共同第一作者”、“通信作者”身份等），补充部分成果影响力说明等。

- 成果纠错：纠正论著的客观描述错误。

成果利用功能可视化、多角度展现学者的个人成果分布，学者可按需导出个人成果，并可针对单篇或多篇成果自动生成影响力分析报告。

学者也可为个人主页发布编辑个人信息，并可补充发文作者和机构的署名方式，方便更全面地关联和汇聚个人成果。

8.2.3.3 机构中心

机构中心提供成果审核、成果代管理、成果统计、机构管理等功能，学校各二级机构管理员通过学校统一身份认证登录后可进入机构中心。论著成果机构审核/管理流程图详见图 8-17。

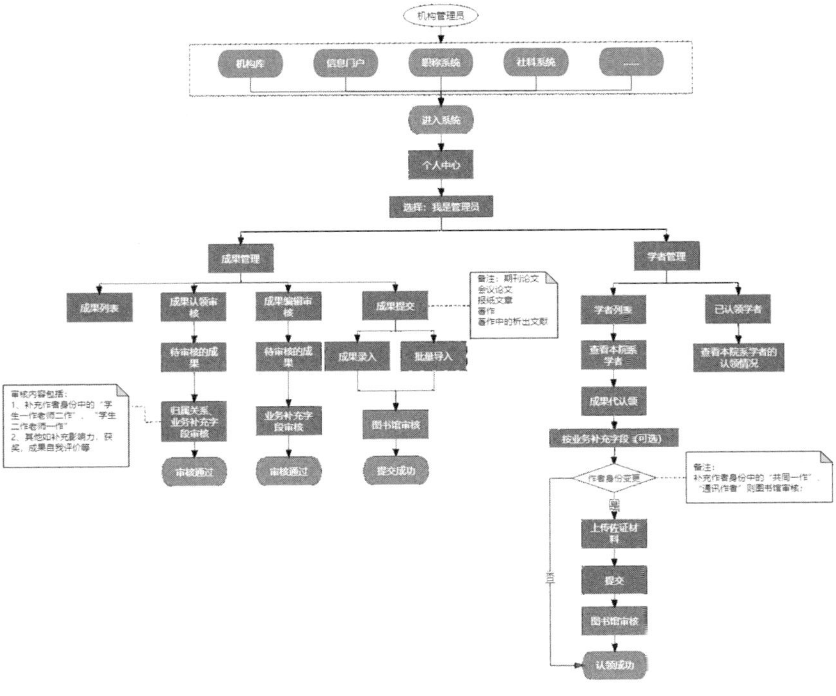

图 8-17　论著成果机构审核/管理流程图

机构管理员可对学者认领、提交，以及编辑的成果分别进行查询和审核。机构审核的内容包括：认领/提交成果的“归属关系”以及学者补充的身份信息（如学生一作且导师二作）。院系管理员可通过作者、年代等各类筛选条件查询成果，勾选后批量审核通过（见图 8-18、图 8-19）。

图 8-18　机构中心-成果列表

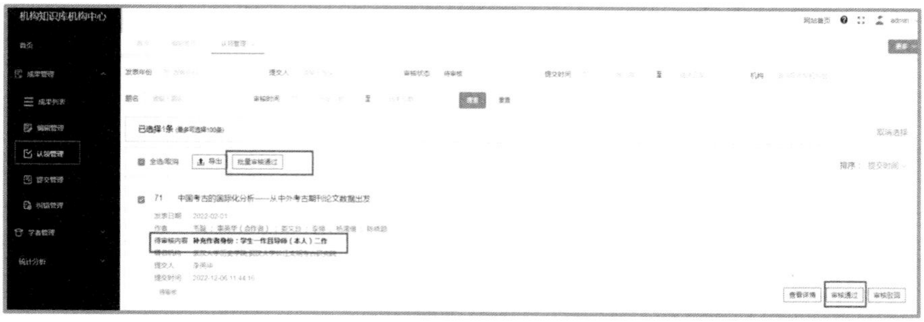

图 8-19　机构中心-成果审核

院系管理员可在机构中心编辑机构历史沿革，更好地关联和汇聚机构历史成果，同时可进行机构学者管理，查看本机构学者成果认领状况并可代替学者认领或填报成果（见图 8-20）。

机构中心提供丰富的统计分析功能，可通过学者、成果类型、发表年代、收录情况等多角度查看、检索本机构的论著成果，按需导出和分析本机

图 8-20 机构中心-成果代认领

构成果数据，为学科建设和科研管理提供参考。

8.2.3.4 后台管理

后台管理提供成果管理、词典管理、权限管理和成果统计等功能。

(1) 成果管理模块

包括成果元数据设置、成果采集与清洗、成果审核和编辑三大功能。

- 元数据设置：针对不同成果类型，考虑各种成果管理和服务需求来设置元数据。例如，仅期刊论文的元数据就有 60 余个字段，其中 20 个必备字段。
- 数据采集和清洗：采取购买和网络采集两种方式采集数据。选择维普数据和 Web of Science 作为中外文论文数据的主要来源，通过购买 API 服务获得及时可信的成果元数据；同时通过网络采集 Scopus/EI 数据、整合 OPAC 藏书数据等进行补充；利用各类词典进行论著数据的署名姓名和机构清洗，并匹配影响力数据，详见图 8-21。
- 成果审核/编辑：包括三个层面。一是针对采集和清洗数据的常规质量抽查；二是对首页学术动态、推荐成果的审核编辑；三是对学者补充填报和成果纠错信息的审核编辑。

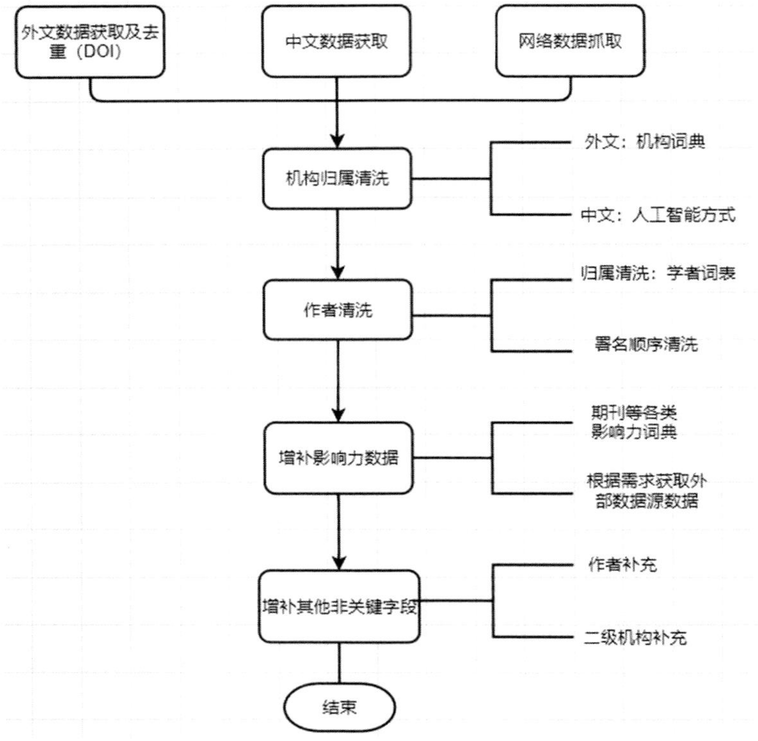

图 8-21　数据清洗流程图

（2）词典管理模块

包括机构词典、学者词典、期刊词典、影响力词典等，各类词典的完整性和全面性直接决定了数据清洗的质量（见图 8-22）。

- 机构词典：从学校历年《统计资料汇编》获得学校二级机构设置及其变迁数据，对中外文论文机构署名方式进行汇总、归类，并按照学校二级机构规范名称进行映射，以此作为论文机构归属依据。
- 学者词典：学者及其机构归属数据来自学校人事系统，此处对学者英文署名方式进行汇总，并须此演绎出所有学者的可能英文署名方式，以此作为作者匹配依据（见图 8-23）。

来源库	英文地址	来源库	英文地址
EI	China Center for Type Culture Collection	WOS	AIDS Ctr
EI	College of Life Science	WOS	Biochem & Biophys Lab
EI	College of Life Sciences	WOS	Biol Sci Coll
EI	Department of Biological Sciences	WOS	Biosci Coll
EI	Department of Biology	WOS	CCTCC
EI	Department of Biotechnology	WOS	China Ctr Type Culture Collect
EI	Department of Life Science and Technology	WOS	China Ctr Type Culture Collect CCTCC
EI	Department of Life Sciences	WOS	Chinese Acad Sci
EI	Dept. of Microbiology and Immunology	WOS	Coll Biol
EI	Freshwater National Observation and Research Station for Lake Ecosystem in Liangzi Lake	WOS	Coll life Sci
EI	Hubei Key Laboratory of Cell Homeostasis	WOS	Coll Lif Sci
EI	Institute of Life and Science	WOS	Coll Life
EI	Key Lab. Min. Educ. Plant Devmtl. B.	WOS	Coll Life Sci
EI	Key Laboratory of Mineral Resources Processing and Environment of Hubei Province	WOS	Coll Life Sci & Technol
EI	Key Laboratory of MOE for Plant Developmental Biology	WOS	Coll Life Sci Coll Life Sci
EI	Key Laboratory of the Ministry of Education for Plant Developmental Biology	WOS	Cell Live Sci
EI	Laboratory of Aquatic Plants	WOS	Collaborat Innovat Ctr Viral Immunol
EI	Laboratory of Bioinformatics	WOS	Ctr Dev Biol
EI	Life Sciences College	WOS	Ctr Diabet
EI	Life Scientific College	WOS	Ctr Gardens
EI	National Field Station of Freshwater Ecosystem in Liangzi Lake	WOS	Ctr Instrumental Anal
EI	National Field Station of Freshwater Ecosystem of Liangzi Lake	WOS	Ctr Modern Virol Res
EI	Office of Development Planning and Disciplinary Constructions	WOS	Ctr Type Culture Collect
EI	Research Center for Developmental Biology	WOS	Dep Biol Sci
EI	School of Life Science	WOS	Dept Cell & Dev Biol
EI	State Key Lab. of Virology and Key Lab. of Analytical Chemistry for Biology and Medicine MOE	WOS	Dept Cell Biol
EI	State Key Lab. of Virology and Key Lab. of Analytical Chemistry for Biology and Medicine (MOE)	WOS	Dept Ecol
EI	State Key Lab. of Virology and Key Laboratory of Analytical Chemistry for Biology and Medicine (MOE)	WOS	Dept Genet
EI	State Key Laboratory of Hybrid Rice	WOS	Dept Life Sci
EI	State Key Laboratory of Virology	WOS	Dept Microbiol

图 8-22 机构词典举例-生命科学学院（部分）

图 8-23 后台管理-学者词典页面

• 期刊词典：对期刊被各类权威检索工具（如 SCIE/SSCI/A&HCI/EI/CSCD/CSSCI）收录情况和分区情况进行汇总，并须与收录年度关联，以此作为论文对应期刊影响力数据匹配依据（见图 8-24）。

图 8-24 后台管理-期刊词典页面

● 影响力词典：收集各类论著影响力数据，如获奖成果清单、高被引论文清单、全文转载清单等，以此作为论文影响力数据匹配依据。

（3）权限管理

主要通过与学校授权管理系统对接对不同用户（如系统管理员、职能部门管理员、二级机构领导、二级机构管理员等）赋予不同的数据查询、审核和下载权限。

（4）成果统计

供系统管理员多角度查看全校成果分布、成果认领审核状况和各类系统操作数据（见图 8-25）。

8.2.3.5 数据应用

包括移动应用和数据接口服务。

移动应用基于移动环境提供服务。一方面根据网页端内容模块设置和功能需求相应改版移动端首页，构建基于移动应用的决策支持数据服务平台，实现学校多维数据的整合和可视化展示，为校领导、学者、读者等提供移动

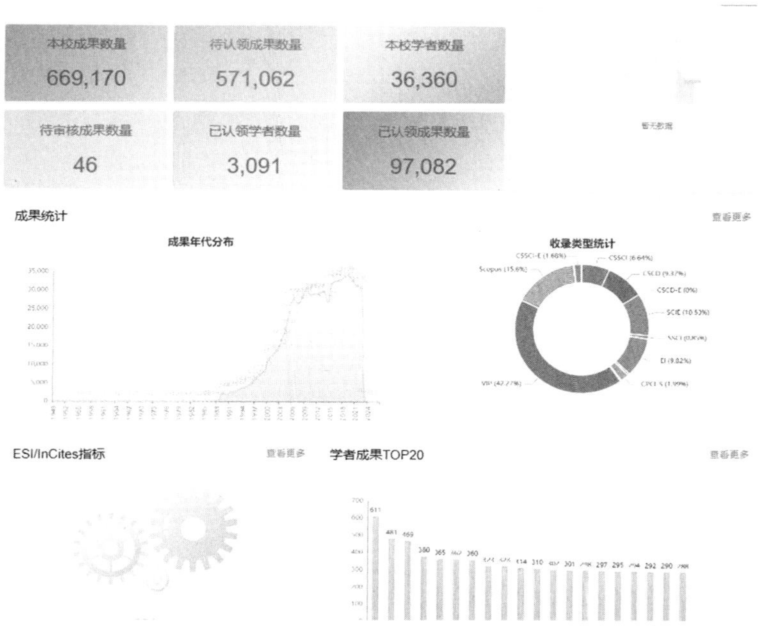

图 8-25　后台管理-统计数据

端便携应用，方便进行移动端的成果管理、学术成果分享等；另一方面则支持嵌入智慧珞珈等，便于移动认领、审核、查看成果及相关数据，并与学校信息化服务体系进行无缝对接（见图 8-26）。

数据接口管理与对接服务是机构库二期的一个重要功能，以此实现各类权威数据在各相关系统的共享应用。

- 数据接口管理：系统通过接口管理系统对各接口进行管理；提供全面、丰富的功能业务接口，便捷实现学术论著的录入、认领、审核、关键词查询、批量查询、统计等功能，便于第三方系统调用；采用组件化接口设计方案，保持各接口包间的高度独立性，包括设计的独立性和运行的独立性。接口只允许数据交互，不允许系统间直接引用程序。接口程序独立于业务系统，容易修改，易与多种系统对接。

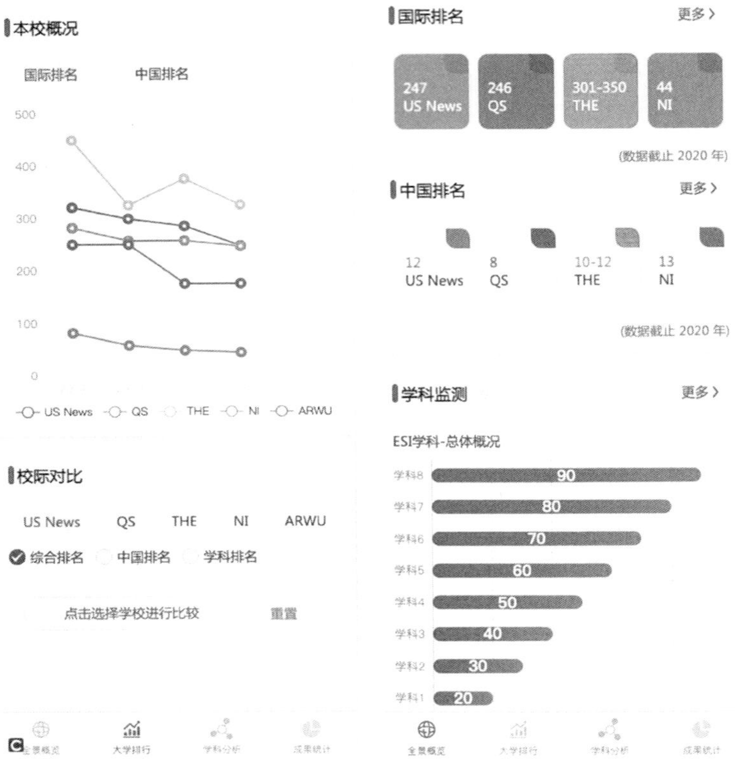

图 8-26　移动应用

● 数据对接服务：按学校数据中心的要求和规范进行数据对接。通过数据中心实现学校人员数据的对接，获取人员、机构、岗位、角色等信息，提高成果认领的实时性和精准性；支持被学校其他系统调用，可快速到达高频使用页面，如认领、审核，并可在元数据标准的基础上，实现相关部门对数据字段的扩充与增改，可对来源于其他部门的结果数据进行数据标记，提供增量回填与更新，避免用户的多次重复认领、补录等操作。目前数据对接服务已应用于社科管理系统和职称申报系统之中。

机构知识库与学校其他系统之间的数据交换关系如图 8-27 所示。通过数据授权的方式进行权限校验，支持对接各类第三方应用平台。数据采用JSON封装格式，实现在网络环境中跨平台数据交互传输。数据交换使用REST风格的实现形式，提供基于RESTful API（应用程序编程接口）的互操作访问接口，支持http和https协议和访问证书验证机制，在保证数据安全基础上解决异构子系统间的数据共享和交换。

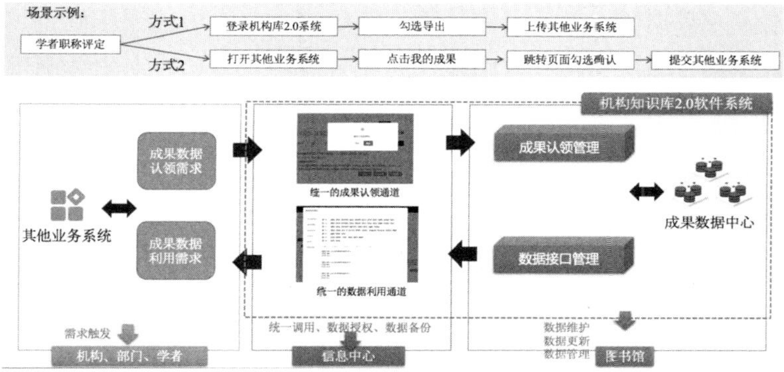

图 8-27　机构知识库系统间关系图

8.2.4　运行与保障机制

为有效解决论著数据“一数一源”问题，提高学校数据治理效能、提升信息化建设水平，机构库二期建设项目被列为学校信息化重点建设项目，并给予专项资金支持。图书馆成立了机构知识库二期项目建设领导小组，馆长任组长，业务相关的几位副馆长和项目负责人任副组长；同时从特藏中心、学术交流与服务中心、技术支持中心三个部门抽调3名全职人员和10余名兼职人员成立项目建设工作组，并设立项目建设集中办公区，确保项目建设按计划实施。

机构库一期项目建设期间，就形成了包括资源规范、建库规范、审核规范、发布规范在内的机构库建设管理工作规范；系统上线运行的同时，也同步发布了《武汉大学机构知识库开放获取相关说明》①，对机构库的内容范围与来源、成果元数据和全文的使用、成果保存、成果撤回、隐私保护等进行了说明和规范。

为了切实保障作为学校论著成果唯一数据源的机构知识库的可持续发展，学校下发了《关于建立完善论文著作成果“一数一源”数据维护长效机制的通知》，用校行文件的形式明确了“武汉大学机构知识库系统是学校论著成果的唯一数据源，是各单位采集与管理论著成果的数据基础，也是学校开展职称评聘、年度考核、导师遴选、人才评价、学科建设等各类管理决策工作所需论著成果数据的唯一来源。”。文件规定了机构库建设参与各方的权责分工，落实了数据分层管理机制，明确了机构知识库的服务流程，以保障数据准确、真实、完整和规范。

- 图书馆。是学校论著成果数据源单位，负责机构知识库论著成果元数据的采集、清洗、存储和维护，并补充完善各类收录引用与影响力信息；负责论著元数据质量控制，整体把控数据的准确性、完整性、及时性；按照“最小够用”的原则对接各数据使用单位的共享需求。

- 学者。是个人论著成果数据责任主体，负责在机构知识库“学者中心”进行自身学术成果的认领、提交、纠错、补充、管理等；按照《武汉大学科研成果署名规范（试行）》（见附件）相关要求发表论著成果。

- 二级机构。是学校论著成果数据审核主体，负责动员并督促本单位学者参与成果认领和提交，及时在机构知识库“机构中心”完成本单位已认领数据的归属审核。

- 管理部门。学校科研、人事、教学、发展规划等归口管理部门是论著成果数据的共同建设、维护与使用单位，根据业务需要充分表达并及时对接数据共享需求；建立机构知识库成果数据认可机制，凡涉及论著成果相关的数据填报需求，均以接口的方式获取数据，并在本单位相关管理系统中提

---

① 武汉大学机构知识库开放获取相关说明［EB/OL］. http：//openir. whu. edu. cn/AboutUs.

供链接，指引相关人员在机构知识库认领、提交成果数据；向机构知识库回填本单位管理系统中已审核通过的论著数据，实现数据实时同步、双向共享。此外，人文社会科学研究院和科学技术发展研究院作为科研归口管理部门，还要做好论著成果认领、审核的督促和权威认定工作。

- 信息中心。是学校论著成果数据维护的技术、经费支持单位，协同各相关单位制订数据和接口标准，提供数据服务与共享技术，保障经费投入，确保机构知识库长期稳定运行。

文件要求各相关单位要高度重视论著成果“一数一源”数据管理工作，积极探索数据认领提交激励机制，加强沟通协调，坚持以共享为原则、不共享为例外，推动机构知识库论著成果数据在全校范围内高效率流转和高水平共享。

此外，在机构库建设过程中发现学者发文时的机构和作者署名不太规范，不利于学校知识产权的保护和管理，也不能有效反映学校的学术水平并提升科研影响力，为此，同步制定了《武汉大学科研成果署名规范（试行）》作为上述校行文件的附件下发，以提高师生员工对成果署名规范化的认识和责任感，使之成为师生学术生涯的工作规范。

8.2.5 应用与思考

武汉大学机构知识库二期于2022年底上线试运行，并率先应用于学校人文社科成果管理和职称评聘两个管理服务需求。

人文社科管理系统是人文社科科研管理和服务平台，可实现科研或人才项目的申报、评审、立项和结项管理，项目经费到账和报销管理，论文、著作、咨询报告等各类人文社科科研成果的管理等功能。之前的论文著作数据由科研人员人工填报，存在填报工作量大、数据不准确等问题，为了充分利用机构库的数据，机构库和人文社科管理系统进行了系统对接，一方面，人文社科管理系统将论文和著作的“填报”功能关闭，增加“认领”按钮，引导科研人员直接跳转到机构库的学者中心进行成果认领；另一方面，机构库中经科研人员认领且由院系审核的论文将自动同步到人文社科管理系统之中。为推动此项工作，顺利完成年度论著统计工作，学校相关管理部门发放了通知，并组织了两个系统的使用培训。

职称管理系统是服务于学校各类型职称申报、评审及分级聘任的系统，涉及人员面广，需要申报者填报或引入的栏目较多，其中“论文信息”和“著作信息”两个板块需要申报人引入或填报任现职以来的所有成果。往年的做法是事先从机构库、人文社科管理系统、教学论文数据库中导入论著信息，供申报者检索并引入库，然后申报者针对论文再手工补充出版月份、署名排序、收录情况、论文类别等信息，针对著作则手动编辑“排名”、“著作类别”“出版社级别”“本人字数”等信息；如果无法通过检索引入的论著，则需要通过“新增”功能填报并提供佐证材料。因前期导入的论著数据准确性、全面性和及时性不够，导致申报者引入体验不佳、新增及填报信息较多，也因数据的不规范给后续的成果影响力审核造成较大困扰。为落实“一数一源”策略，切实解决重复填报问题，2022 年职称管理系统与机构知识库进行了对接，职称申报工作启动之初就要求申报人首先在机构知识库认领、填报或编辑个人的论著信息，通过审核的论著信息自动同步到职称系统的论著检索库，申报人可通过人事号搜索获得本人所有论著成果，再勾选后引入职称申报系统。

上述两项应用带动了机构知识库论著成果的集中认领和填报。短短两个月，超过 3000 位学者的近 10 万成果被认领，其中，有 1500 多人参与职称申报，共计引入论文 2.4 万篇，著作 1400 多部。机构库的访问量也迅速增长，超过了 38 万人次。从这两个系统的应用来看，机构库确实解决了重复填报问题，且大幅提升了论著成果数据的准确性和规范性。

当然，在实际应用中，也发现一些问题需要继续探讨并解决。

（1）元数据规范：需平衡管理需要和客观著录

机构知识库二期建设的核心目标是建成“学校论著成果的唯一数据源”，使之成为“各单位采集与管理论著成果的数据基础，也是学校开展职称评聘、年度考核、导师遴选、人才评价、学科建设等各类管理决策工作所需论著成果数据的唯一来源”。对学者而言，通过机构知识库“学者中心”集中认领、填报和补充个人学术成果信息，可实现“一次认领、少量填写、数据通用”，切实简化论著填报工作，解决重复填报问题。为此，项目组调研了学科评估、双一流检测系统、科学基金网络信息系统、社科基金项目网络申报系统等国家和上级机构各类学术评价系统中对论著填报字段的要求，以及学校各相关管理系统对论著信息的字段需求，如表 8-7 所示。

表 8-7　　**各级学术评价部分字段需求详表**

数据字段	需求内容
论文署名	独著、第一作者、共同第一作者、通信作者、共同通信作者、第一作者且通讯作者、学生一作且本人二作（针对教师）、老师一作且本人二作（针对学生）、合作者、同等贡献者、其他（如执笔人等）
著作署名	首席专家、独著、主编、副主编、编委、参编、合著（排 1 名），合著（排 2-5 名），其他（如系列教材分册主编等）
论著影响力	来源出版物级别情况： 期刊、会议的分区/分级：中科院分区、JCR 分区、学科分级目录（如 CCF A/B/C）、学校认定的奖励期刊和重要期刊等； 图书出版社重要出版社、“马工程”，规划教材等
	论文收录/引用/转载情况： SCIE、SSCI、A&HCI、EI、CPCI、ESCI、CSSCI、CSCD、ESI TOP 论文等 新华文摘转载、中国社会科学文摘转载、高等学校文科学术文摘转载、人大报刊复印资料转载等
	论著所获荣誉： 获奖情况、入选国家哲学社会科学文库情况等 “马工程”教材，国家规划教材等
	论著水平的有关说明：如论文、著作影响力说明或教材使用情况

但实际上，公开途径采集的论著元数据无法满足所有的管理需要。其中，论著影响力数据，需通过二次采集、数据匹配或学者补充填报获取；论文署名中的“学生一作且本人二作（针对教师）”“老师一作且本人二作（针对学生）”情况很多，但仅适用于校内特定场景、特定对象的成果认定，增加这一身份选项，意味着大幅增加了学者勾选和院系审核的工作量；著作署名则更复杂，例如职称管理系统根据相关文件设定的著作署名身份只有独著、主编、副主编、合著（排1名），合著（排2~5名）等，但著作实际署名很不规范，署名方式远超表中所列，类似编著、译著等无法归类。

造成此种困扰的主要原因是学校相关管理系统先于机构库二期建成，相关字段少且仅服务于某项特定的管理工作。根据试运行情况，后续建议机构库在保持元数据字段全面性的基础上秉承客观著录原则，各管理系统则可以扩充相关元数据字段（尤其是署名字段），一方面同步机构库论著信息的客观描述，另一方面则允许学者根据管理评价需要补充署名等方式，以满足特定管理需要，也避免因个性化需求导致学者认领流程复杂化。

（2）数据质量：存在数据缺失、错漏和重复问题，需不断提升数据准确度

高质量地采集、清洗、核查和维护论著数据，不断提高元数据收全率，保障数据准确、真实、完整和规范，是数据开放共享的基础，也是机构库二期的核心竞争力。从试运行来看，当前机构库的数据还存在以下问题：

- 数据缺失。主要体现在著作署名上。机构库的著作数据以珞珈文库的藏书为基础，数据来源于图书馆集成管理系统中的编目数据。依照国际和国内的编目规则惯例，同一责任方式一般最多著录三个责任者，三个以上的责任者只著录第一个，且副主编、编委、参编人员等均不著录。因此，当前的图书编目数据无法满足机构库的需求，后续需要对采集入库的著作数据进行二次著录。

- 数据错漏。主要体现在论文上。具体表现为：通信作者、共同第一作者、共同通讯作者等未著录，以及部分通信作者标注错误。主要原因是采

集到的论著元数据错误。虽然机构库二期重点加强了数据质量建设，经评估后采取购买的方式从 WOS 和维普获得主要的中外文论文元数据，但错漏仍然难免。从试运行来看，已认领的论著中，错漏数据占比 3.5%左右，这部分问题数据只能通过学者的主动纠错或编辑来发现和修正。

• 数据重复：主要体现在论文上。表现为外文论文的重复以及被外文数据库收录的中文论文的重复两个方面。当前，机构库的外文论文数据主要来自 WOS，同时采集 EI 和 SCOPUS 数据进行补充；去重的依据为 DOI，但早期没有 DOI 的论文则无法去重，需要采取题名、作者、来源等方式进行近似匹配去重；中文论文数据来自维普，不存在重复，但有部分中文期刊被 WOS、EI 和 SCOPUS 收录，从这些数据库采集到的数据都是中文论文的外文题录信息，没有 DOI 号的论文，也需要提取维普数据中的英文题录信息与外文库采集数据进行近似匹配去重。

(3) 系统对接与同步：存在字段同名异义、重要字段缺失、同步延迟的问题

字段同名异义首先体现在各类管理服务系统所需字段，与机构库元数据标准不一致，包括格式、取值、存储方式等；其次，在系统对接交互过程中，出现因对字段理解不一致导致错误提取数据的问题，例如，机构库有正式出版、在线发表等多个出版时间字段，需要根据对接系统的具体要求提取相应字段，而不是简单地根据字段名进行匹配；第三，为需要满足特定业务要求，部分字段的改造输出目前集中在机构知识库上。如科研管理的统计要求输出第一作者的第一署名单位为武汉大学的论文数据，机构库提供数据之前需要进行字段转换解析。

机构库的每条论著数据均有“成果唯一标识符”，原则上所有从机构库共享出去的论著数据都应携带、存储机构库中的“成果唯一标识符”，以便在各个系统之间流转溯源核查，也便于共享数据的更新同步。但实际对接过程中，共享引入数据的系统不一定存储该重要字段，一方面导致数据的核查溯源困难，另一方面，机构库中论著的被引、转载等影响力数据会持续更

新，“成果唯一标识符”的缺少将导致各管理系统的引入数据无法自动同步。

此外，系统交互同步存在实时性、稳定性不足的问题。试运行期间，在数据流量较大的情况下，机构库不能很好满足实时同步的要求，同步对接的两个系统出现数据量不一致的问题。后续应对系统同步功能进行稳定加固，提高数据流转的效率，同时建立有效的检验机制。